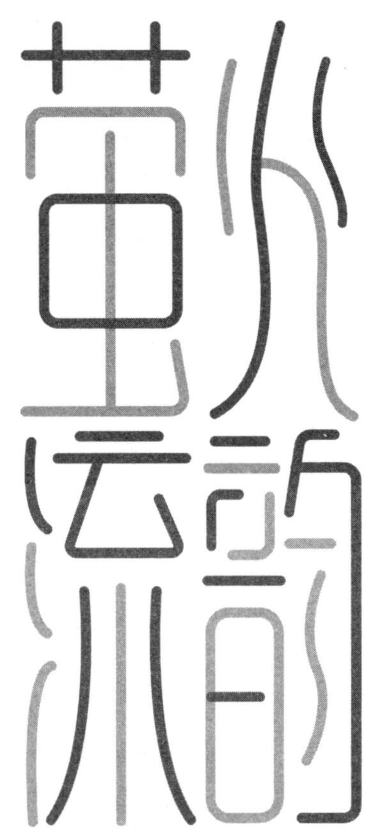

Ying Huo
Liu Yun

赵国弟
主编

上海市浦东新区
进才实验小学教育集团
教师文集 ·2024卷

文匯出版社

图书在版编目(CIP)数据

萤火流韵 ：上海市浦东新区进才实验小学教育集团教师文集. 2024卷 / 赵国弟主编. -- 上海 ：文汇出版社，2025. 3. -- ISBN 978-7-5496-4445-2

Ⅰ. G62-53

中国国家版本馆CIP数据核字第2025G2D150号

萤火流韵

——上海市浦东新区进才实验小学教育集团教师文集·2024卷

主　　编 / 赵国弟
责任编辑 / 张　涛　　盛　纯
封面装帧 / 梁业礼

出 版 人 / 周伯军
出版发行 / 文匯出版社
上海市威海路755号　（邮政编码：200041）
经　　销 / 全国新华书店
排　　版 / 南京展望文化发展有限公司
印刷装订 / 上海新文印刷厂有限公司

版　　次 / 2025年3月第1版
印　　次 / 2025年3月第1次印刷
开　　本 / 787×1092　1/16
字　　数 / 391千字
印　　张 / 22.5

ISBN 978-7-5496-4445-2
定　　价 / 68.00元

本书编委会

主　　编：赵国弟

编　　委：江海虹　朱君可　陆颖姝
金　瑶　金耀华　邱烨红
杨莉君　张　瑜　瞿晨炜
周　燕　汪轶灵

目 录 | CONTENTS

数 学 篇

英 语 篇

艺 术 篇

其他篇

语
文
篇

把事情写清楚

——以统编版四年级上册第五单元习作教学为例

上海市浦东新区进才实验小学　翁　雁

【摘　要】小学语文统编教材四年级上册第五单元的习作目标为“把事情写清楚”，教师要厘清“什么叫写清楚”“如何写清楚”“写清楚与写具体的区别”等问题，将单元习作目标分解成若干个子目标，指导学生从“关注矛盾冲突，写清事情发展”“了解写作意图，写清重点内容”等方面，学习作者是怎样把事情写清楚的。教师要在阅读过程中引导学生提炼出普遍规律，并将其应用于写作实践中，提升写作能力。

【关键词】小学语文　习作

小学语文统编教材以提升习作能力为核心，精心设计了六个习作单元(适用于五四学制)，每个单元都设定了清晰的习作目标。教师应紧扣这些习作目标，充分利用教材资源，引导学生将阅读过程中积累的经验和知识转化为表达能力，提升写作素养。

习作目标的解读尤为重要。四年级上册第五单元的导语页上写道：“我手写我心，彩笔绘生活。”这要求学生能自如地用文字表达自己的真情实意，能用文字描绘生活的多姿多彩。这个习作单元的目标定位是：写一件事，把事情写清楚。单元的精读课文学习目标是：通过课文阅读，了解作者是怎样把事情写清楚的。到底什么叫“写清楚”？怎样才算“把事情写清楚”了呢？“写清楚”与“写具体”有什么区别？如果教师不能厘清“写清楚”的概念和标准，那么又如何去设计相关的学习活动呢？学生又如何提升习作能力呢？

一、如何理解“把事情写清楚”

笔者认为，“写清楚”意味着把习作内容写得顺序合理，讲述清楚，前后语言逻辑关系不混乱，让读者能读明白。教材中虽未明确界定“将一件事写清楚”的概念，但是从单元课后思考题、交流平台等内容不难发现一些“蛛丝马迹”。如《麻雀》的课后练习：说一说课文围绕麻雀写了一件什么事？这件事的起因、经过和结果是怎样的？这就告诉我们，把事情写清楚，就要把这件事的起因、经过和结果写出来。又如《爬天都峰》的课后练习：这篇课文写了一件什么事？是按照什么顺序写的？从中我们可以了解，按照顺序写也是“写清楚”的要求。习作单元的“交流平台”与普通单元不同，它以“学习小伙伴”对话的形式对精读的两篇文章中蕴含的习作要素进行了梳理和归纳，总结了“把事情写清楚”的方法：① 写一件事情，要把事情的起因、经过和结果写清楚；② 写事情要按照一定的顺序写；③ 把看到的、听到的、想到的写下来，能活灵活现地展现情形。同时，它还让学生明白了新的方法：时间、地点、人物要交代清楚（在习作例文中也有体现）。

通过对单元教材的理解和分析，“将一件事写清楚”的目标可以分解为：

1. 把事情的起因、经过、结果写清楚；
2. 把事情发生的时间、地点、人物及背景交代清楚；
3. 将事情发生的前因后果，按顺序有条理地写出来；
4. 把看到的、听到的、想到的写下来，将事情的重要内容写清楚。

二、如何“把事情写清楚”

1. 关注矛盾冲突，写清事情发展

《麻雀》这一课，教师可以通过两个层次，指导学生了解作者如何将一件事“写清楚”。第一层次的“写清楚”，是指一般信息的梳理（见下表）。

“写清楚”的信息	对应的内容
时间	“我”打猎回来
地点	林荫路上
人物	“我”、猎狗、小麻雀、老麻雀
起因	猎狗威胁到掉到地上的小麻雀
经过	老麻雀从树上飞下来，想拯救小麻雀，准备与猎狗搏斗，猎狗愣住了，慢慢地向后退
结果	“我”将猎狗唤回，带着它走开了

在第二层次的“写清楚”中，教师引导学生从文本信息的感知角度出发，深入理解课文所明确表达的内容。第一段明确指出了时间——“打猎归来”、地点——“林荫路上”，以及故事发生前的背景——“猎狗跑在我的前面”。文中引入了两个角色：“我”和猎狗。其中，“猎狗跑在我的前面”这一细节预示着即将发生的事件与猎狗和“我”均有关联。进入第二段，“突然”一词的使用，标志着一个意外事件的出现，故事由此正式展开。随后，文中描述了猎狗的变化，营造了悬念。这种悬念既针对故事中的“我”——事态发展的旁观者，也针对读者——猎狗究竟发现了什么。到了第三段，“我”目睹了一只坠落的小麻雀，这使读者明白了猎狗为何放慢了步伐。一个新的角色——小麻雀——登场了。该段的第一句通过环境描写揭示了小麻雀坠落的原因，接下来的两句话则描绘了小麻雀的外观，并包含了作者的推测。作者通过细致的描写，为猎狗试图捕食小麻雀的情节发展做好了铺垫。第四段中，猎狗对小麻雀构成了威胁，紧接着，一只老麻雀突然从树上飞下，这是故事中第二次出现“突然”，标志着情节的转折。老麻雀的出现，为故事增添了波折。一只在猎狗面前显得微不足道的老麻雀，如何能勇敢地保护自己的孩子呢？从这一段到第五段，作者详细描绘了老麻雀是怎样无畏地保护小麻雀的，包括它的动作和叫声，以及保护孩子的内心力量。老麻雀成了故事中的关键角色。作者清晰地描述了老麻雀的保护行为，以及猎狗对此的反应——从“愣住”到“缓缓后退”。最后，故事中的旁观者——“我”——出面，呼唤猎狗并带它离开。

回顾整篇文章，作者清楚地叙述了从事件发生到结束的整个过程：猎狗发现地上的小麻雀，威胁到它—老麻雀飞下来保护小麻雀—猎狗后退—“我”唤回猎狗。将事情从发生到结束的过程叙述得清晰明了，是写作中“把事情写清楚”的基本要求。在这个过程中，包含了事情的起因、经过和结果。对老麻雀的细致描写，清楚地表达了作者为何要讲述这个故事。在故事中，“我”既是见证者也是参与者，因此，详细记录所见、所闻、所思是自然而然的事情。

2. 了解写作意图，写清重点内容

了解写作意图，明确重点内容是写作的关键。将事情写清楚，并不意味着面面俱到，而是要将关键和重要的内容详细、充分地展现，对那些不那么重要的内容则可以简略或省略。例如，描述一个人如何炒菜或擦玻璃，除了准确生动地描绘动作外，还要具体细致地说明过程，让读者明白先后顺序。因为写作的目的在于展示这个人是否擅长炒菜或擦玻璃，以及是否用心和熟练。

《爬天都峰》一文开篇即交代了时间、人物、地点和事件，简洁明了。全文围绕爬山的过程展开，作者先写爬山前，“我”在山脚下仰望，担心自己无法登顶，一位白发苍苍的老爷爷邀请“我”一同爬山；接着写爬山时，“我们”共同攀登，最终到达山顶；最后写爬山后，“我们”合影留念并感谢对方的鼓励。文章叙述条理清晰，但并未详细描写爬山的过程，而是重点叙述了爬山前后“我”的心理活动及与老爷爷的对话。文章为何不重点描述爬山的过程，而是将重点放在爬山前后呢？这样做的目的是为了突出“我”从不敢爬到成功登顶的转变，体现“善于从他人身上汲取力量”的主题。这正是本课学习的重点。

阅读此文时，可以发现文中反复出现“爬”字，共计13次。除了直接描述人物动作的“爬”，其他的“爬”大多出现在人物的语言和心理活动中。第二至第五段中有四个“爬”，第一个出现在我的心理活动中——“我爬得上去吗”，表达了我的担忧，前后句子都印证了我的担心，一是山的高度，“峰顶这么高，在云彩上面哩！”二是山的陡峭，“笔陡的石级”“石级边上的铁链，似乎是从天上挂下来的，真叫人发颤！”其他三个“爬”出现在对话中，老爷爷的问话“小朋友，你也来爬天都峰？”和“我”的问话“老爷爷，您也来爬天都峰？”都含有惊讶的意思，其深层含义值得我们深入品味。第六至第七段中的五个“爬”是描述动作的“爬”，过程简单，第六段的省略号引发读者想象，“我”还可能如何爬？作者用简单的“爬呀爬”，就将艰难的爬山过程一带而过。第八至第十段中的四个“爬”同样出现在对话中，揭示了“我们”为何能各自克服困难登上山顶，原来都是从对方身上获得了力量。这既是文章的主旨所在，也是作者为何要详细描写爬山前“我”的心理活动及爷孙间的对话。读到此处，我们对文章开头的对话有了更深层次的理解。将一件事写清楚，并不是详尽叙述事情发展的全过程，而是根据作者的写作意图，突出重点内容。爬山前“我”站在天都峰脚下仰望的感受，以及“我”与老爷爷的前后两次对话，都是值得深入品味的部分。通过这样的品味，我们才能理解词句背后的含义，领会作者如何将爬山过程写清楚。

三、结语

在小学语文写作要求中，“写清楚”要求学生能够合理安排叙述顺序，清晰表达内容，并确保文章的逻辑关系不混乱，使读者容易理解。“写清楚”是第三学段习作目标“写具体”的基础，只有明确了“写清楚”的标准，并理解如何“写清楚”，才能在此基础上学会“写具体”，学生才能从阅读材料和自身经验中提炼出普遍规律，并将其应用于写作实践中，从而提升写作能力。

参考文献

[1] 李竹平.小学统编语文怎么教[M].长沙:湖南人民出版社,2023.
[2] 杨州.习作单元"精读课文"要教什么[N].中国教师报,2022-05-18(3).
[3] 李燕.关联习作要求,有序落实"写具体"目标[J].语文教学通讯·C刊,2022(4):38-39.
[4] 何捷.基于知识深度模型的大单元教学规划与设计[J].中小学教师培训,2021(10):28-32.

“双减”背景下小学语文高年级作业优化设计之策略

上海市浦东新区进才实验小学　刘梦婷

【摘　要】“双减”政策实施已有多年，小学语文作业的改进也确实取得了良好的成效，为学生的全面发展、健康成长提供了重要支持。然而，受功利性应试价值取向的干扰，当下的小学语文作业还存在种种问题。本文在分析小学语文作业之问题并做归因分析的基础上，以“双减”为探究背景，以“双新”为减负导向，以笔者的教学实践和所见所闻为素材例证，提出了小学语文高年级作业优化设计的若干策略，旨在为“双减”政策的真正落地献上一计。

【关键词】“双减”　小学语文　作业设计

2018年，教育部、发改委等九个部门联合发布了《中小学生减负措施》(以下简称“减负三十条”)，对书面作业总量、布置作业、控制考试次数等提出了明确要求。2021年7月，中共中央办公厅、国务院办公厅印发了《关于进一步减轻义务教育阶段学生作业负担和校外培训负担的意见》(以下简称“双减”)。2024年9月召开的全国教育大会仍将巩固“双减”成果、严防反弹作为教育改革发展的要务之一。持续、深入推进的“双减”政策，旨在营造和谐、优良的教育生态环境，保障中小学生身心的全面、健康发展。而“双减”政策的落实，作业设计与布置是重要一环。

《义务教育语文课程标准(2022年版)》(以下简称“新课标”)指出:“教师要以促进学生核心素养发展为出发点和落脚点，精心设计作业，做到用词准确、表述规范、要求明确、难度适宜。”可见，语文作业的设计应遵循精到、优质的原则，紧扣文化自信、语言运用、思维能力、审美创造等要素。设计好语文作业，有助于培育学生的语文核心素养。本文以小学高年级语文作业为例，在归理、反思“‘双减’后小学语文高年级作业设计依然存在的问题”的基础上，探讨若干优化策略。

一、小学语文高年级作业设计中依然存在的问题

尽管在实施“双减”政策后，包括小学语文高年级作业在内的小学作业改革均不断推陈出新，取得了显著成效，但仍存在若干带有一定普遍性的问题。

（一）作业要求尚嫌单一化

2021年，《教育部办公厅关于加强义务教育学校作业管理的通知》发布，要求“严控书面作业总量。学校要确保小学一、二年级不布置书面家庭作业，可在校内安排适当巩固练习；小学其他年级每天书面作业完成时间平均不超过60分钟；初中每天书面作业完成时间平均不超过90分钟。周末、寒暑假、法定节假日也要控制书面作业时间总量”。自通知发布以来，教师减少了较多机械、重复的作业，然而与语文教科书配套的《语文练习部分》《写字册》及必要的抄写练习，几乎是每次上完新课后的“常规动作”，完成这些练习平均需要15至20分钟。到了中高年级，《语文练习部分》中一些小练笔对部分中等程度的学生来说难度较高，需花较多时间；对学困生而言，则需要花更多的时间和精力，且完成的效果往往不尽如人意。故而，他们拖拉或最终未能完成作业的情况并不鲜见。

可见，“一刀切”、单一化的作业设计与布置，虽有一定的必要性、合理性，但却忽略了学生的层次差异和个性化需求，不仅会加剧“吃不了”和“吃不饱”的矛盾，而且加重了较多学生（特别是学困生）的学业负担。

（二）作业内容缺乏选择性

在实际的教学过程中，较多教师会将作业重点放在学生语文“双基”（基础知识、基本技能）的巩固性练习上，如重视背诵、默写等。因此，他们会倾向于设计难度较小、见效较快的基础性作业。例如，在平时的练习中，教师通常会设计中等难度的练习，而那些较灵活的、有一定难度的阅读和思考题往往会作为选做题。当班级中超过半数的学生放弃做选做题时，不少学生的学习自信心就会受挫甚至动摇，教师在课堂上的点评分析也就演变成针对做选做题的小部分学生的“小灶”。长此以往，师生就会放弃选做题，这有悖于以培养学生语文高阶思维为主旨的语文素养。此外，教师虽有尝试布置不同内容、不同形式作业的构想，例如口头作业、综合性作业等，但因教师的时间、精力有限，难以进行及时的讲评分析，不得不淡化乃至放弃原有的构想。

还须关注的是，教师在设计和布置作业时大都独立进行，鲜少与同学科或其他学科教师进行沟通或协作，导致在常态教学中，综合性、跨学科的作业设计与布置相对薄弱。在“双新”（新课标、新教材）背景下，学生作业内容缺乏开放性、选择性，显然无助于新课改精神的落实。

（三）家庭作业时间难以把控

尽管家长都知道“双减”政策是为保障学生身心的健康发展而服务的，但长期积聚的功利化应试价值取向及其“内卷”竞争，使他们难以放下这把重要甚至唯一的评价标尺。故而，他们对“双减”政策仅持中立态度，不少家长依然怀持“应试竞争”的拼搏心态。一些学业成绩优良的学生的父母，在孩子完成校内作业后，还会自行购买教辅资料，让孩子进行提高训练，或者悄悄进入超前学习、强基提质的“补习暗道”，鞭策孩子领跑在前、扩大优势。还有家长认为，与其让孩子在学校减负后热衷于玩手机、平板、电脑，或者是沉迷各类游戏，还不如把孩子送去辅导班收心。另一些家长则为孩子的学业成绩和学习状态焦虑不安，每每看到孩子作业拖沓，坐在桌椅前发呆，甚至到晚上十点还迟迟没有动笔，便会心急如焚，直接从网络上搜索相应的答案，让孩子誊抄后上交了事。这种越俎代庖的方式是不得已而为之的无奈之举，其弊端不言而喻。

（四）作业评价与反馈机制有待完善

教师对学生作业的评价与反馈，不仅是学生学习进步的重要动力，也是教师评价总体教学效果和了解学生个体学习状况的关键途径。目前，在作业评价（尤其是书面作业）上，通常以作业的正确率、完成度作为主要评价指标。通常而言，小学语文作业的评价主体依然是教师，虽在情理之中，但与时下倡导的评价改革不相协调。

再者，小学语文教师在做评价反馈时，因教学进度等原因，主要针对班级中大多数学生普遍存在的问题进行集中讲解和指导。这种做法是提高课堂教学整体效率的上佳方式，但易忽视学生的个体差异，未能满足部分学生的个性化学习需求。

此外，相较于其他学科，语文学科的作业篇幅较多、体量较大，且阅读理解类的题目也仅提供参考答案，批改起来需要花费更多时间，而教师在作业评价与反馈上难免存在主观倾向性。再加上小练笔、写作类的内容逐级增加，在周一至周五，语文教师作业批改的负担沉重，在疲惫走神时，难免做出欠公允的评价。

二、小学语文高年级作业设计之优化策略

参照新课标提出的目标、要求，针对上述小学语文高年级作业设计与布置中依然存在的种种问题，笔者提出以下优化策略。

（一）重视基础训练，以学生为主体进行作业设计

基础型积累性语文作业是培育、发展语文素养的重要保障。这类作业不仅能帮助学生巩固课堂所学的知识和技能，更能在日积月累中训练学生的语文功力，为他们的终身发展打下必要的基础。曾流行的批量式、机械性的抄写显然不适合当下以素养为导向的语文教育。新课标中，从第一学段学生“喜欢学习汉字，有主动识字、写字的愿望”到第三学段学生“有较强的独立识字能力”，就明确了循序渐进地培养小学生的识字兴趣和识字能力的具体要求。在小学阶段，生字的学习、积累始终是基础，教师在进行作业设计时，应鼓励学生多参与、多献计，以提高作业的趣味性、适切性。

在小学高年级的语文作业中，基础型积累性作业依然不可或缺。但差异性学生群体对知识的掌握、遗忘程度不同，故而，教师在设计作业时，与其让全班学生进行统一要求的抄写、默写，不如倡导学生自己做主，由学生归纳自己在词语表内容易出错的字，再由教师统计后将其制作成易错字字帖，贴在教室的生字墙上；在布置作业时，鼓励学生互学互助，将自己识字的好方法告诉别人，进行交流分享。

在《圆明园的毁灭》一课中，课后词语表的词语较多，若是要求学生将每个词语认认真真地写上四遍，势必要花费不少时间。鉴于此，笔者要求每个词语只需要写两遍，但要求大家整理出自己的易错字，记录在抄写本上。在批改作业时，发现大家的共误字有“辉”“煌”“毁”“境”，笔者便将这些易错字进行梳理，并按照易错人数统计排序，做成字帖贴于教室的生字墙上。午休时间刚贴完，就有许多小脑袋纷纷凑到墙前，你一言我一语地讨论着那些易错字。不少学生还充当起小老师，振振有词地传经送宝。在听写环节，除了教师精选的听写内容外，还可轮流邀请进步明显的学生来考一考大家对“易错字榜”上生字的掌握情况。这样的作业设计，使教师从作业设计的独裁者，变为师生共同设计作业的组织者、引导者。学生自主参与后，兴趣和自信激增，理解基础上的记忆也比以往深刻多了。更为可喜的是，班级同学之间互帮互助、切磋交流，营造了自主、进取的学习氛围，唤醒了学生喜欢识字、喜爱语文的原动力。

（二）找准“最近发展区”，设计丰富多样的分层作业

考虑到学生在学习基础、能力、兴趣和特长等方面的差异，教师可以根据不同发展层次学生的现有学习水平和发展潜能，将作业进行分层设计（基础型作业、综合型作业、拓展型作业）。在当前素养导向的“双减”“双新”背景下，分层作业的设计是满足学生个性化学习需求的有效策略之一。

在教完《太阳》这篇课文后，笔者以教学进度和学生差异为基点，以“最近发展区”理论为依据，设计不同层次的作业。基础型作业，即抄写生字词，积累自己的易错字，独立完成与语文教材相配套的《写字册》练习。综合型作业，即与教材相配套的《语文练习部分》。但《语文练习部分》中的练习，通常会在课堂教学中融入“学习任务单”，其中的部分题目已经完成。例如，在《太阳》的第一课时，因整体感知课文的需要，学生在学习课文第2至3自然段时，已经通过小组讨论的方式完成了《语文练习部分》的第四大题。因此，笔者在布置第一课时的课后作业时，拟以基础型作业、综合型作业为主做设计与布置，并分层要求学生用所学的方法预习课文的剩余部分。随着第二课时的结束，笔者以学生的能力层次进行混合分组，每个小组安排一到两名语文学习能力较强的学生，带领其他组员共同完成作业。作业的要求是：一起观察、了解一种事物，收集相关的资料；仿照课文，运用学到的说明方法来制作一份说明书。在进行小组合作学习时，要提前明确每名组员的分工，即有负责摄影、绘画、收集图片的，有负责上网搜索查阅资料的，有负责整合资料的，有负责分析说明方法及其好处的，有负责介绍讲解、展示PPT的，每名学生都能各司其职、尽力而为。此项综合型、拓展型作业，不仅为后续习作奠定了基础，而且体现了单元整体教学的连贯性。在类似项目化学习的作业中，不同能力层次的学生通过小组学习的方式进行合作交流，在促进知识共享、能力互鉴的同时，还增强了团队精神和社交技能。也正是在小组合作学习中，学生既可以根据自己的兴趣和特长选择角色与任务，在自己擅长的领域深入学习，也有助于弥补自己的短处，努力赶上。

需要注意的是，教师在设计综合型、拓展型作业时，应根据新课标中“实用性阅读与交流”“跨学科学习”的教学提示，鼓励学生走出传统的语文课堂，进入更广阔的生活领域进行积极探索，形成阅读考察小报告、科技说明文、科学家小传等简易的“项目化学习”作业成果。对基础优良和基础相对薄弱的学生，在经过了小组合作共同完成拓展型作业的前提下，还应找准他们所处的“最近发展区”，另提相应要求，激励他们在巩固“双基”或拓展运用上扬长避短、各得其所。

（三）重视过程性表现，作业评价与反馈多元化

新课标指出，语文新教材的基本特点是工具性与人文性的“双线组元”的和谐统一。立德树人是语文课程教学的根本任务，应贯穿语文教学的全过程。因而，对学生作业完成状况的评价不能仅限于分数、等第的结果性评价，还需要重视动态、多变的过程性评价，如对待作业的态度、努力程度、进退步趋势等。在进行作业评价与反馈时，教师应关注评价主体的多元化与互动性，以及多种评价方式的综合运用，包括充分利用现代信息技术，促进作业评价方式的变革。

随着“双减”政策的深入推进，教育部和地方教育主管部门均提出了“提升课后服务水平”的系列要求，以促进学生德智体美劳的全面发展。大部分学校的课后服务时间，主要用于学生课后作业的演练，以及教师的个别辅导，这是教师对一些常规性作业进行当面批改、当面反馈的最佳时间段。此时，教师的一种含蓄的提示、一个鼓励的眼神、一句温柔的纠偏，均能起到励助、点化的作用，这种及时性、针对性的评价与反馈，既保护了学生的自尊心，又增强了师生的情感交流。此外，教师还应适时进行全班性作业评价与反馈，当看到一本全对的作业时，应在班中立刻表扬，及时鼓励；若是发现作业中的共性问题，则应当堂纠偏，面授机宜。

为适应小学生的身心特点，对全对的作业，在其封面上笔者都会打上五角星；对及时订正完成的作业，会在其上画笑脸。学生积累满一定数量的五角星，则会得到一定的物质或非物质奖励，或是一支水笔，或是一次给全班报听写的机会，等等。可见，将结果性评价和过程性作业评价与反馈有机结合，不仅便于查阅、追踪学生的作业发展轨迹，也能激发学生独立完成作业和良性竞争的活力。

就现实状况审视，教师依然是学生作业评价的组织者、引导者和终裁者，但须发挥学生自评、组内互评的作用，并注意听取家长的意见。对于学生的自评和互评，教师应加强引导，给出简洁明了的“评价量规”，以增强学生评价的针对性、客观性，防止草率、走偏倾向。例如，在平时的写字课上，笔者先对学生的毛笔字、硬笔字进行初步分类，然后挑选写得较好的字帖做班内展示，请学生分组上台欣赏，进行互评，并选出自己喜欢的、最想要模仿的字帖，再在班级学生群、家长群内展示、表扬。一段时间后，班级里毛笔字、硬笔字写得较好的学生多了起来，甚至收获了属于自己的“小粉丝”。而这些“小粉丝”深受触动，也在勤奋练字的努力中多有长进。笔者也会及时将可喜的信息在班内宣传，且在家长群内表扬。一般而言，对于简单听写、看拼音写词语、组词、根据题意写出诗句等作业，均可在教师指导下由学生互评完成。

又如，笔者在教学《怎么表演课本剧》后布置的回家作业是让学生分小组合作开展课本剧表演活动，笔者从人物动作、语言、神态、合理创编、分工配合等维度，提供了“评价量规”，让学生进行打星评价并提出意见。同时，笔者还将每个小组表演的视频拍摄下来，上传至钉钉班级群的“班级圈”内，让家长参与，共同评价，不仅使家长真切了解到孩子们在校内的学习动态，更增添了家校互动和全员参与的育人氛围。

（四）加强协同育人，树立正确质量观、育人观

构建家校社合作生态，形成正确的育人共识，是“双减”“双新”背景下提升学生学习效果、促进学生全面发展的重要途径之一。北京师范大学教授张志勇认为：“促进学校家庭社会协同育人，绝不是让学校家庭社会都围绕着学生的考试升学转，而是要发挥学校家庭社会教育的各自优势，促进学生的全面发展、健康成长。”

在深化素质教育、实施“双减”政策的当下，一部分家长却忧心忡忡、焦虑不安。为了不让孩子输在起跑线上，以前在中考、高考前才有的升学压力早已向下转移，不消停地为小学阶段的孩子安排各类学习活动便是明证。这种以功利性应试价值取向为主导的质量观、育人观仍颇有市场。包括作业在内的“双减”政策能否真正落地、生效，家长与社会百姓的思想认识、价值观取向至关重要。

就作业而言，面对两难现状，教师可先找学生了解放学后自己的设想和大致安排，再与家长进行主动沟通，共同商议因生而异的作业完成方式和全面育人策略。从整体效能上审视，更需要充分发挥家校社“三结合”协力育人的功能，在全社会建立正确的质量观、育人观、成才观，如是，才能切实减轻学生过重的学业负担，切实为学生创设“五育”并举、健康成长的教育生态环境。

三、结语

本文以“双减”为探究背景，以“双新”为作业减负导向，以小学语文高年级作业设计所存在的问题为切入点，以笔者日常的教学实践和与学生家长的交流、切磋为素材，提出了小学语文高年级作业优化设计的若干策略。

学科作业是连接教师与学生、学校与家庭的育人桥梁之一，其设计、实施、评价的重要性不言而喻。在“双减”背景下，优化语文作业设计不仅是落实“减负增效”的关键举措之一，也是培育学生核心素养的重要途径。伴随“双减”而提出的“双新”，为广大教师指明了深化课改、融合育人的途径。作为一名小学青年教师，除了不断优化作业设计、为学生提供优质和个性化的学习体验、尽力提高教学效能外，还应紧扣新课标提出的语文核心素养的四个维度内容、要求，切实在“减负增效”的攻坚战中，助力学生打好适用终身的语文基础。

参考文献

[1] 教育部等九部门. 教育部等九部门关于印发中小学生减负措施的通知[EB/OL].[2018-12-28]. https://www.gov.cn/zhengce/zhengceku/2018-12/31/content_5443914.htm.

[2] 栗树林. 减负三十条！九部门印发中小学生减负措施的通知[J]. 山西教育(管理),2019(2):5-7.

[3] 教育部办公厅. 教育部办公厅关于加强义务教育学校考试管理的通知[EB/OL].[2021-08-30]. http://www.moe.gov.cn/srcsite/A06/s3321/202108/t20210830_555640.html.

[4] 中华人民共和国教育部. 义务教育语文课程标准[M]. 2022年版. 北京：北京师范大学出版社,2022.

核心素养下小学语文整本书阅读教学策略探索

上海市浦东新区晨阳小学　丁佳慧

【摘　要】培养学生的核心素养是小学语文教学的重要目标，整本书阅读作为新课标下的语文拓展型学习任务群之一，对学生的综合素养提升意义重大。在开展整本书阅读教学前，教师可以通过精心推荐书目、趣味导读，来点燃学生的阅读热情。学生在开始阅读时，教师应指导学生掌握多样化的阅读技能，提升整本书阅读的效能。同时，教师可以通过多元活动来评价学生在阅读中的情况和阅读成果，最终实现学生的全面发展。

【关键词】核心素养　整本书阅读　策略

自《义务教育语文课程标准（2022年版）》（以下简称“新课标”）实施以来，培养学生的核心素养成了小学语文教学的重要目标。这就要求教师不仅要做好语文知识教学，还应关注学生核心素养的发展。立足新课标要求，整本书阅读教学作为一种深入挖掘文本内涵、全面提升学生阅读能力的教学模式，成了小学语文教学的新趋势。然而，如何将核心素养的理念融入整本书阅读的教学实践中，使之成为促进学生全面发展的有效途径，这是摆在每一位语文教师面前的挑战。

一、核心素养下开展小学语文整本书阅读的意义

整本书阅读作为新课标下的语文拓展型学习任务群之一，对学生的综合素养提升意义重大。首先，通过整本书阅读，能丰富学生的语言积累。书中多样的词汇、句式和表达方式，为学生提供模仿和学习的机会，有效促进学生语言运用能力的提升。其次，相较于碎片化阅读，整本书阅读能培养学生的持久阅读习惯，将阅读从任务转化为乐趣，激发阅读热情。最后，整本书阅读能推动学生发展深度阅读思维，从整

体到细节理解文本，深化对主题、情节与人物性格的思考，培养独立见解和批判性思维，为学生核心素养发展奠定坚实的基础。

二、核心素养下小学语文整本书阅读教学的策略

在开展整本书阅读教学时，教师扮演着关键角色。教师通过精心推荐书目、趣味导读，能够点燃学生的阅读热情。在学生开始阅读后，教师应采取多样化的策略，设定阅读任务和活动等，促进学生的深入阅读，并定期评估学生的阅读成果，提供具体而有建设性的评价，将整本书阅读落到实处，实现阅读教学的长远价值。

（一）积极引导，培养整本书阅读兴趣

1. 推荐书目，激发阅读期待

兴趣是最好的老师。在整本书阅读教学中，教师扮演着引路人的角色，适时推荐优秀书目，能有效激发学生的阅读兴趣。小学语文教材收录了很多经典著作的节选，这些经典之作经过了时间的沉淀，其价值不言而喻。教师在讲解这些节选时，可以适时推荐对应的书目，引导学生跨越至整本书的阅读之旅，让经典的魅力在学生心中生根发芽，从而有效提升其语文核心素养。如，在上完《草船借箭》一课后，学生非常喜欢足智多谋的诸葛亮，想进一步了解他的其他故事，笔者就趁热打铁，鼓励学生从《三国演义》中寻找答案。学生的阅读兴趣被充分激发了起来，纷纷徜徉在阅读的海洋里。

2. 趣味导读，调动阅读参与

小学生年龄小，面对整本书阅读很容易产生畏难心理。针对这一阅读心理问题，教师可以通过趣味导读的方式调动学生参与整本书阅读的积极性，具体方法如下：第一，精彩片段导入法。教师可以精心挑选书籍中最引人入胜的部分，让学生通过朗读来感受作品的文字美。第二，故事情节预测法。教师可以通过让学生猜测故事的情节发展、预测故事的结局，引导学生主动投入到阅读中。第三，影视作品比较法。现在的很多影视作品改编自文学作品，教师可以引导学生将这些影视作品与文学原著进行比较，激发学生对原著的阅读兴趣。例如，在观看了电影《小兵张嘎》后，教师可以引导学生阅读原著，寻找两者的异同点。通过这些方式，学生会更积极地投入到整本书阅读中，阅读视野也会更加开阔，从而大大提升语文核心素养。

（二）关注方法，强化整本书阅读指导

在整本书阅读中，教师需要指导学生掌握多样化的阅读技能，比如泛读法、精读法等，这些方法能有效提升学生整本书阅读的效能和理解的深度。

1. 泛读法——了解梗概，初步理解

泛读法是一种快速阅读的方法，通过浏览目录先对书籍有大致的印象，然后对整部作品进行通读。它旨在获取对整本书的了解，而非细节。在泛读过程中，速度退居其次，关键在于学生能够掌握作品的基本内容。这种阅读方式不仅能够提升学生的阅读效率，更能增强学生独立阅读整本书的能力。

以《宝葫芦的秘密》为例，教师可以引导学生从封面和梗概入手，整体感知。泛读时，鼓励学生用一句话总结每个部分。如，第一部分简要概括为背景介绍，学生在读完第二至四十一部分后，简述内容，再整合成全书梗概。通过层层深入的阅读总结，学生不仅把握了整本书的完整情节，还在实践中提升了个人的阅读理解与信息提炼技巧，为深入分析和鉴赏文学作品打下了坚实的基础。

2. 精读法——搭建支架，深入理解

精读法是一种旨在深化理解、增强技能、洞察文本内涵并丰富知识储备的阅读方法。当学生投身于整本书阅读时，他们应致力于深入理解书中的每一个词汇、每一句话，力求不仅知其表面之意，更探其深层之理。

（1）设置问题链，让阅读有支点

在整本书阅读教学中，设置问题链是锻炼学生思维、深化文本理解的高效策略。教师精心设计的开放和富有深度的问题，能开启学生思维的宝库。在问题链的引导下，学生在阅读中主动质疑，在交流中分享见解，在反思中提升认知。整个过程犹如一场思维的马拉松，不仅锻炼了阅读理解能力，更在潜移默化中提升了语言表达的精准性与丰富性。通过问题链，整本书阅读也不再仅仅是知识的获取，更成了学生心智成长、思维拓展的广阔舞台。

例如，在指导学生阅读《稻草人》时，教师可以设置问题：稻草人的性格特点是什么？稻草人目睹了哪些人间悲欢？它的情感会如何变化？书中哪个情节或角色触动了你？通过设置这些层层递进的问题，不仅让学生在阅读中找到支点与方向，而且能促使他们在阅读的同时进行深入思考，提高理解力和批判性思维能力，使阅读变得更加生动和有意义。

（2）运用各图示，让思维看得见

在学生整本书阅读的过程中，教师可以指导他们采用绘制思维导图、编制人物关系图，以及标记关键情节、地图、故事等方法，梳理故事情节，搭建阅读的“脚手架”。这不仅能够促进学生掌握诸如跳读、预测阅读、批注阅读、对比阅读等多种阅读方法，还能帮助学生更加深入地理解文本内容，培养他们的逻辑思维能力，为未来的学习打下坚实的基础。

以《水浒传》一课为例，教师可以指导学生以“忠义梁山”为主题绘制思维导图，设立“主要人物”“故事情节”“主题思想”和“艺术特色”四大分支。在“主要人物”分支下，列出宋江、武松、林冲、李逵等关键人物，简要描述其性格和命运；在“故事情节”分支下，概括“招安”“三打祝家庄”等重要事件；在“主题思想”分支下，探讨小说中人物的忠义精神与社会批判；在“艺术特色”分支下，分析作者的叙事技巧和人物塑造手法。整个思维导图层次清晰，能帮助学生系统地把握这部古典名著的全貌。

（3）设计任务单，让阅读更深入

为提高整本书阅读的效果，教师可以预先为学生设计阅读任务单，引导学生深入理解文本。教师在设计任务单时，可以结合教材单元导语、文本类型，从学生的实际情况和生活经验出发，设计科学合理的阅读任务单。具体设计的方法可以根据文本的类型而定。如，对叙事类作品，阅读任务单可以包含角色分析、情节梳理、主题探讨等环节，引导学生从人物性格、故事发展、深层寓意等多个角度去解读文本；而对科普类作品，则可以设置事实查找、概念解释、观点论证等任务，帮助学生掌握关键信息、理解专业术语，并学会进行批判性思考。总之，教师要合理设计阅读任务单，引导学生开展深度阅读，培养他们的独立思考能力和创新精神。

（三）多元结合，促进整本书阅读评价

1. 重视阅读动态，实现过程评价

在整本书阅读中，学生的学习活动是动态的，因此，不能只强调对阅读成果的评价，还要关注阅读过程中学生的理解深度、思考能力及阅读策略的运用情况。教师应从“活动阶段”“评价内容”“评价等级”三个维度设计不同阶段的评价量表，对学生进行过程性评价，可以采用学生自评、教师评价、生生互评等多种方式进行。

例如，学生在阅读了一本书一段时间后，对书中的人、事、物有了初步印象，那么可以在进度范围内，让学生选择一部分章节复述其故事。教师和其他学生根据制定的“复述故事评价表”来评价该生的阅读情况，同时还能起到有效督促学生坚持阅

读的作用。

此外，过程性评价中还可以将学生在整本书阅读中制作的思维导图、人物关系图、阅读笔记等收集起来，建立阅读档案袋，作为评价的依据。

2. 创新多元活动，实现全面评价

在整本书阅读教学的实践中，教师应当积极探索创新的评价形式，开展多元活动，从多个维度考查学生的阅读理解、分析能力和情感态度，从而实现对学生进行全面而深入的评价。

（1）读书分享，增强阅读感悟

不同的人对于同一本书也会有不同的阅读感悟。新课标强调，在语文学习中应尊重学生的个性化体验。特别在整本书阅读中，教师应充分考虑学生的理解能力、生活阅历、个体差异及阅读偏好，精心组织阅读分享会，让学生主动交流整本书的阅读体会、开展多元对话，促进思想碰撞，丰富学生的阅读经历。

例如，在学生阅读完《草房子》一书后，教师可以创设情境，开展“故事人物大竞猜”活动。教师在媒体上展示一段介绍人物的文字，猜对的学生可以发表对这个人物的看法；还可以安排学生分组交流阅读感受，然后选择一名组员向全班同学做交流分享。通过这样的读书分享活动，能加深学生对整本书的理解，深化他们的阅读体会。

（2）读写结合，锻炼思维能力

阅读和写作历来是紧密相连的。如果只是单纯地进行整本书阅读，对学生来说收获并不明显。教师可以适时挑选书中的精彩部分，让学生仿写、续写和改写，促进读写结合，培养学生的思维能力。学生在边读边写的过程中，不仅能够更深入地理解书中的故事和人物，提高阅读深度，还能够通过表达自己的真实感受和想法，进一步提升语文表达能力。

例如，《宝葫芦的秘密》一文中的主人公王葆总幻想有一个能帮助他实现愿望的宝葫芦。在阅读完整本书之后，很多学生难免也会有这样的幻想，教师可以利用这一心理，让学生写一写假如自己得到了宝葫芦后会发生什么事，以此激发他们的创造力，有效提升写作水平。

（3）角色扮演，促进个性发展

在整本书的深度阅读后，教师可以结合不同学生的特点，设计一些既具集体性又不失互动性和趣味性的多元阅读主题活动。如通过组织“角色扮演剧场”等活动，激发学生对书籍内容的深度探索欲望，并在团队合作与交流中，让每名学生都能在阅读的海洋中找到属于自己的航向，真正实现从“阅读”到“悦读”的转变，成为促进学生个性全面发展的有效方式。

例如，在学生学习了《猴王出世》一课后，笔者要求他们自主阅读《西游记》全书。在学生大致了解主要故事情节后，笔者为他们提供了一些道具，引导他们自行组队，将自己喜欢的故事改编成情景剧。学生自由组队后设计剧本，每人分别扮演不同的角色，将狡诈多变的妖怪、神通广大的孙悟空、忠厚老实的沙僧等人物形象演绎了出来。通过这一过程，学生再次梳理了师徒四人西天取经途中的故事线索、故事情节，剖析了角色性格，理解了故事情感，在不知不觉中加深了对《西游记》的认识和感悟，提升了阅读理解能力、逻辑思维能力及语言表达能力，实现了整本书阅读的效益最大化。

三、结语

综上所述，在小学阶段，开展整本书阅读教学对培养学生的语文核心素养具有积极的作用。在教学过程中，教师需要紧跟时代步伐，不断转变教育观念，为学生提供有效的整本书阅读指导，帮助他们掌握阅读技巧、提升阅读能力。同时，教师应当通过教学实践让学生意识到整本书阅读的重要性和价值，激发他们自觉开展阅读，进而真正实现培养核心素养的目标。

参考文献

［1］孙丽娜. 核心素养背景下的小学语文整本书阅读教学研究［J］. 天天爱科学（教学研究），2023（4）: 182-184.

［2］常小琴. 整本书阅读在小学语文教学中的实施策略［J］. 启迪与智慧（上），2024（5）: 89-91.

学习任务群视角下小学语文思辨性阅读教学实践与探究

上海市浦东新区进才实验小学　顾小华

【摘　要】《义务教育语文课程标准（2022年版）》（以下简称“新课标”）强调“文化自信、语言运用、思维能力和审美创造”的“语文素养”，并在“发展型学习任务群”中特意安排了“思辨性阅读与表达”，它不仅可以提高学生的语文素养和思维品质，还可以增强学生的自信和自主学习意识。因此，教师要在阅读过程中引导学生通过深入思考、理解、分析、辩证和评价等方式，从更深层次的角度去理解和把握文本中的信息。本文是笔者在学习任务群视角下开展“寓言故事”思辨性阅读教学后总结的一些思考，供读者参考。

【关键词】思辨性阅读与表达　学习任务群　阅读教学　策略探究

语言是思维的外壳，思维是语言的内核。培养学生的思辨意识和思辨能力，促进、优化学生语文思维的发展是学生语文素养培育的要义之一。教师通过指导学生语文课程的学习，让他们触摸到思维的内核，提升思辨意识和能力，无疑是培养学生语文素养的重要方式。但是，诚如哲学家黎鸣先生所言，“逻辑理性是中国传统文化琴声中最弱的一根弦”，语文教师在课程教学中往往会侧重于拿分点和感悟式学习，欠缺高质量的思辨性教学设计和学习内容，这就必然导致学生理性思辨意识和能力的弱化。因此，如何在新课程、新教材的背景下，利用语文课程的学习任务群，进行课内外有机结合的语文思辨性阅读教学实践，提升学生的思维意识和能力，促进学生语文素养的形成与发展，是每一位语文教师必须思考的问题。

一、开展学习任务群视角下小学语文思辨性阅读教学的重要意义

学习任务群是课程内容的组织与呈现，新课标提炼了六个学习任务单，其中的

“实用性阅读与交流”“文学阅读与创新表达”“思辨性阅读与表达”是发展型学习任务群。“思维能力是指学生在语文学习过程中的联想想象、分析比较、归纳判断等认知表现”，而“思辨性阅读与表达”学习任务群，则正好对应语文核心素养中提到的“思维能力”，通过“思辨”让学生学会“在理性思维主导下进行高质量的阅读”。本文所说的学习任务群，特指基于“思辨性阅读与表达”的发展型学习任务群。

（一）“思辨性阅读与表达”是时代发展对语文教学的必然要求

小学阶段是培养学生优良思维的关键时期。传统教学中应试惯性带来的种种功利性学习弊端已明显落后于时代的发展。因此，通过思辨性阅读教学引导学生在文本阅读中培养“和而不同”的批判精神，拓宽眼界，增强思辨意识和能力，正是引领学生从低阶思维走向高阶思维，还原语文教学本真的必然趋势。

（二）“思辨性阅读与表达”是学生语文素养提高的重要条件

在现行语文课堂上，教师虽然也在强调“思考”“启示”“联想”“感受”“认识”，但因缺乏预设的目标性、实施的针对性、课后的反思性，往往会出现“蜻蜓点水”“形神相悖”的假象，与“真思辨”相去甚远。唯有精心设计，积极开展思辨性阅读与表达，让问题从文本中来，再拓展引申出相关知识和辨析点，最后又回到文本中，通过如此环环相扣、层层递进的思辨、深究，才能在沉浸式阅读与表达中培育和提高学生的语文素养。

（三）“思辨性阅读与表达”是塑造积极价值取向的有效途径

学习任务群可以引导学生开阔视野，学会关联，由文本走向生活，由自我引申到他人，发现、思考身边事物的奇妙之处。同时，使学生乐于表达、思考、探究、分享，在明辨是非、善恶、美丑的认知体验中，逐步形成正确、健康的价值观，为塑造求美向善、求真务实的人格奠基。

二、开展学习任务群视角下小学语文思辨性阅读教学的实践路径

如果把思辨性阅读教学比作一棵大树，那么阅读如同树根，问题如同树干，思辨就好比树杈，合理判断就好比树叶。本固才能枝盛，根深方可叶茂。

作为旨在培育学生理性思维和理性精神的课程内容，“思辨性阅读与表达”任务群第一次集中出现在国家义务教育语文课程标准架构中，也是新课标的创新点之

一。据此，小学中年级统编教材就编排了寓言、科普作品及预测、提问阅读策略等学习内容，重视培养学生的思辨能力。以三年级下册第二单元“寓言故事”为例，这一单元编排了《守株待兔》《陶罐和铁罐》《鹿角和鹿腿》《池子与河流》四则寓言故事。

虽然在这之前学生已经学过《亡羊补牢》《坐井观天》《揠苗助长》，但都以感性的认识为主，而本单元语文要素则有人文主题的渗透，要求学生通过读寓言故事，开展思辨性阅读，自主探究其中的道理。由于学生年纪比较小，想要让他们快速领悟相关道理，确实难度比较大。因此，教师在教学时切忌先入为主地把道理从故事中剥离出来，让学生死记硬背，同时，也不必把过多的时间和精力用于让学生理解寓言的道理，而应以寓言文本为载体，引导学生联系生活实际加以解读和细悟，从而提高学生的思辨意识和能力。

（一）梯度划分单元内容，渐进式培养“思维的批判性”

新课标在各学段反复强调的“自己的奇思妙想”“自己的发现”“自己的观点”，均渗透了批判性思维培养的意蕴。在教学过程中，教师要发挥学生的主体作用，激发他们的问题意识，培养质疑能力，引导他们辩证地思考问题，有理有据、负责任地表达自己的观点，发展评论能力。

本单元包含四则寓言故事，涵盖了中国古代和当代的寓言形式，既有故事又有诗歌。这些故事内容丰富、寓意深远。大部分寓言都采用了对比的手法，通过生动的描写展现了鲜明的人物形象，且道理相对浅显易懂，重难点清晰可见。根据新课标，教师可以将本单元的教学内容划分为三个梯度：第一梯度，找一找（结果）、探一探（原因）和悟一悟（寓意），培养学生理解寓言的能力；第二梯度，找一找（结果）、探一探（原因）、辩一辩（理由）和悟一悟（寓意），培养学生分析问题和思考的能力；第三梯度，找一找（结果）、探一探（原因）、辩一辩（理由）、悟一悟（寓意）和联一联（生活），培养学生明辨事理的能力。

《守株待兔》与《陶罐和铁罐》这两篇课文具有明确的寓意，通过“找一找（结果）、探一探（原因）和悟一悟（寓意）”的方法，学生可以初步感悟寓言的含义。在学习中，学生可以逐渐掌握阅读寓言的技巧，从观察结果到追寻原因，最终理解课文的寓意。

《鹿角和鹿腿》这篇课文提出了两种不同的观点，教师拟引导学生以不同的视角辨析现象、理解寓意，并要求他们结合课文内容提出自己的理由。这就增加了“辩一辩（理由）”环节，在辩论过程中，学生需要认真听取对方的观点，从而在审思、辨析中探寻真理，培养开放、包容的学术精神。同时，在表达自己的观点时，学生需要提供佐证观点的论据和素材，这就锻炼了他们的逻辑思维能力和论辩能力。

《池子和河流》这篇课文则要求学生通过上文所述三个梯度的自主学习过程，在充分理解文本后，结合自己的生活经验进行思考和表达。这就要求学生有目标、有依据地表达自己的主观意见，从而进一步培养思辨性阅读的意识和能力。

在第一梯度中，学生初步理解寓言的含义，通过寻找结果、探究原因和领悟寓意的过程，逐步掌握阅读寓言的特点。第二梯度要求学生开展辩论并说明理由，领悟寓意，有利于提升对文本的分析和思考能力。第三梯度则要求学生联系生活，明辨事理，并结合自身经验进行思考和表达，从而培养阅读时的判断和迁移能力。这种渐进式的、由表及里的教学设计与实施，为培养学生的语文素养和高级思维提供了有力支持。

（二）创设思辨性学习情境，撬动思辨性阅读杠杆

新课标指出："思辨性阅读是以思辨为主要特征的阅读方式，是阅读主体对文本信息进行深入思考辨析并做出合理评判的阅读活动。"

笔者围绕课堂教学目标，依据"小故事有大道理"的学习主题，在班级图书一角创设"我最喜欢的寓言故事"栏目这一学习情境：学生读寓言故事—演寓言故事—编寓言故事—创编属于自己的寓言故事。据此，教师设置了相关的学习任务。

任务一：寓言"初"印象，感知文本内容

教师在任务一中可以设计三个主要学习活动：了解寓言、梳理寓言、积累寓言。在引导学生整体感知的过程中，教师可提供微课、图片、视频等相关教学资源去帮助学生理清故事所包含的内容和情节，让学生在梳理脉络的过程中初步感受寓言的魅力，激发探究的兴趣，这也是点燃学生思辨火花的基础。

任务二：寓言"深"体验，感受角色特征

在此任务中，教师可以设计两个学习活动：理解角色和情节、评价角色和现象。通过角色扮演等方式，让学生身临其境地感受人物的性格特点、理解人物的处事方式、探究人物的最终结局，这恰恰能为寓意的辨析做好准备。下面以《陶罐和铁罐》一课的教学为例，来谈谈思辨的落实。为引导学生在读懂寓言故事后思辨主要人物的个性特点，教师可以先让学生默读寓言故事，用横线画出陶罐说的话，用波浪线画出铁罐说的话，用三角形标出描写神态的词语，为他们理解不同人物的性格快速找到依据，进而通过人物神态、动作、语言来揣摩人物的心理活动；在此基础上，让学生

演一演当时的情境,深入揣摩人物的心理活动;最后,引导学生分析相关语句和观点之间的联系,将在文本中寻找到的线索和依据进行关联、理解、识别、比较、判断,再胸有成竹地对陶罐和铁罐的人物形象进行剖析与评价。

任务三:寓言"慧"思考,感悟故事深意

学习寓言故事的意义,不仅在于让学生懂得某个道理,更重要的是引导学生反省自我、提升自我。任务三则可以统整单元整本书阅读,开展口语交际及习作两个教学活动。比如,教学《池子与河流》时,教师拟借助池子和河流不同的观点为情境开展口语交际:池子认为"忙碌是没有意义的,我们要追求悠闲舒适的生活",河流认为"水要流动才能保持清洁、新鲜,只要给人们带来利益,就能受到尊敬"。由此提出思辨性问题:池子与河流的观点,你更赞同哪一个?考虑到三年级学生的认知特点,教师可提供一些正、反两方的资料,让学生根据自己认同的观点分成正、反两方,以小组为单位梳理、分析寓言和资料中与辩论相关的信息,并结合自己的生活经验展开辩论。这样,不仅能让学生知其然,且能知其所以然。辩论除了要运用前三篇课文中学到的知识与道理,还得运用恰当的方法和技巧。这种拓展视野、放飞思维,又须紧扣观点、据理力争的思维性阅读与表达,无论对语文学习还是思维发展,抑或思想、情感、价值观教育,均有裨益。

(三)依托大单元教学目标,综合生成思辨性阅读能力

综合生成是指在分析论证的基础上进行系统整合与重构,形成观点、策略、作品或其他新成果的过程。综合生成是一种高阶能力,它建立在分析和论证的基础上,最终形成观点、策略、作品等。新课标指出:"探索大单元教学,积极开展主题化、项目式学习等综合性教学活动,促进学生举一反三、融会贯通,加强知识间的内在联系,促进知识结构化。"大单元教学拓宽了学习任务群的选择阈度与组织内容。

因此,教师要以大单元教学为依托,精心组织主题式项目化学习,从人文主题与语文要素中提取核心内容,设立大单元教学目标,设计项目化学习任务,激励学生在探究主题和驱动性问题的引领下自主探究、合作学习,发展思辨性思维,提升语文素养。

本单元的篇章页导语为"寓言是生活的一面镜子"。聚焦"寓言"这个主题,结合本单元的语文要素"读寓言故事,明白其中道理",笔者设立了此大单元的教学目标:通过项目化学习,了解寓言故事的特点,明白其中的道理;培养学生的思辨能力,并能将寓言故事的教益融入生活。

在这个大单元的项目化学习中，笔者以“寓言是生活的一面镜子”为主题，设立了驱动性问题“如何读懂寓言故事?”。由此，笔者设计了三个相应的学习任务：① 选择一则寓言故事，深入研读和理解其中的道理。学生通过互助阅读、角色扮演或小组讨论的方式，探究故事中的隐喻和象征，理解作者的用意及寓言故事的教育意义。② 运用所学寓言故事中的道理来审视和分析身边的事物或事件。通过将寓言故事与现实生活相结合，促进学生更好地领会其中的智慧和教益。③ 选择一个现实生活中的问题或道德困境，创作一则寓言故事来传达自己的观点和价值观。

在这个学习过程中，学生不仅要深入研读寓言故事，还要将其中的道理运用到现实生活中去。这种学以致用、活学活用的自主探究，不仅能培养学生的逻辑思维、批判性思维和创新思维，而且能策励他们深入领悟寓言故事的教育意义。此外，学生通过创作寓言故事来表达自己的价值观和观点，这样的学习过程还能培养他们分析复杂问题，并在以后的学习与生活中做出明智决策的意识和能力。

（四）注重思辨性表现评价，激发自我反思内生机制

评价的目的是为了推动基于学习任务群的“思辨性阅读与表达”，可以在促进学生语言与思维双向反哺、协调发展的良性循环中，培育、提升学生的语文素养。笔者以此为准则，通过制定评价表，力求对学生在学习中的过程表现和最终的学习结果做出科学评价，并以评价标准为指南，引领学生在层级递进的主动探究中开展深度学习，展示优秀的学习成果。

以三年级下册第二单元“寓言故事”为例，笔者设计了相应的思辨性表现评价表（见表1），通过师评、生评、自评等多元评价，及时调整和不断改进学生的学习状态，使学生成为真正的学习主体。

表1　三年级下册第二单元“寓言故事”思辨性表现评价表

思辨性表现	评 价 标 准	学生自评	小组评价	教师评价
理解寓言故事的隐含意义	优秀：能够准确理解寓言故事的隐含意义，并能用简洁明了的语言表达出来。 良好：能够初步理解寓言故事的隐含意义，但表述可能不够准确或清晰。 一般：只能理解寓言故事的表面意思，缺乏对其隐含意义的认识。			

续 表

思辨性表现	评 价 标 准	学生自评	小组评价	教师评价
分析寓言故事中的人物和情节	优秀：能够深入分析寓言故事中的人物和情节，探究它们所代表的含义，并能与其他故事进行比较和对照。 良好：能够对寓言故事中的人物和情节进行一定程度的分析，但有时过于肤浅或片面。 一般：只能简单叙述寓言故事的情节，对人物和情节的含义缺乏深入的认识。			
将寓言故事中的道德教训运用到日常生活	优秀：能够将寓言故事中的道德教训运用到日常生活，能对自己和他人的行为进行客观分析与评价，并提出合理的解决方案。 良好：能够初步将寓言故事中的道德教训运用到日常生活，但缺乏实际应用的经验或创造力。 一般：只是简单地重复寓言故事中的教训，缺乏实际应用的意识。			
表达个人思考和感受	优秀：能够清晰准确地表达自己对寓言故事的思考和感受，并能积极参与讨论，尊重他人的不同观点。 良好：能够表达自己对寓言故事的初步思考和感受，但表述有时可能模糊或不够具体。 一般：表达能力较差，只能简单叙述自己的感受，缺乏深度和广度。			
反思与改进				
姓名__________ ________年__月__日				

以上评价表可根据实际情况进行适当调整，以适应不同发展层次学生的学习需求和能力水平，使他们在各自的“最近发展区”得到长足发展。

总之，基于“思辨性阅读与表达”的评价在语文教学中的作用是有目共睹的，旨在激发学生的自我反思和内生机制，推动他们开展深度学习。教师则可以及时、科学地评价学生在学习中的过程表现和最终学习结果，反思得失，改进教学。

三、结语

让思辨激活语文课堂，使阅读与表达因思辨而辉映。提高学生思辨性阅读能力不是一朝一夕的易事，教师既可以借助学习任务群、主题式探究、项目化学习等载体进行组织设计，也应在常态的课堂教学中用好、用活教材资源，抓住各种契机，持续进行有理有据的教学探究与反思改进。学生是独立的个体，只有充分唤醒学生的主体意识、能动作用，充分调动师生互动、生生互动的积极性和互助力，学生的“思辨性阅读与表达”意识和能力才会惯性成习，使其受益终身。

参考文献

[1] 王崧舟，魏星．博学审问　慎思明辨——《义务教育语文课程标准（2022年版）》“思辨性阅读与表达”解读[J]．语文教学通讯，2022（10）：34-35.

[2] 魏星．“思辨性阅读与表达”的内涵及其实现[J]．江苏教育，2022（8）：67-69.

[3] 中华人民共和国教育部．义务教育语文课程标准[M]．2022年版．北京：北京师范大学出版社，2022.

[4] 叶枚举．小学语文实用性文体“阅读价值”的冷思考[J]．中小学教学研究，2023（5）：57-59.

[5] 王崧舟．《义务教育语文课程标准（2022年版）》案例式解读（小学）[M]．上海：华东师范大学出版社，2022.

基于小学低年级语文教学的优秀传统文化教育

——以三年级下册第三单元教学为例

上海市浦东新区进才实验小学　李云峰

【摘　要】本文以小学三年级下册第三单元为例，对小学低年级语文教学中优秀传统文化教育的主题做了粗浅探究。中华优秀传统文化进课堂、进教材是习近平总书记的一贯要求，也是《义务教育语文课程标准（2022年版）》（以下简称“新课标”）强调的语文核心素养之一。本文在阐述优秀传统文化教育重要意义的基础上，以三年级下册第三单元整体教学中的四个案例为切入点，阐析了如何在相应的“语文要素”学习中渗透优秀传统文化教育的“人文主题”。本文在肯定成效的同时分析了客观存在的难点，并提出了缓解难点、增强实效的应对策略。从小抓中华优秀传统文化教育是一个持之以恒、久久为功的系统工程，播种育苗，培根铸魂，帮助学生打好小学阶段的基础，我们小学语文教师承担着责无旁贷的重任。

【关键词】小学语文　低年级　优秀传统文化

一、低年级语文教学中优秀传统文化教育的价值意义

根据新课标提出的“双线组元”新教材编写要求，小学低年级语文教学中的优秀传统文化教育这一“人文主题”是渗透于“语文要素”的“双基”训练之中的，其意义不言而喻。现将其概述如下。

（一）初步感知我国璀璨的历史文化

在语文教学中渗透优秀传统文化教育，可以让小学低年级学生在学会识字和阅读的训练中初涉博大精深的史学殿堂，初步了解我国弥足珍贵的历史文化。我国是有着几千年文化积淀的文明古国，多种灿烂文化根植于中华文明的悠远史迹中。当

代的小学生，他们学习知识的途径、手段丰富，但不少孩子更感兴趣的是各种电子产品及网络笑话，能静下心来阅读、了解我国优秀传统文化者较少。而优秀传统文化是一个民族繁衍生息、挺立世界的精神根基，应立足当下，从小抓起。作为“传道、授业、解惑”的师者，我们有责任将我国历史文化中最辉煌灿烂的部分让当下的小学生学习、知晓。小学低年级学生虽然年龄尚小、阅历较浅，但他们对外部世界的兴趣、好奇心和感性认知能力正处于不断提升的旺盛期。他们的求知欲、可塑性强。从小学低年级起让他们多了解我国的优秀传统文化，无疑能在他们幼小的心田播下优良的种子，助力他们立好基、扎好根，为终身发展注入源源不断的、充满正能量的养分。

（二）提高民族自信心

在中华人民共和国成立前的很长时期内，中国人受到了列强的欺凌打压，在国际舞台上没有立足之地。也正是那段不堪回首的历史，使部分国人总觉得“西方的月亮比中国圆”，事事以西方列强为标准。如今，我国的综合国力已处于世界领先地位，中华民族已昂首挺立于世界民族之林。但是，迷信西方、妄自菲薄的思想倾向和思维模式在一定程度上还存在，我们的文化认同感、民族自信心还须不断建树、提升。在低年级的语文教学中渗透优秀传统文化教育，可以让小学生在比较、甄别中去粗存精、去伪存真，让他们以华夏民族的文明历史和当今祖国的日益强盛为荣耀，增强“爱我中华、振兴中华”的民族自信心。

（三）培养学生的创造能力

孩子是国家的未来、民族的希望，以培育学生核心素养为主旨的立德树人，当从孩子抓起。学生核心素养，除理想信念、家国情怀、社会责任感等要素外，就是新课标所提到的实践能力和创新思维。古人留下的如此丰富卓越的作品与发明，正是他们勤勉、智慧与创造力的集中体现。借助语文篇章的学习，可以让学生知晓，虽然当时的科技欠发达，人们的文化程度也不高，信息传递十分不便，但他们硬是在有限的条件下凭借锲而不舍的毅力、笃实求真的精神、创造发明的才智，谱写了中华文明的璀璨篇章。在教学中，教师应将当时的条件限制与艰苦环境告知学生，让他们学习古人自信自强、砥砺奋发、迎难而上、开拓创新的精神，自小树立学好本领、建设国家的理想信念。

以上简述的“价值意义”，正是新课标提出的“文化传承与理解”“审美鉴赏与创造”等语文核心素养之要义。

二、低年级语文教学中优秀传统文化教育的案例分析

那么,如何以单元整体教学为视域,在相应的“语文要素”学习中,渗透“优秀传统文化教育”这一“人文主题”呢?下面以三年级下册第三单元整体教学为例进行阐述。

(一)案例1:“古诗三首”的教学探索

三年级下第三单元第一课是“古诗三首”,包括《元日》《清明》《九月九日忆山东兄弟》。《元日》是对我国最重要的节日——春节进行自然描绘的诗篇,介绍了人们辞旧迎新中重要的三个仪式,分别是放鞭炮、喝新年酒、换桃符。虽然在教学这首诗的时候离春节尚有一段时日,但教师还是可以在课前让学生收集一些与新年有关的趣物喜事,如过年收到的礼物、过年期间的仪式等,以此与诗中描写的场景进行对比,从中感知过年的主要特征和习俗演变。清明也是一个非常重要的节日,《清明》这首诗亦是广为流传、脍炙人口。清明节是在4月,教学这首诗的时候清明节早已过了,因此,教师可以播放相关视频,让学生去感受清明节的特殊氛围,也可结合实际生活讲述清明节的注意事项及相关仪式,还可以凭借全国公祭之契机,让学生在缅怀先烈、学习先烈的体验中接受革命英雄主义教育。《九月九日忆山东兄弟》是这三首诗中相对应景的诗,为了体现古为今用的人文意蕴,教师可以将这首诗的学习安排在九九重阳这一天。在教学时,可适时插入一些敬老爱老的行为或仪式。需要注意的是,前面两首诗所蕴含的感情都与对应的节日有关,而这首诗中所寄托的情感却与重阳节的关系不甚密切。所以,除了对节日做简明介绍外,教师还须引导学生对诗人当时的情感进行梳理分析。

(二)案例2:《纸的发明》的教学探索

《纸的发明》这一课主要讲述了纸的发明过程。造纸术是我国的四大发明之一,纸的出现对推动世界文明的作用是举世公认的。有了纸,信息的传播相较以往方便多了,知识的学习和存储也就有了实用便利的载体。在教学《纸的发明》这一课时,教师不但要让学生了解发明纸的整个过程,更要让学生认识到纸的诞生所产生的深远意义。教学伊始,可以让学生亲身体验(有条件的话)一次造纸的过程,或者让学生看一段造纸的视频,让他们对造纸的过程和工艺有一个直观形象的认知。然后,引导学生结合自己的日常生活,畅谈哪些地方需要用到纸,分别有什么样的纸,等等。此外，还可组织师生共探活动：如果没有纸的话，这个世界将会变成什么样子。通过“头脑风暴”式的智慧思辨，使学生加深对纸的重要性的认知，进而体悟包括纸在内的四大发明的伟大意义。在此基础上，教师拟对学生进行启发性追问：为什么古人在那样的条件下还能做出如此伟大的发明？生活在当代社会的我们，又该学习先辈的哪些精神？从现在做起，你有什么奇思妙想，又有什么发明创造可以展示呢？这就将优秀传统文化教育的意义延伸拓展，自然体现了。

（三）案例3:《赵州桥》的教学探索

赵州桥是世界上现存年代最久远、跨度最大、保存最完整的单孔坦弧敞肩石拱桥。作为一座无法复制的古桥，赵州桥已经有1 400多年的历史，这是我国古代桥梁设计大师智慧的结晶，也是桥梁建造者独具匠心的珍品。无论是对于古桥研究还是对于我国建筑史的研究，赵州桥都有着特殊的价值和意义。据此，在教学《赵州桥》这篇课文时，教师不但要让学生了解这座桥不凡的身世，更要了解赵州桥的特殊价值与历史意义。教师在上这篇课文的时候，拟利用视频及图片，对赵州桥做较为全面的介绍，若有条件，可以在课堂上展示其模型，尽量使学生对这座古之名桥有身临其境的亲切感、认知欲。此外，教师还应引导学生领悟文章的表达方式：作者是如何介绍赵州桥的，包括介绍的内容、方式、顺序、用词等。在学完课文之后，还可让学生做拓展性练习。第一是习作：启导学生学习《赵州桥》的描写手法，尝试对自己周遭的某个建筑物进行介绍。大多数学生开始只会模仿，但这样的模仿也是有意义的。通过模仿，能使学生品悟文章的表达方式，并在模仿中逐渐培养自己的表达能力。第二是动手制作一座模型桥：可以使用纸板、雪糕棒、橡皮泥等各种不同的材料，设计、制作一座自己心仪的模型桥。通过模仿、制作的过程体验，可以使学生加深理解《赵州桥》的表达方式，于潜移默化中渗透优秀传统文化教育。

（四）案例4:《一幅名扬中外的画》的教学探索

与本单元其他几篇课文迥异的是，《一幅名扬中外的画》的题目并没有把作者想要介绍的画直接表明。教师可抓住这一细节，与学生进行讨论，这幅画究竟是什么？由于一些学生做了提前预习，已经知道这幅画的名称，据此，教师可因势利导，另辟话题：除了这幅画之外，大家还知道我国有哪些著名的画作？在抛出问题后的众说纷纭中可以发现，学生对我国古画名作的兴趣和见识，虽嫌粗浅，却不乏可圈可点之处。教师在做点评后可介绍更多的名家画作。在接下来的课文教学中，教师先展示《清明上河图》的复制品，带着学生寻觅经典画卷中的千姿百态，包括不同的服装、行业、建筑，每个人物都在做什么，他们的年龄有多大，彼此之间又是什么关系，等等。通过这样的学习、探究，学生对这幅名画有了较深的了解，对课文的理解也就深了一层。在课文学习之后，教师可借机开展一些延伸活动，比如让学生作一幅群像画，可以画教室内同学们的活动，也可以画集市上的人群，抑或是动物园的小生灵，等等。

综合上述基于小学语文三年级下册第三单元的教学案例分析，可以发现学生在学会识字、阅读的过程中，较好地吸纳了以传统节日和经典画作为载体的中华优秀传统文化，也较好体现了中华优秀传统文化进课堂、进教材的价值和意义。

三、低年级语文教学中优秀传统文化教育的难点诊断

诚然，中华优秀传统文化教育应从小抓起，形成逐步递进、螺旋形上升的持续推进、反复渗透的教育体系。但在教学实践中，小学阶段的启蒙教育往往会遇到诸多难点。

（一）生活体验不足

小学低年级学生还处于孩童时期，无论是社会历练还是生活经验都处于童蒙阶段，他们对优秀传统文化的理解难免浅显、有限。比如，在学习《九月九日忆山东兄弟》一课时，不少学生难以理解“独在异乡为异客”的凄苦。因为随着时代的进步、科技的发达，信息的传播已经有了翻天覆地的变化，无论是身处不同的城市还是不同的国家，人们都随时可以与自己的亲朋好友取得联系，也就更难体会“为异客”的那种孤寂。又如，在学习《清明》这首诗的时候，他们很难理解清明祭奠故人是一种怎样的哀伤。这是因为小学生大多尚未经历人生的重大变故，难以理解失去亲人的彻心悲痛。因此，这两首诗所蕴含的节日文化，他们虽有一定的情感体验，却较难达到情感上的共鸣。上述局限，是深入理解诗文的鸿沟，即使学生能将诗文的中心思想牢记不忘，将诗文背得滚瓜烂熟，也难以生发由衷流淌的至深情感。

（二）理解能力受限

少儿的理解能力是伴随其身心发育而逐渐提升的。小学低年级学生的具象思维活跃，却不易理解抽象的事物，思维品质尚处于稚萌阶段。在学习上述优秀传统文化的过程中，总会遇到一些比较理性、抽象的内容。比如上述诗画创作的社会背

景，以及当时人们的生活状态、社会结构、人际关系等，都与当今社会有巨大差异。要求现今的小学低年级学生自如地理解当时的史料背景，是比较困难的。比如《清明上河图》，这幅描绘北宋国都汴京（今开封）繁荣市井的真实画卷，生动展示了当时社会的世俗民风和芸芸百姓的生活状态。对早已见惯了各种短片与视频的小学生来说，他们往往会扫目泛读、浅尝辄止，较难理解《清明上河图》的博大精深和独到价值。

（三）缺乏课后延伸

文化学习和精神传承不能滞停于书面说教，而应形成学以致用的智慧迁移、正能扬显。要想让小学生不时接受优秀传统文化的滋养，教师应对书本内容做有理有据的课后延伸。但从现实情况来看，这种延伸较难推进，具体原因有两点：一是因课时、应试、资源等因素，学生在学完当下的课文后，往往就“说拜拜”了，缺乏必要的讨论及延伸性学习。我国优秀传统文化中的瑰宝俯拾即是，如果能寻机让学生做一定的延伸拓展，可以取得更好的效果。二是与教师自身的知识储备不足有关。欲做课后延伸，教师得调用已有知识并不断“充电”，这对不少教师而言有些勉为其难。

四、低年级语文教学中优秀传统文化教育的改进要点

综观上文，既有低年级语文教学中优秀传统文化教育成功的经验之谈，也有困惑的难点之析。下面从针对性、时效性的视角，浅谈若干改进要点。

（一）创造体验情境

语文学习须规避死记硬背之弊。欲使小学生热爱语文学习，始终保持对语文学习的兴趣和定力，就得以语文“双基”为着力点，以素养培养为导向，从小培养学生注重理解和灵活运用的习惯与能力。在小学低年级学生生活体验不足、情感理解肤浅且易出现一定偏差的情况下，教师应对学生做适切、对路的引导，让他们尽力对作者及古人的生活状态、思想情感做较深的解读、理解。比如，在学《清明》这首诗时，因大多数学生缺乏生离死别的刻骨体验，可用其他的离别做比拟。如询问学生在生活中是否经历过与心爱宠物的分别，是否体验过失去自己最钟爱的某件物品的情感等。虽然各种悲伤的伤感程度不同，但从情感刺激的维度看，可以让学生较好地体验理解诗中寄托的特殊感情。又如，在教学《九月九日忆山东兄弟》一诗时，教师可组织一些兼具趣味和激情的表演，让一群学生尽兴地玩耍，而让另外一名学生在静

处默视，然后让其说一说此刻的内心感受。

（二）帮助学生理解

尽管小学生的理性、抽象思维能力有限，但教师可搭建思维支架，使他们在较好理解课文内容的同时，逐步加深对我国优秀传统文化的领悟，且懂得“从小学习、传承、弘扬”的意义。在具体操作上，一是要顺势而为，从低年级学生的身心特点与思维发展状况出发，尽量在他们的学识与思维阈度内做生动、富有感染力的解读。二是要与学生自我及周边的生活相联系，将相关的优秀传统文化内容与学生的生活经验产生有机联系，使他们激起似曾相识的情感共鸣。比如《清明上河图》的精妙珍贵之处，可以从诸多微观视角去分析、解读，引导学生仔细观察图上有哪些身份不同的人物，做一个统计，用数据直观地呈现，然后再与其他类似的画作进行对比，彰显《清明上河图》创作的难能可贵。

（三）进行课后拓展

课后拓展指的是课堂学习不能仅滞留于课堂，课后也应有相关内容的讨论、探索或者是创作。这样不但能使学生因学用结合、手脑并用而留下深刻印象，也能使学生对优秀传统文化滋生发自内心的热爱。从现实情况看，可以从以下两个方面进行课后拓展：一是课后进行讨论。比如，讨论交流自己学习了传统节日和名家画作后的心得，畅谈哪些内容给自己留下了深刻的印象，自己还知道哪些相关的内容和作品等。自由、充分的讨论为学生创设了在观点碰撞中共享智慧、放飞思维的情境，培养了学生学以致用、用中悟道的能力。二是做好因势利导。教师可借助单元整体教学的优势，在落实“语文要素”的过程中，有机拓展“人文主题”的意蕴。这样可以激发学生深化探究的兴趣，拓宽他们的视野，让他们在“双线组元”的学习中收获学识、精神的双丰收。

五、结语

“立足孩童、从小抓起”的中华优秀传统文化教育，是一个来回往复、和风细雨、持之以恒、久久为功的系统工程。教师应紧扣小学低年级学生的身心发展规律和认知特点，自然渗透于立德树人、教书育人的“三全”(全员、全方位、全过程)之中。在播种育苗、培根铸魂中帮助学生打好小学阶段的应有基础，我们小学语文教师承担着责无旁贷的重任。

参考文献

[1] 中华人民共和国教育部. 义务教育语文课程标准[M]. 2022年版. 北京: 北京师范大学出版社,2022.

[2] 张睿佳. 探索小学语文教学中文化自信的培养路径[J]. 语文世界,2024(25): 30–31.

[3] 孙亚飞. 文化自信视域下小学语文识字教学传承优秀传统文化的探索[J]. 读写算,2024(28): 52–54.

[4] 叶青. 探究跨学科融合　聚焦核心素养——基于新课标导向的小学语文跨学科融合初探[J]. 教育,2024(24): 21–23.

[5] 蔡雍彬. 中华传统文化融入小学语文大单元教学的实践研究[J]. 试题与研究,2024(24): 91–93.

基于学习任务群的主题单元整合教学实践探索

上海市浦东新区海桐小学　薛　林

【摘　要】《义务教育语文课程标准（2022年版）》将“学习任务群”纳入义务教育阶段语文课程。构建语文学习任务群，要“以生活为基础，以语文实践活动为主线，以学习主题为引领，以学习任务为载体，整合学习内容、情境、方法和资源等要素”，教师要设计有逻辑关系的一系列任务，要指向学生的核心素养。本文以统编版小学语文四年级上册第五单元为例，探讨了基于学习任务群的主题单元整合教学方法。教师通过整合单元要点，明晰学习任务，结合学习任务设计主题活动，利用教学资源丰富学习活动，并注重过程评价，以促进学生语文能力的提升。

【关键词】学习任务群　主题单元整合　任务活动　过程评价

学习任务群的概念，它强调以任务为导向，引导学生主动建构知识，提升能力和素养。将学习任务群融入教学，是当前语文课程改革的重要内容。随着教育改革的不断深入，传统教学模式亟须与新的模式融合，为教育创造新的教学能量。为了更好地培养学生的综合素质和能力，基于学习任务群的主题单元整合教学方法应运而生。本文将以小学语文四年级上册第五单元为例，探讨基于学习任务群的主题单元整合教学。

一、统整单元要点，明晰学习任务

小学语文四年级上册第五单元是一个以“我手写我心，彩笔绘生活”为主题的习作单元。通过这一单元的学习，学生将重点了解和掌握如何将一件事写清楚，这既是本单元的语文要素，也是本次习作的核心要求。为了达成这一目标，教师需要统整单元要点，明晰学习任务，确保学生在整个单元学习过程中能够有序、有效地提升习作能力。

第一，教师需要引导学生深入学习精读课文《麻雀》和《爬天都峰》，以及习作例文《我家的杏熟了》和《小木船》。通过阅读，让学生感受作者是如何把事情写清楚的，并在此基础上学习和体会作者运用的具体、生动的语言文字，以及清晰的叙述逻辑。与此同时，教师在教学过程中要鼓励学生关注课文中的细节描写和情感表达，理解这些元素在丰富文章内容、增强文章感染力方面的重要作用。

第二，在“交流平台”和“初试身手”环节，教师需要组织学生进行深入的交流和讨论。通过分享自己的理解和感受，学生能够进一步梳理和总结从课文中学到的习作方法。同时，“初试身手”环节的设置，旨在让学生初步尝试运用学到的习作方法进行表达练习，为后续的单元习作做好铺垫。

第三，在单元习作阶段，教师需要结合本单元的学习任务，引导学生运用所学的习作方法进行实践。在这个过程中，教师可以提供具体的习作题目或情境，帮助学生明确写作方向和内容。同时，要注重过程评价，关注学生在习作过程中的表现和发展，及时给予指导和帮助，促进学生能力的提升。

通过统整单元要点、明晰学习任务、设计主题活动、利用教学资源丰富学习活动及注重过程评价等步骤，基于学习任务群的主题单元整合教学方法能够帮助学生更好地掌握习作技能，提高写作能力，进一步提升语文素养。

二、结合学习任务，设计主题活动

表1　主题单元任务活动设计框架

<table>
<tr><th>主　　题</th><th>任　　务</th><th>活　　动</th></tr>
<tr><td rowspan="6">基于课文，探讨习作方法</td><td>任务一：初步把握按事情的发展顺序写事</td><td>活动一：绘制“麻雀”事件的时间线</td></tr>
<tr><td rowspan="3">任务二：抓住重点段落，学习把事情的过程写清楚的方法</td><td>活动二：阅读课文《爬天都峰》第2—7自然段，了解作者爬天都峰的过程</td></tr>
<tr><td>活动三：默读课文《爬天都峰》第6自然段，圈画表示动作的词语</td></tr>
<tr><td>活动四：回顾作者爬山过程，体会具体写作方法</td></tr>
<tr><td rowspan="2">任务三：在实践中初步掌握把事情写清楚的方法</td><td>活动五：阅读例文，探讨习作方法</td></tr>
<tr><td>活动六：尝试运用所学的方法把事情写清楚</td></tr>
</table>

（一）任务一：初步把握按事情发展的顺序写事

活动一：绘制“麻雀”事件的时间线

为了帮助学生更好地理解和把握“麻雀”事件中事情的发展顺序，教师可以设计一个“绘制故事时间线”的活动（见表2）。首先，教师在课堂中引导学生回顾“麻雀”故事的发展情节，并在此过程中标记关键的时间节点，如小麻雀的出现、猎狗的逼近、老麻雀出现，以及“我”唤回“我”的猎狗等。然后，学生根据时间线将这些事件按照发生的顺序进行排列，并用简短的文字描述每个事件。

表2　“麻雀”事件的时间线

	时　间　线	主 要 内 容
“麻雀”事件的时间线	“我”打猎回家	“我”打猎回家，猎狗跑在“我”的前面
	小麻雀出现	一只刚出生不久的小麻雀从巢里掉下来，呆呆地站在地上
	猎狗逼近小麻雀	猎狗走近小麻雀，张开大嘴，露出锋利的牙齿
	老麻雀救小麻雀	老麻雀从树上飞下来，像一块石头似的落在猎狗前，绝望地尖叫
	“我”唤回猎狗	“我”被老麻雀的母爱所感动，唤回了猎狗

通过这样的活动，学生不仅能够更清晰地理解故事的情节发展，还能够根据总结的时间点将故事情节完整地复述，从而锻炼相应的能力。

（二）任务二：抓住重点段落，学习把事情的过程写清楚的方法

活动二：阅读课文第2—7自然段，了解作者爬天都峰的过程

在活动二中，学生需要仔细阅读课文的第2—7自然段，了解“我”和爸爸与遇到的老爷爷如何一步步爬上天都峰的过程。教师应当引导他们特别关注描述爬山过程的句子，例如，“我奋力向峰顶爬去，一会儿攀着铁链上，一会儿手脚并用向上爬，像小猴子一样……”等。通过学习这些具体的动作描写，学生可以理解如何具体、生动地描述一件事情的过程。

活动三：默读第6自然段，圈画表示动作的词语

在活动三中，学生需要默读课文的第6自然段，并圈画出描述动作的词语。这些词语，如“攀着”“手脚并用”“爬”等，都具体地展现了爬山时的情景，同时也传达了

"我"的决心和勇气。学生在圈画这些词语的同时，也要试着去理解这些动作词语背后的含义，即作者是如何通过这些具体的动作来展示爬山的艰难和不易的。

活动四：回顾作者爬山过程，体会写作方法

在活动四中，学生需要回顾作者整个爬山的过程，特别是那些描述怎么想、怎么说、怎么做的句子和段落。通过这一活动，学生进一步体会到作者是如何把这些细节写得清楚、生动的。同时，学生也应该能够明白，要想把一件事情的过程写清楚，就需要抓住人物的心理活动、语言及具体的动作来进行描述。学生可以将所学习到的写作方法用到自身的习作中，更好地去将一件事情的过程写得清楚、具体、生动。

通过这些活动，学生可以更好地完成课后第二题的任务，也能够更好地理解和掌握本单元的学习重点。同时，这些活动也符合学习任务群的理念，让学生在具体的学习活动中，通过实践来学习和掌握知识，提高他们的语文素养。

（三）任务三：初步掌握把事情写清楚的方法

活动五：阅读例文，探讨习作方法

在活动五中，学生需要阅读例文《我家的杏熟了》和《小木船》，感受作者是如何把事情的起因、经过、结果写清楚的。教师可以引导学生关注例文中的叙述顺序、情节转折和细节描写，帮助他们理解如何构建故事的框架和丰富故事的内容。同时，教师还可以鼓励学生思考并讨论这些例文与前面学过的精读课文在写法上的异同，以此加深他们对不同写作方法的理解和掌握。

例如，在《我家的杏熟了》例文学习中，学生需要关注到作者先描述了小时候家里杏子成熟的情况；接着通过具体的细节展现了奶奶数杏、分杏的过程；最后描述了分杏的结果。这种按照事情发展的顺序进行叙述的方式，使得整个故事线索清晰、情节连贯。同时，作者还通过描绘奶奶的神态、动作和语言，使得人物形象栩栩如生，给读者留下了深刻的印象。在《小木船》例文学习中，学生也需要关注到作者是如何通过细致入微的描写，将这曲折的友谊故事写具体的，同时也揭示了友情的力量和重要性。

活动六：尝试运用所学的方法把事情写清楚

教师布置习作，主题为"生活万花筒"，主要让学生懂得留心身边事，用具体、生动的语言写下这件事。教师可以提供一些启发，帮助学生明确写作的方向和内容。教师要注意观察学生的写作过程，及时给予指导和帮助，确保学生能够正确运用所学的方法，贴合单元主题，把事情写清楚。

学生习作片段

我自信十足地走进厨房，学着妈妈的样子准备做个蛋炒饭，我拿起一个鸡蛋开始琢磨起来，可我却不知如何敲碎鸡蛋。我狠下心往桌子上用力一敲，鸡蛋液随着破碎的鸡蛋壳溅得到处都是。我的心里不由得打起了退堂鼓——原来做蛋炒饭这么难，要不我还是放弃吧。

这时妈妈走了过来，她看见厨房里一片狼藉，虽皱起眉头，但却好像看穿了我的心思，耐心地对我说："别灰心，第一次总归会不熟练。我来教你！"说完，她一边示范，一边讲着每一步的注意事项。

在妈妈的指导下，我重拾信心，拿起鸡蛋，往碗的边缘轻轻地敲了几下，鸡蛋裂开了一条缝。我再用两个大拇指抠进裂缝，往外一掰，鸡蛋液就从蛋壳里滚落到碗里。这一步终于成功了！

基于"习作例文"的学习，学生在自己的习作表达中采用了所学的方法，按照事情发展的顺序，详细描述了第一次独自做晚餐的过程。片段中单从打鸡蛋这个步骤入手，作者细致地运用动作描写、心理描写、语言描写等，将整个过程从信心十足到快要放弃，最后还是在妈妈的鼓励下继续努力尝试进行了完整描述，这些细节的描写，使得整个故事更加生动、有趣。

三、注重过程评价，促进能力提升

在学生的写作过程中，教师应注重过程评价，及时发现和纠正学生在写作中存在的问题，帮助他们逐步提高写作能力。过程评价表可以设计如表3。

表3　学生习作过程评价表

序号	评价项目	评价标准（1—5分）	自评	互评	师评
1	叙述顺序	是否按照事情发展的顺序进行叙述，是否条理清晰			
2	情节转折	情节是否自然、合理			
3	细节描写	是否对人物、环境、情感等进行了生动、具体的描写			
4	语言表达	语句是否通顺、流畅，用词是否准确、生动			
5	创新性	是否在叙述中融入了个人独特的思考和感受			

在评价过程中，教师可以引导学生根据评价表进行自评、互评，并进行师评，让学生更加清晰地了解自己的写作水平和需要改进的地方。同时，教师也要注重及时对学生进行鼓励和指导，帮助他们树立信心，激发写作热情，促进写作能力的提升。

四、结语

基于学习任务群的主题单元整合教学为学生提供了一个全面、系统的学习环境，有助于他们更好地掌握知识和技能。通过回顾与反思、尝试运用、注重过程评价等环节的有机结合，学生可以在实践中初步掌握把事情写清楚的方法，提高写作能力。同时，这种教学方式也符合学习任务群的理念，让学生在具体的任务中，通过实践活动来学习和掌握知识要点，切实培养学生的语文核心素养。

参考文献

[1] 张青. 新课标背景下小学语文学习任务群的解读与实践——以“语言文字积累与梳理”为例[J]. 语文教学通讯·D刊(学术刊),2023(12): 53-55.

[2] 李红. 基于情境教学的小学语文学习任务群设计与实施策略[J]. 天天爱科学(教育前沿),2023(12): 123-125.

[3] 冯雪. 学习任务群下的小学语文单元整体教学设计的研究[J]. 中小学教师培训,2023(3): 60-65.

[4] 施光宏,朱娉娉. 基于学习任务群的学科融合教学策略研究——以小学语文教学融合劳动教育为例[J]. 语文建设,2022(20): 22-26.

基于单元教学的大任务学习活动设计与实践

上海市浦东新区海桐小学　益怡文

【摘　要】2022年，教育部发布了新修订的《义务教育语文课程标准（2022年版）》（以下简称“新课标”），在新课标中明确了课程内容的主题与载体形式，教材中相似主题的课文以单元的形式组合。在新课标下，教师要通过设计符合该单元教学目标的大任务学习活动，让教学内容变得更易掌握，让单元学习更高效。

【关键词】大任务　单元教学　活动设计

一、大任务与单元教学之间的关系

大任务的内涵是：义务教育语文课程内容主要以学习任务群组织与呈现。语文学习任务群由相互关联的系列学习任务组成，共同指向学生核心素养发展。“大任务”是相对“小任务”而言的，它是以具体、微观的学习活动为载体，将一段时间内的学习内容浓缩集合在一个任务中进行，将一个具体的目标分解为几个具有一定层次性、逻辑性的小任务。大任务内容丰富，具有融合性，它涵盖了不同方面的内容及不同形式的方法。大任务包含若干个小任务，通过设计几个具有层次性、逻辑性的小任务进行实践，从而使大任务的目标得以实现。大任务具有综合性，它不是针对某一篇课文或者某一知识点而设计的，而是对某一段时间内学习内容整体的把控与浓缩。

基于单元教学的大任务的内涵是：单元教学是一种教学方法，它是一种基于模块化、层次化的教学方式，将大的教学目标分为内容较少的、有序的、有联系的模块。基于单元教学的大任务就是把这一单元的主要学习内容通过一个大任务的设计贯穿整个单元。

大任务与单元教学之间的关系是：大任务与单元教学密切相关，单元教学目标的实现以大任务为导向，大任务的设计基于单元教学的目标与内容，大任务是单元教学目标的载体。教材根据学生的认知顺序安排每一单元的教学，单元教学的目的是让学生能够把在课堂学到的知识迁移到生活中，能够具备创新能力。大任务就是在这种真实情境下进行的，教师把生活中真实的问题具体化为几个典型的任务，使得学生在完成这些任务时实现知识的积累、技能的提升、素养的养成，其核心就是课堂联系现实。

二、基于单元教学大任务的设计与实践

下面以一年级上册第四单元为例，阐述如何设计与实践大任务学习活动。

（一）设计要点

1. 分析大单元的教材内容

一年级上册语文单元分为拼音单元、识字单元和课文单元，通过第四单元的四篇课文《秋天》《小小的船》《江南》《四季》不难发现，教材所展现的这四篇课文都与大自然息息相关。

在一年级的课文单元中，内容是比较琐碎的，比如正确朗读、识字与积累、写字、划分自然段，甚至是正确的上课规范，都是潜在的课堂教学目标。这些内容涵盖了学习任务群中“语言文字积累与梳理”“实用性阅读与交流”和“文学阅读与创意表达”。若将这么大体量的内容一股脑地教给学生，会使其陷入迷惘。所以，教师在进行单元整体教学前，必须将这些内容进行梳理，并根据学生的实际情况，兼顾后续学习，从而有的放矢地教给学生，让学生做到不混乱、可接受。

2. 分析学情

一年级学生第一次接触到“单元”这个概念，通过第四单元四篇课文的学习，能让学生初步对单元有一个认知，即主题一致的几篇课文形成一个单元。对于低年级的学生，他们会更加关注课堂的趣味性，教师应当在设计单元教学活动时考虑到兴趣和知识的平衡，避免出现枯燥或者华而不实的情况。此外，对刚入学三个月的学生来说，他们对课堂和单元并没有很准确的认识，必须在跟上教师节奏的前提下学习新的知识，这对他们来说是最大的挑战。

3. 确立大任务的目标

第四单元的课文都与自然有关，因此，教师在引入教学内容时，要利用与自然有

关的环境条件，从自然出发。由于学生在生活中时刻接触着大自然，因此，这些课文内容对学生来说并不陌生。但是，低年级的学生在具体思维形成之前，在没有引导的情况下不太能将现实和书本结合起来思考。所以，教师要试着在课堂教学中插入让学生去观察自然，发现生活中美丽画面的教学环节，从而让他们真正将生活和课文学习结合起来，这就是本单元的大任务目标。

4. 制定大任务步骤

设计思路：结合人文主题，将兴趣、观察与学习相结合。低年级教学不仅要考虑知识的灌输，更需要为学生准备能够激发其兴趣的教学活动。此外，语文学科具有极强的应用性，所以，必须从一开始就让学生能够有意识地将现实生活和书本结合。比如，本单元的人文主题是自然，教师便希望学生能够寻找生活中的自然之美。

（二）单元大任务设计

1. 基于课内教材文本的单元大任务设计

（1）大任务一：学会用拼音拼读，认识汉字。

以课文《秋天》为例，设计问题：小朋友们，我们刚刚学完了拼音，请你们在课文中圈出不认识的字，借助拼音自己拼一拼、读一读。

（2）大任务二：正确、流利地朗读课文。

以课文《小小的船》为例，设计问题：我们刚刚学习了生字，请小朋友们大声朗读课文，要把生字读正确。

（3）大任务三：通过朗读发现课文所描写的景物，感受秋天的美好。

以课文《秋天》为例，设计问题：小朋友们，读完课文，你们能找到这篇课文写到了秋天的哪些景物吗？请你圈出来。

以课文《四季》为例，设计问题：小朋友们，读完课文，我们知道春、夏、秋、冬有不同的风景，你们能找到每个季节都有什么景物吗？

评价指标：知识技能运用。

在本单元之前，学生完成了拼音的学习，而拼音就是识字的工具。所以，在本单元的任务设计中，有相应的朗读任务，即学生是否能正确、流利地朗读课文，有没有读错字，从而评估学生是否掌握了拼音，是否能将拼音这一技能运用到课文学习中，进而运用到生活中。

2. 指向课外延伸拓展的单元大任务设计

（1）大任务一：让学生发现生活中美的事物。

以课文《秋天》为例,设计问题:秋天到了,读完这篇课文,请小朋友们观察秋天校园的变化,你们觉得校园的什么景色很美?

以课文《小小的船》为例,设计问题:请小朋友们晚上观察天上的月亮,它是什么形状的?你们觉得它像什么?

(2)大任务二:用自己的语言表达,说出自然美的理由。

以课文《秋天》为例,设计问题:小朋友们,通过观察,我们发现秋天校园里很多树木的叶子都由绿变黄了,开始凋谢了。请你们说一说秋天美在哪里?为什么树叶颜色变化会让你们感觉美呢?

以课文《小小的船》为例,设计问题:小朋友们,请你们和爸爸妈妈一起拍月亮,说一说你们觉得月亮美在哪里。

以课文《江南》为例,设计问题:小朋友们,请你们翻阅自己曾经游览江南水乡的照片,并把照片带到课堂上,向同学们介绍你们去过江南哪些地方,说一说令你印象深刻、觉得很美的时刻。

以课文《四季》为例,设计问题:小朋友们,请你们找出四季有特色的照片,说一说你们认为哪个季节最美?为什么?

评价指标:表达。

新课标中提到,通过任务学习,学生要能表达自己独特的体验与思考。所以,在本单元教学中,要让学生交流他们眼中的自然,可以运用课上学到的词语、句子进行交流。

(3)大任务三:能够把"美"用自己喜欢的方式表现出来。

以课文《秋天》为例,设计问题:请你们去校园的各个角落收集不同树木、不同颜色的落叶,并发挥想象,利用落叶在画纸上做贴画,完成后一起交流。

以课文《小小的船》为例,设计问题:在观察月亮后,请你们发挥想象,画一画想象中月亮的样子,并向同学们进行展示和交流。

评价指标:情感价值。

在制作完贴画后,让学生用语言介绍自己的作品。这是对学生完成任务的情况比较高阶的评价标准,能够反映学生在完成这些学习任务后,是否感受到了自然的美好,是否表达了对自然的喜爱。学生通过感悟,情感受到熏陶并得以升华,实现情感培养的教学目标。

三、大任务的实践策略

（一）观察与表达相结合

对一年级学生来说，他们对周围的事物怀有强烈的好奇心。因此，获得知识的来源很重要。通过观察，使他们亲眼所见，可以更好地实践大任务。例如，学生通过观察秋天校园发生的变化，通过寻找不同的树叶，观察不同树叶的形状、颜色、样子，能更好地表达他们对秋天的感受；通过观察不同夜晚月亮的变化，能更好地表达他们心中的月亮之美。

（二）跨学科融合

在大任务的实践中，教师可以将不同学科联系起来，运用跨学科融合的策略。在设计《秋天》一课的任务时，教师可以将语文与自然、美术结合起来，让学生通过认识树叶、观察树叶、利用树叶与彩笔制作手工贴画，来感受课文描绘的秋天之美。在设计《小小的船》一课的任务时，教师可以将语文与美术结合起来，让学生体会月亮之美。

（三）螺旋式上升的学习形式

教师的教学设计应当是一个螺旋式上升的过程，通过不断地推进教学、巩固复习，让学生在学习的广度和深度上双线并行。学生从最基本的识字开始，联系之前学习的拼音，充分运用课本资源，通过不断地巩固拼音、掌握生字、朗读课文等，形成一个环环相扣、循序渐进的学习过程。比如，本单元的《秋天》一课对自然段有相应的要求，学生在习得相关知识后，教师会适时让他们运用所学知识对教材后面的课文进行标注自然段的练习。在这一过程中，教师不仅让学生巩固了自然段这一知识，还会提出一些高于原本学习要求的问题，让他们对文本有更深入的了解。

（四）铺垫性支撑

将单元大任务一部分放在课内，一部分放在课外，两者相结合，能更好地完成任务。例如，在《秋天》一课的任务设计中，教师考虑到学校的树木种类有限，除了让学生在学校里收集树叶，还让他们在小区、公园里收集不同的树叶并完成贴画。在本单元的展示中，学生朗读语文园地的《小松鼠找花生》一文给身边的人听，也是在课外进行的。

四、结语

教师在教学时，要将大任务与单元教学相结合，设计的大任务要符合本单元教学的目标。在任务实践中，教师可以通过不同的形式，让学生更好地参与任务，在任务中学习、感知，得到情感的升华。这样不仅有利于培养学生更好地学习掌握语文知识，也激发了学生学习语文的兴趣。大任务的设计与实践对教师和学生来说都具有重要意义。

参考文献

[1] 陈蕊. 基于学习任务群的小学语文单元整体教学策略研究[J]. 天天爱科学(教学研究)，2023(12)：171-172.

[2] 林丽丽. 基于语文学习任务群的大单元教学实施策略[J]. 亚太教育，2023(15)：81-83.

[3] 王佳敏. 大单元教学设计与实践研究[D]. 桂林：广西师范大学，2023.

浅谈语文“问题解决式”教学

——以小学五年级第三单元教学为例

上海市浦东新区海桐小学　陈雅逸

【摘　要】近年来，语文教学模式的探索与改进在教学领域越发重要。本文以单元视角下的语文“问题解决式”教学为研究对象，结合教学实践，旨在探讨语文教学中问题解决式教学法的应用，通过对比传统教学法和问题解决式教学法的特点与优势，阐述问题解决式教学法在语文教学中的价值，并提出相应的教学策略和方法，以期为语文教学的改革与发展提供参考。本文综合探讨了在单元视角下如何有效解决语文教学中的问题，以提高学生的学习效果和语文素养。

【关键词】语文教学　问题解决式　单元视角

随着社会的不断进步和教育理念的不断更新，语文教学已经不再是简单的知识传授，而更加注重培养学生的语言表达能力、阅读能力及文学鉴赏能力。一直以来，语文教学都是教育领域的重要议题，如何提高学生的语文素养，培养其语言表达能力也一直是语文教师关注的焦点。然而，在实际教学中，教师常常面临诸多问题，如学生学习兴趣不高、阅读理解能力较弱等。因此，本文将探讨在语文教学中引入“问题解决式”教学法的可行性和有效性。本文以小学五年级第三单元为例，分析该教学法的实践意义和教学效果。

一、单元视角下的语文问题解决式教学现状及问题

（一）教师教学理念和方法的转变

传统的语文教学模式以知识传授和应试为重，教师往往在课堂上主导教学，学生被动接受。而单元视角下的问题解决式教学要求教师转变教学方式，更多地发挥学生的主体性和自主性，引导学生思考和解决问题。这需要教师改变传统教学观

念，提高教学素养和能力。

（二）学生学习能力的差异

学生在语文学习能力、阅读能力和思维能力等方面存在差异，有些学生可能较难适应问题解决式教学。教师在实施该教学法时需要根据学生的不同特点和需求，采取个性化的教学方法，提供针对性的辅导，确保每一名学生都能够有效地参与和受益。

（三）评价和考核方式的改进

传统的考核方式主要以笔试为主，注重对知识的检测。然而，单元视角下的问题解决式教学更注重学生的思考和解决问题的能力，教师要改变评价和考核方式，更多地体现学生的思维过程和综合能力。

二、问题解决式教学法在语文教学中的价值

（一）激发学生的学习兴趣

问题解决式教学法注重学生的主动参与和思维活动，通过提出引人入胜的问题，激发学生的好奇心和求知欲，从而增强他们的学习兴趣。相较于枯燥的传统教学方法，这种教学方法更容易吸引学生的注意力，使他们更加乐于参与到课堂学习中来。

（二）培养学生的问题解决能力

问题解决式教学法要求学生通过思考、分析和探究来解决问题，从而培养他们的问题解决能力。在这个过程中，学生不仅能够掌握语文知识，还能够培养批判性思维、创造性思维和解决实际问题的能力，不断提高自己的综合素养。

（三）提升学生的学习效果

通过问题解决式教学，学生将语文知识与实际问题相结合，能更加深入地理解知识内涵，在掌握知识的同时，也能够更好地应用于实践。另外，这种学以致用的教学方式可以加强师生之间的互动和交流，营造积极的学习氛围，提高教学效果。

（四）培养学生的综合能力

问题解决式教学法注重培养学生的综合能力，包括思维能力、表达能力、合作能

力等。学生在解决问题的过程中需要进行思考、分析和交流,这有助于提高他们的综合素质,培养他们成为具有创新精神和团队合作意识的人才。

(五)促进教育教学的创新和发展

问题解决式教学法突破了传统教学的束缚,注重学生的主体地位和参与性,有利于推动教育教学的改革和创新。教师在教学实践中可以根据学生的需求和特点灵活运用这种教学法,不断丰富教学手段,提高教学效果,促进教育教学事业的发展。

三、小学五年级第三单元"问题解决式"教学实践与案例分析

(一)教学实践

单元视角是一种教学设计和教学组织的理念,它将教学内容划分为一个个相对独立的单元,每个单元具有明确的学习目标和任务,教学活动围绕着单元内容展开,辅以问题解决式教学方法,以解决学生在该单元学习过程中遇到的问题为核心。在单元视角下,问题解决式教学注重解决学生在学习语文过程中的问题,涉及课文理解、朗读、写作等诸多方面,也包括学习方法的选择和学习动力的激发等。相较于传统教学法中的"灌输式"教学,问题解决式教学法强调学生的主体地位,将学生置于更加积极的学习角色。学生通过提出问题、探究问题、解决问题的过程,积极参与到语文学习中,大大培养了其分析和解决问题的能力。通过问题解决式教学法,可以提高学生的学习效果和语文素养。

小学五年级第三单元的主要内容涉及古诗词、散文、人物纪实故事等,体裁多元,但都是围绕"家国情怀"展开的。无论是"古诗三首"中的《从军行》《秋夜将晓出篱门迎凉有感》《闻官军收河南河北》,还是《军神》《青山处处埋忠骨》,本质都涉及爱国精神。因此,教师关于第三单元的教学就可以以此单元主题为方向进行展开和延伸,先明确好单元教学的核心目标重难点——爱国,然后进行有针对性的设计,基于"何为爱国?""怎样爱国?"的单元情景问题进行引入,让学生从几种不同的文章体裁作品中感知其表达的家国情怀,对不同人物家国情怀的不同演绎进行异同之处的提炼和区分。除了单元情景的大问题,教师还可以对每篇文章都提炼一个单课时问题,如"课文是怎么体现爱国之情的?""体现诗人爱国之情的是哪几句?""文章重点刻画人物爱国的内容和特点有哪些?"。提出问题、分析问题、解决问题的过程,能有效引导学生通过阅

读理解、联想推理,自主探究诗歌、散文、纪实故事作品中的内涵和作者的写作意图。

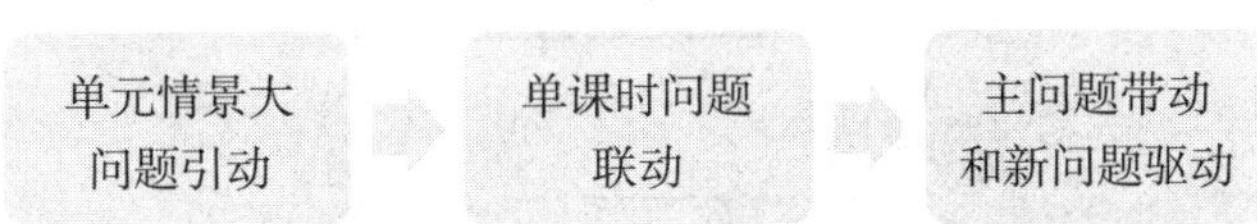

图1 基于问题解决式的单元整体教学基本框架

(二)案例分析

1. 确定教学目标

(1) 梳理语文单元要素,确定生字词、多音字、成语典故、重要注释等。

(2) 掌握和学习作品中对角色爱国之情进行塑造的手法,学习抒情写作手法。

2. 设计背景介绍

结合时代背景,深入了解人物形象。在小学语文课程学习中,有很多课文生涩难懂,尽管都是白话文,但是由于所处时代的特殊性,很多小学生是无法理解和体会的。而且,想要深入地完全了解和塑造人物形象,必须从其人生经历和所处的社会背景入手进行综合考虑。因此,教师需要在课文讲授中,引入与主要人物或其他角色相关的时代背景、社会背景等资料和内容,帮助学生丰富认识和理解角色。

3. 布置学习任务

加强讨论与交流,促进自主学习和思考。问题解决式教学法注重学生的自主学习和探究。教师会提出一些引导性问题,激发学生的思考和探索,通过问题的解决过程来引导学生理解语文知识,培养其分析和解决问题的能力。同时,教师还应该注重学生的主体地位,充分尊重其主观能动性,在课堂中创设和延伸多种讨论交流形式,促进学生对课文内容的理解,加深其对课文中革命人物形象的丰满刻画和品质的学习,彻底激发学生参与革命人物类课文学习的积极性,使其独立思考、自主学习,培养情感体验和表达能力。

4. 针对问题分析

针对上文提到的情景大问题和单课时小问题进行针对性的分析,教师明确了重点关注细节刻画、突出人物品质的重要性。细节刻画不仅是表现人物的艺术手法,更是语文教育教学内容中的重要组成部分,对于人物形象的提炼和升华具有重要作用。

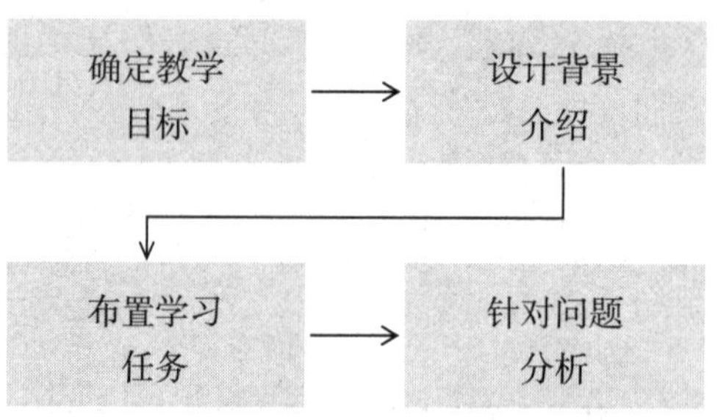

图2　基于问题解决式的单元教学设计思路

四、问题解决式教学法在语文教学中的策略和方法

（一）提出引导性问题

在每个单元开始，教师可以提出具有启发性和引导性的问题，引导学生思考和探究，以激发学生的思维和兴趣，促使他们进行深入的思考和探讨，从而培养学生的独立思考能力和解决问题能力。例如，教师提出大问题“什么是爱国”，结合课时小问题“《军神》一文中哪些地方能够体现爱国”，并延伸出新问题“现在的我们要如何爱国”。

（二）提供情境化学习任务

通过创设生动的情境或故事可以引发学生的兴趣，激发学习动力。结合设计的情境化的学习任务，能让学生在实际情境中运用所学知识解决问题。故事情节或角色对话也能使学生更加投入到问题解决的过程中，加深学生对故事情节的理解及人物心理的分析，从而提高阅读理解能力和故事写作能力。例如，在《军神》的教学中，教师结合课文内容，以“无麻药眼科手术到底有多痛”为题让学生进行讨论和交流。选用贴合文章内容和学生兴趣点的讨论话题，不仅能够激发学生的参与热情，营造良好的课堂学习氛围，还能帮助他们扩充知识面，使他们对课文内容的把握及对人物角色的理解更加全面、客观。

（三）运用多样化的教学方法

教师可以灵活运用多种教学方法，如小组讨论、问题探究、角色扮演、案例分析等，以激发学生的学习兴趣，提高课堂参与度。教师可以通过多样化的教学方法满足不同学生的学习需求，提高教学效果。例如，在《军神》的教学中，教师可以让学生关注作者对刘伯承进行的简短语言描述和刻画（他面对医生询问病情时的三句回复:“刘大川”“24岁”“土匪打伤了眼睛”等),帮助他们深入分析,明白作者如何表现出刘伯承冷静的应对能力和坚毅的性格。同时,文中强调了他年仅24岁就已经历过无数次大大小小的战争,并刻画了他在面对伤痛时展现出的坚强意志品质,让学生看到了一个勇敢、乐观的人物形象。这不仅有助于学生理解历史,还能引导他们在现实生活中树立正确的价值观和人生态度。

(四)鼓励学生自主探究

教师应该鼓励学生主动参与到问题解决的过程中,培养他们的自主学习能力。学生可以通过阅读、调查、实验等方式,自主获取信息,解决问题,从而提高他们的学习主动性和探究能力。以课文《军神》为例,在课堂开始前,教师为学生预留问题“军神是谁,他是一个怎样的人?”,引导学生自主查找资料并验证。

(五)引导合作学习

教师可以组织学生进行小组合作学习,让他们共同探讨和解决问题。通过合作学习,学生可以相互交流、学习,共同完成任务,不仅有利于培养团队合作精神和沟通能力,还有利于拓展思维,增强语文的课堂学习效果。例如,教师可以带领学生集体朗诵表现力强、情感强烈的段落。

(六)及时反馈和指导

教师应该及时对学生的学习情况进行观察和评价,给予他们及时的反馈和指导。通过积极的反馈和指导,能够帮助学生及时检查和纠正错误,提高学习效果,增强他们的学习信心。例如,在课文《军神》的教学中,教师应该从语文教学的专业角度入手,做好情感渲染和铺垫工作,着重关注课文中对英雄形象的细节刻画,通过语言和行为表现使情绪与感情渲染整个课堂学习氛围,使学生感同身受,更好地理解和认识到革命英雄的优秀品质与特点。

(七)提供个性化学习支持

针对不同学生的学习特点和问题提供个性化学习支持。对于阅读理解困难的学生提供阅读策略指导和补充材料,对于写作能力较弱的学生提供写作模板和写作指导。例如,教师在课前向学生介绍刘伯承的籍贯、身份、职务等生平,穿插一些他的战绩,让学生明白他的一生都在为共产主义事业奋斗,并建立了不朽功勋,为我国

国防建设和社会主义事业做出了杰出贡献。这可以帮助没有做过预习的学生对刘伯承将军有一定的认识和了解，便于后续课程的开展，同时也在潜移默化中让学生认识到原来这样的杰出领袖有那么多的高贵品质和常人所不能及的特点，进一步丰满英雄形象，激发学生对课文中军神形象的崇高敬意和爱国主义热情。

五、结论与展望

通过分析、研究和探索，我们看到了问题解决式教学法在语文教学中展现的巨大潜力和价值。通过对比传统教学法，我们也清晰地看到它的优势和创新之处。随着社会的发展和教育理念的更新，问题解决式教学法在语文教学中的应用将会越来越广泛，但仍然需要不断地探索和完善。未来，我们将进一步深化对问题解决式教学法的理解和应用，不断创新教学方法，探索适合学生学习特点和教学目标的教学模式，不断优化教学设计，为学生提供更优质的语文教育服务，为培养德智体美全面发展的社会主义建设者和接班人做出更大的贡献。

参考文献

[1] 刘庆新，李叶．单元整体视角下小学语文“问题解决式”教学的探讨[J]．语文教学通讯，2024(7)：70-71.

[2] 陈燕．小学语文问题式探究学习的策略探讨[J]．新教师，2019(1)：32-33.

[3] 刘林海．小学语文问题式教学策略[J]．课堂内外(教师版)(初等教育)，2019(8)：45.

[4] 黄明霞．“问题驱动式教学”模式在小学语文教学中的运用[J]．教育艺术，2024(3)：8.

[5] 陈天平．问题解决教学法在初中语文大单元教学中的应用探讨[J]．成才之路，2024(8)：137-140.

[6] 张葡萄．小学高年级语文单元主题式阅读教学策略[J]．亚太教育，2024(1)：137-139.

[7] 唐斌．“问题解决式”校本教研：教师教学问题解决能力发展的路径——基于成都市B小学的个案研究[J]．当代教育理论与实践，2023，15(5)：143-152.

“在地资源”下小学语文项目化作业设计探微

——以部编版五年级下册第六单元口语交际“我是小小讲解员”作业设计为例

设计：上海市浦东新区老港小学　吴彩虹

实施：上海市浦东新区老港小学　吴彩虹　姚志娟

【摘　要】本项目是面向五年级学生的学科类型项目。之所以确定此项目，是因为小学语文部编版五年级下册第六单元口语交际有“我是小小讲解员”，而我校很多五年级学生恰是我镇“航天梦”红领巾讲解团的成员，旨在讲好家乡故事、航天故事。教师故想依托“在地资源”，结合教材内容，开展小学语文项目化作业。本次作业设计的驱动性问题是：如果你是一位小小讲解员，该如何介绍我们老港的火箭发射基地和航天人故事呢？学生在此项目中经历习得方法、搜集资料、拟定提纲、录视频试讲等过程，最后形成项目成果：实地讲解。本项目化作业结合项目主题，重构知识体系，关注实践，让学生在完成项目的过程中激发口语交际表达的创造性，提高团队合作能力，提升讲解能力。

【关键词】小学语文　口语交际　在地资源　项目化学习　小小讲解员

一、项目简介

项目化作业设计以一个项目为出发点，结合课程标准、学科教材、学生学情，让学生在真实情境中运用学科知识，以形式多样的实践活动去解决问题。项目化作业能激发学生的主观能动性，减轻学业负担，促进核心素养的发展。

“在地教育”可追溯至1899年杜威提出的“学校与社会存在着内在联系”这一观点。索贝尔认为，在地化教育“以当地社区和环境为起点，强调亲身实践和在真实世界中的学习体验，它可以提高学业成绩，帮助学生与社区建立更加牢固的联系”。

同时,《义务教育课程方案和课程标准(2022年版)》提出:注重培养学生在真实情境中综合运用知识解决问题的能力。

本项目所说的“在地资源”是指位于上海市浦东新区老港镇东进村的火箭发射基地和航天主题基地。1960年2月19日,我国第一枚探空火箭T-7M001号火箭在这片滩涂上冲天而起,开启了中国的“空间时代”,这是中国探空火箭技术取得的第一个具有工程实践意义的成果。为了讲好这段历史,老港镇打造了“航天老港”品牌,先行一期重点项目占地30亩。在航天八院的鼎力支持下,航天主题基地以回顾中国航天历史和航天发展为主要内容,生动地讲述相关航天知识,如中国第一代航天人钱学森、杨南生、王希季等“两弹一星”功勋在老港这边进行中国第一枚液体探空火箭发射的奋斗史,以及当下热门的中国空间站、宇宙漫步、探测火星等知识。目前,该基地是“看上海、品上海、爱上海”市总工会推荐线路之一,同时也是各研学教育的热门之一。

老港镇“航天梦”红领巾讲解团于2022年8月成立,是浦东首支街镇级红领巾讲解队,也是上海市红领巾奖章“集体四星章”中队,旨在讲好家乡故事、航天故事、党的故事,成员主要是老港中小学品学兼优、热爱家乡的孩子,团队开展的系列宣讲活动纷纷被“学习强国”、《解放日报》、“浦东发布”、浦东电视台等主流媒体广泛推送。

基于以上情况,培养一批又一批优秀的“小小讲解员”成了我们教师义不容辞的责任。在当今“双减”背景下,怎样依托“在地资源”,结合教材内容,开展小学语文项目化作业设计,值得我们每一位教师思考和研究。

二、项目目标

1. 学会语文五年级下册第六单元课文中介绍地方和事物的方法,提高在实际生活中口头介绍地方或事物的能力。

2. 通过交流分享,加深对“小小讲解员”的理解和认同,发挥沟通与交流能力。

3. 通过介绍火箭发射基地和航天主题基地,培养传承航天文化的责任感和使命感。

三、挑战性问题

1. 本质问题

怎样在日常生活中向别人介绍某一个地方或事物?

2. 驱动型问题

老港镇“航天梦”红领巾讲解团招募新一批讲解员啦!现正在向全区中小学、

幼儿园学生及社会人员征集短视频参赛作品。如果你是一位小小讲解员，该如何介绍我们老港的火箭发射基地和航天人故事呢？

四、项目实施过程

（一）入项

本项目分为单元之初、单元之中、单元之末三段教学。单元之初，由教材的第一段话导入：学校来了客人，需要你讲解校园里有代表性的地方；亲友到你家做客，需要你介绍一下周边的环境；暑假开始了，博物馆需要汉字文化讲解员，社区在征集志愿者介绍垃圾分类知识……选择一个情境，做一名小小讲解员。导入后，教师顺势提出：镇里正在招募“航天梦”红领巾讲解志愿者，希望同学们积极参加，以提高自己的语文素养。紧接着，教师出示一组照片，告知学生项目的服务内容：“航天梦”红领巾讲解志愿服务项目，是以我国第一枚液体探空火箭发射遗址、T-7M航天主题基地为讲解主阵地，为前来参观的宾客讲述航天强国故事（照片如下）。

探空火箭发射遗址

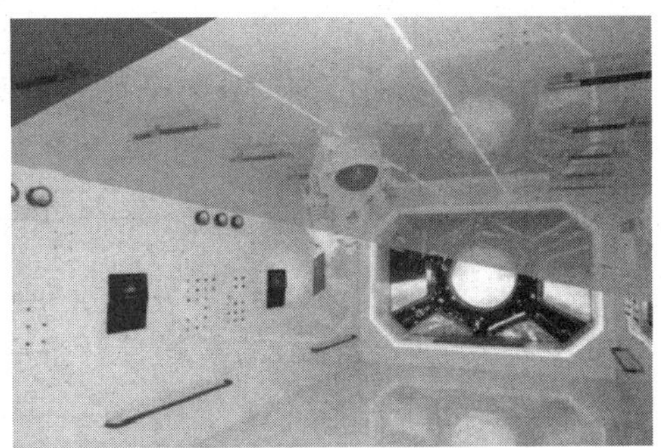

失重空间

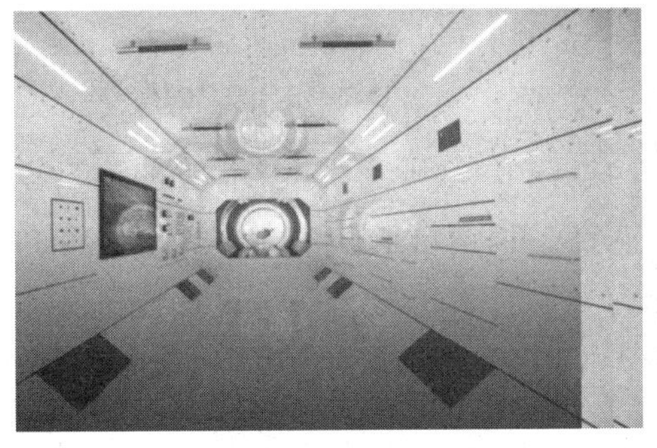

空间站

太空植物培育

太空漫游

月球漫步

在学生了解项目内容后，教师提出驱动型问题：如果你是一位小小讲解员，该如何介绍我们老港的火箭发射基地和航天人故事呢？这个问题一下子激起了学生的探究欲望和学习热情。经过一阵激烈的讨论后，大家确立了六个讲解内容：① 探空火箭发射遗址；② 魔盒之一——失重空间；③ 魔盒之二——空间站；④ 魔盒之三——太空植物栽培基地；⑤ 魔盒之四——太空漫游；⑥ 魔盒之五——月球漫步。学生根据自己的喜好自行组成学习小组，分工合作。每一个小组必须完成五个学习子任务：① 子任务一——方法习得；② 子任务二——搜集资料；③ 子任务三——拟定提纲；④ 子任务四——录视频试讲；⑤ 子任务五——实地讲解。

（二）子任务一——方法习得

在教学口语交际“我是小小讲解员”的过程中，教师主要担当活动的组织者和参与者，起引导作用。教学分为“激发兴趣”“岗前培训”“个人讲解”“小组讲解”“展示交流”五大环节。课中，教师先为学生创设口语交际的情境，模拟讲解现场，激发学生讲解的兴趣；然后，组织学生进行“我是小小讲解员”的培训，学习讲解的方法；最后，让学生个人试讲并小组交流。整节课从“了解讲解”“尝试讲解”“合作讲解”“成功讲解”层层展开，逐步深入，引导学生由易到难地进行口语交际的训练。在这五个环节中，教师都力求生生互动、师生互动，各种情境自然地过渡，让每一名学生都能够主动地交际，并培养他们耐心倾听的习惯和灵活应对的能力。

（三）子任务二——搜集资料

教师引导学生确定好讲解内容，围绕某个主题查阅、搜集文字和图片资料，或上图书馆翻阅，或上网搜索，或实地参观。

（四）子任务三——拟定提纲

提纲是讲解的框架，它包含讲解所涉及的主题、内容、顺序、重点等信息。编写提纲可以帮助我们更好地组织思路，更好地向外传递信息，减少思维上的混乱，使得讲解者在讲解的时候更加有条理，让听众更容易理解。

提纲的编写步骤：

1. 确定主题。
2. 列出涉及的内容。
3. 确定顺序。

提纲的优化要点：

1. 简洁明了。
2. 言简意赅。
3. 照顾听众和读者。
4. 易于理解。

为了让学生自信地完成讲解任务，教师可以为学生搭建提纲及讲解支架：

1. 自我介绍。
2. 所介绍的主题魔盒的总面积。
3. 所介绍的主题魔盒的整体布局和环境如何？
4. 所介绍的主题魔盒分哪几个部分？各部分的作用是什么？里面的器材怎么使用？
5. 所介绍的主题魔盒的发展历史。
6. 所介绍的主题魔盒的相关航天人的故事。

能不能做一名合格的小小讲解员，列好提纲是关键。列提纲能为口语交际做好充分的准备工作。

（五）子任务四——录视频试讲

试讲之前，教师应提醒学生试讲的时候条理要清楚，语气、语速要适当，还可以用手势、动作、表情辅助讲解。为了使讲解更吸引人，可以把要讲的内容做成小展板，还可以在讲的时候配上图片、影像或者音乐。学生先在小组内交流所录的讲解视频，然后根据组员的反应调整讲解的内容。如，当发现听众对某个部分不太感兴趣时，可以适当删减内容。此外，要让学生注意在讲解的开头先进行简单的自我介绍，结尾的时候要对听众表示感谢。

（六）子任务五——实地讲解

实地讲解不同于课堂讲解和录视频讲解，它更有助于锻炼学生在特定的环境中与听众交流，以及向外传递信息的能力。

月球漫步馆学生讲解实例

尊敬的各位来宾：

大家好！

我是××学校的一名小讲解员，我叫××，是五年级的小学生。欢迎大家来到月球漫步馆，这个展馆就是模拟我们在月球漫步的场景。玻璃柜体中的是航天服的模型，航天服可抵御高温、低温、太阳辐射等环境因素对人体的危害。这是一件现代新型的舱外用航天服，专门保障航天员出舱活动或登月考察。飞天航天服重120公斤，造价约3000万人民币。你知道航天员是怎么穿上航天服的吗？就是通过打开身后这个背包来穿脱的，大家都想不到吧。航天服上到处是航天作业需要用到的装备。那么，航天员怎样操作身上的各种开关呢？就是通过手腕上的这个腕镜，它可以让航天员随时查看航天服上各种开关的功能，非常神奇。

这件航天服虽然是我们航天基地按照实物仿制的，但造价也高达30万元人民币，是我们航天基地的镇馆之宝！

月球漫步馆讲解完毕，感谢大家的聆听！

（七）出项

在“小小讲解员”的展示环节，学校的大厅循环播放孩子们的讲解视频。学生利用课间观看视频，并根据评价量表（见表1）投票评出最佳讲解员。

表1 “小小讲解员”评价量表

人　　物	评 价 标 准	互　　评
讲解员	条理清楚，重点突出	
	语气、语速适当	
	使用了适当的动作、表情，有真情实感	
	能根据听众的反应及时调整讲解内容	
听众	能认真倾听讲解员的讲解	
	能积极、礼貌地与讲解员互动	

此评价量表对讲解员和听众都进行了评价，争夺火箭章也是老港小学学生最喜欢做的事情。

五、项目成果展示

经过小组—班级—学校—镇推荐、选拔，不少学生加入了老港镇“航天梦”红领巾讲解团。“航天梦”红领巾讲解团从初期的15名成员发展至现在的46名成员。学生专业的姿态、饱满的精神、用心的讲解，给现场来宾带来了一场场集视觉、听觉于一体的太空体验（见下图）。

“航天梦”红领巾讲解团的精彩讲解受到了社会各界的广泛关注和好评，得到了“学习强国”、《解放日报》、东方网、“浦东发布”、浦东电视台、《浦东时报》等主流

媒体的广泛推送报道。“航天梦”红领巾中队荣获了市红领巾奖章“集体四星章”，两名队员荣获“浦东新区新时代好少年”称号，两名队员成长为区级红领巾讲解员，三名队员成为区第十次少代会队员代表(见下图)。

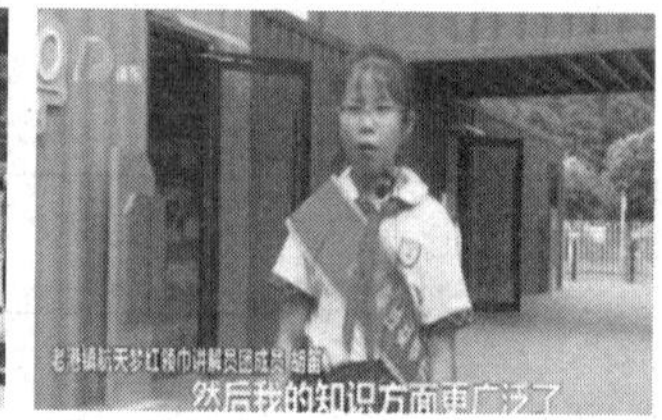

“航天梦”红领巾讲解团除了进行各航天展馆的讲解，浦东各大主题展也有他们的身影。他们受邀参加了劳模工匠先进事迹主题展的讲解，努力讲好时代领跑者的故事；他们还走进了浦东开发开放主题馆，介绍浦东改革的故事，成为第一支走进浦东改革开放主题展进行讲解的街镇团队；他们积极开展了文明用餐、文明上网、垃圾分类等文明实践主题宣讲，拍摄的视频多次荣登“学习强国”；在“十万少年看浦东”、浦东少先队庆六一主题活动、浦东未成年人暑期工作总结大会等大型活动上，他们更是频频出彩(见下图)。

六、项目反思

本项目作业设计立足于五年级下册第六单元，以项目化作业设计为切入点，借助真实的情境，以驱动型问题促使学生主动探究，完成任务，展示成果。讲解之后，学生根据实际情况互评，取他人之长，补自己之短。可以说，项目取得了较为满意的成果。

下图是学生结合资料，汇总几个方面撰写的讲解稿和制作的PPT：先介绍火箭发射的时间、意义，然后介绍建造纪念碑的目的，最后介绍纪念碑的高度、直径、外形等。从讲解稿的内容来看，该生对本单元《金字塔》一文所使用的说明方法已牢固

"中国第一枚试验探空火箭 T-7M 纪念碑"讲解稿

各位尊敬的来宾：

欢迎大家来到我们浦东新区老港T-7M探空火箭基地参观！我是火箭基地红领巾讲解员陈佳仪。1960年2月19日，中国第一枚代号T-7M的火箭在南汇老港发射成功，飞行高度约8公里，虽然是短短的8公里，却跨出了中国航天事业伟大的一步，开启了中国航天的空间时代。

为记住这伟大的时刻，老港镇集贤建造了这座纪念碑广场。请大家看这座探空火箭T-7M纪念碑，它高5.345米左右，相当于现在商品房的高度，直径宽0.25米左右。瞧！远看，它像一根定海神针屹立在老港东进村。它不知经历了多少风吹雨打，经历了多少岁月的磨砺。它鼓励着在新时代的我们，学好本领，怀梦向上。

我的讲解到此结束，感谢各位来宾的聆听。

掌握，并能灵活运用。该生运用了恰当的说明方法把纪念碑的几个特点介绍清楚，用词准确、严谨，语句通顺、连贯。

下图为挑选的另外四名学生撰写的讲解稿。

"失重空间"讲解稿

大家好，我是红领巾讲解员李欣悦，欢迎大家乘坐神舟十三号火箭，飞离地球，进入到神奇的太空，在我们中国空间站里和我们宇航员一起感受一下外太空失重的感觉，大家进入的这个展厅是我们模仿人类在太空失重后的视觉效果，大家可以想象一下，我们在外太空，脱离了地球的引力，失重后悬浮的感觉。首先说明，太空中的"失重"，并不是真正意义上的失重，而是一种类似于失重的特殊状态，是一种脱离力场的状态，或说完全没有重力的状态，这从航天员在航天器上悬浮的情况就可以知道。

欢迎各位嘉宾来跟宇航员握手拍照，或者坐在那边的空间站观察窗上，手握着上面的行李箱，感觉自己来到外太空的中国空间站，来一场外太空说走就走的旅行吧！

失重空间馆讲解完毕，感谢大家的聆听！

"空间站"讲解稿

大家好，我是红领巾讲解员徐凯悦，欢迎大家来到我们中国的空间站。2021年4月29日11时23分，海南文昌发射场，伴随着隆隆巨响，一枚庞大的银白色火箭腾空而起，稳稳上升。这正是搭载我国「天宫」空间站「天和」核心舱的长征五号遥二运载火箭发射升空的情景。此次发射标志着我国空间站在轨组装建造全面展开，我国的载人航天事业翻开了新的一页。这个展厅就是模拟天和号核心舱的内部场景。

这边还有几个賫盒，是关于我们中国空间站的小知识，让到来的游客更进一步了解航天。

中国空间站讲解完毕，感谢大家的聆听！

"太空植物栽培基地"讲解稿

大家好，我是红领巾讲解员华妙彤，欢迎大家来到太空植物栽培基地，经过我们科学家不懈努力，通过航天育种，我们培育出很多和我们生活息息相关的农作物和植物。大家看这边展示墙上航椒6号，它就是经过航天培育后具有早熟、优质、丰产、抗病等优势的航天品种。还有这边的是太空黄番茄，胡萝卜素含量高于普通番茄7倍，平均亩产6000kg，经常食用对视力有很好的保健作用。

我们大家再看这边，这里展示的就是经过我们航天育种的航天种子。这里有航天水稻、航天西瓜、航天芝麻、航天西芹、航天小麦等…

太空植物馆讲解完毕，感谢大家的聆听！

"太空漫游"讲解稿

大家好，我是红领巾讲解员邵锦枫，现在大家进入的是我们最后一个展厅，太空漫游。这里模拟的是太阳系中的九大行星，是太阳系中最大的九颗行星，会始终绕着太阳公转，是人类可以研究的最近的几颗行星，他们按照距离太阳的位置排列的顺序分别是水星、金星、火星、木星、土星、天王星、海王星，地球也属于太阳系中的行星，距离太阳第三近。大家猜猜哪一颗是我们生活的地球呢？一定猜得到吧！

宇宙是浩瀚的，无边无际的，我们人类对宇宙的探索只是才起步，随着科技的发展，我们对宇宙的探索将会越来越广博。

最后我代表火箭基地所有红领巾讲解员，感谢各位来宾叔叔阿姨们的莅临。少年强则国强，少年有志则奋楫扬帆，我们青年一代要在树立信念中不断立志报国，筑梦航天梦想。敬少先队礼！

为确保讲解团的可持续发展，在队员发展上，老港镇文明办联合老港小学定期在全镇范围内挑选一些品学兼优的学生加入讲解员队伍；在活动平台上，学校积极链接各类社会资源，在充分利用好镇内上海生活垃圾科普展示馆、浦东红窑、滨海猫岛等各类优质资源的基础上，让孩子们走出老港，开启浦东研学计划，走进改革开放主题展、浦东陈列馆、中华艺术宫、浦东历史博物馆等特色展馆，让他们在研学途中，看见浦东、感受浦东、了解浦东；在成长机制上，学校定期邀请中国航天之父钱学森之子钱永刚、初代航天老专家戚南强等专家学者教导孩子们树立航天强国梦想，并开设“经典诵读大学堂”“金牌讲解员开讲啦”等系列课程，帮助孩子们更好、更快地适应讲解员岗位，根据他们的日常表现和服务时长进行表彰，并积极推荐为区级红领巾讲解员、浦东新区新时代好少年等。

2024年7月11日，在第二十个“中国航海日”之际，15名老港镇“航天梦”红领巾讲解员登上上海市海警局官山舰进行了相关活动，并与海警执法队员共同举行了庄严的升国旗仪式（见下图）。

本项目化作业以一个项目为出发点，结合项目主题，重构知识体系，关注实践形式的趣味性、开放性、多样性、提升性，有助于教师更加准确地把握教学的深度与广度，能在一定程度上提升学生的学习能力。

我们将一直走在“小小讲解员”的路上……

参考文献

[1] 张文兰，苏瑞. 农村小规模学校如何开展项目式学习——在地教育理念下的案例分析与启示[J]. 中国电化教育，2021(4)：35-44.

［2］中华人民共和国教育部. 教育部关于印发义务教育课程方案和课程标准（2022年版）的通知［EB/OL］.［2022-04-08］. http://www.moe.gov.cn/srcsite/A26/s8001/202204/t20220420_619921.html.

［3］夏雪梅. 项目化学习的中国构建丛书［M］. 北京：教育科学出版社，2020.

优化课堂提问　点亮学生思维

上海市浦东新区江镇中心小学　杨丽华

【摘　要】思维品质是核心素养的主要组成部分，教师的课堂提问是提升学生思维品质的重要方式。高质量的课堂提问能有效地催化学生思维的发展，打开学生思维之门。本文以统编版语文教材为例，结合实际教学探讨如何在课堂教学中进行有效的课堂提问，以促进学生思维品质的提升。

【关键词】课堂提问　小学语文　思维品质

随着语文课程改革的不断深入，课堂教学已经从知识层面的学习转变为重视学生创新能力、问题解决能力等高阶思维能力的培养。《义务教育语文课程标准(2022年版)》反复强调语文课程促进学生思考的重要性，在课程性质方面，提出语文课程在培养学生语言文字运用能力的同时，要引导他们"发展思维能力，提升思维品质"。

在语文课堂上，课堂提问是教学活动中不可或缺的一部分，在促进学生思维发展方面也发挥着举足轻重的作用。因此，教师作为课堂的引导者，在进行语言实践的同时，要通过有效的课堂提问实现以问促思、以问促学，不断提升学生的思维品质和学习能力，助力其语文素养和综合素质的全面发展。

一、立足文本，把握特点，提高思维速度

教材是一种丰富的课程资源，是学生开展思维活动、发展思维能力、提高思维品质的重要载体。不同体裁的文章，有不同的语言表达特点，其思维训练的着眼点也不一样。因此，教师可以根据不同文章的体裁，有针对性地设计问题，引导学生体会文本语言表达的规律，培养学生的思维品质。

对于诗歌、童话类课文，教师在提问时可以侧重学生创造性思维的培养。如，教学三年级上册童话故事《那一定会很好》时，教师可以拓展延伸，设计如下问题：又过了很多年，木地板变得更老了，人们从它的身上踩来踩去，接下来会发生什么呢？仿照课文反复的结构说一说。以此引导学生结合主人公种子坦然、乐观的“人生”态度，展开合理的想象，在提升思维创造性的同时，加深对文本的理解。

对于寓言类课文，教师可以设计对比、选择性问题，让学生在辨析中形成批判性思维。如，在教学三年级下册寓言诗《池子与河流》一课时，教师可以设计问题：池子与河流的观点你更赞同哪个？结合生活实际，谈一谈你的观点。学生可以在小组讨论中进行思维的碰撞，读懂寓言中蕴含的道理。

对于小说类课文，教师可以围绕小说三要素，即人物、情节、环境，来设计问题。以五年级下册《小英雄雨来》一课为例，教师可以抓住“环境”这一要素设计问题：课文中多次写到还乡河的景色，用直线画出来并读一读，再说一说为什么要描写这些景色。以此鼓励学生关注小说中环境描写对后面情节的推动作用、对人物小英雄雨来形象的塑造作用，使得学生在提取、思考、分析的过程中，提升思维的深刻性。

二、抓住核心，精心设计，提升思维高度

为了克服提问时可能出现的烦琐、随意及思维层次不高等情况，教师的每一次提问都应当紧密围绕教学目标、聚焦核心问题，确保提问具有明确的目的性。具体而言，教师可以以教学目标为导向，紧扣教学目标中的重难点，围绕课堂的核心内容，从课题、课文中的关键语句等角度入手，设计能够引发学生深入思考的核心问题，再围绕核心问题，设计一系列问题链，引导学生开展自主探究和思考，以此激活学生的思维过程，促使他们一步步走向高阶思维。

（一）紧扣课文题目，问到“点”上

在统编版语文教材中，不少课文的题目高度概括了文章的主要内容。抓住课题来设计核心问题，能在帮助学生理清思路的同时，激发学习内驱力。学生可以借助题目这一个点，开展对课文的整体探究，再从这个点向四周逐步扩散，开展进一步的学习。

如，三年级上册的课文《美丽的小兴安岭》的题目点明了课文描写的就是“小兴安岭”，小兴安岭的特点就是“美丽”。因此，教师就可以紧扣题目中的“美丽”设计核心问题：你从哪里感受到小兴安岭的美丽？说说你的感受。随后，围绕核心问

题带领学生走进小兴安岭的一年四季。又如,在教学三年级上册《在牛肚子里旅行》一课时,教师可围绕题目,引发学生思考:平时大家喜欢去哪里旅行?为什么这篇课文叫《在牛肚子里旅行》?学生结合已有的认知,会对题目产生质疑。教师再围绕关键词“旅行”,让学生根据课文内容,画一画红头在牛肚子里的旅行路线。学生在解决问题的过程中,围绕核心问题不断分析、理解、归纳,逐步走向高阶思维,教学目标也落到了实处。

(二)抓住关键语句,问到“实”处

课文中的关键语句是最能表现主题或涵盖全文的。抓住关键语句,就好似找到了破解文章密码的钥匙。因此,教师在设计核心问题时,可以聚焦关键的词、句、段来展开,这样能够帮助学生更准确地把握课文的主要内容,提升思维能力。

譬如,三年级上册的课文《大自然的声音》的第1自然段中写到:大自然有许多美妙的声音。这句话直接明了地概括了课文的主要内容。教师可以抓住这句关键语句,设计核心问题:读了课文,请你说一说大自然有哪些声音。学生在初读课文后,就能发现:课文分别从风、水和动物三个方面描写了大自然美妙的声音。随后,教师就可以围绕子问题“哪些地方让你感受到风声的美妙?”引导学生以小组合作的形式深入思考、探究、总结,让他们在解决问题的过程中不断碰撞出思维的火花。同时,这还能落实单元语文要素,让学生体会课文中生动的语言。

(三)巧借课后习题,问到“难”处

教材中的课后习题,不仅明确了本单元的语文要素,还与教学的重难点密切相关。在教学时,教师可以借助课后习题,突破教学重难点,激活学生的思维。

如,四年级上册的课文《西门豹治邺》的课后习题二是:找出第10—14自然段中描写西门豹言行的句子,说一说西门豹治巫婆和官绅的办法好在哪里。如果将这个核心问题一下子抛给学生,容易让他们有望而生畏的感觉。因此,教师可以将核心问题进行分解,运用可视化的思维工具,搭建图形化的支架,让学生清晰地看到自己的思维过程。具体而言就是,教师可以引导学生通过思维导图的形式,将核心问题逐一分解。比如,将其分解成两个部分——问题一“西门豹的言行是什么?”与问题二“西门豹治巫婆和官绅的办法好在哪里?”。针对问题一,还可以分解为“第10—14自然段中西门豹说了什么?做了什么?”;而问题二则可以简化成“西门豹每一个言行背后的目的是什么?”。随后,再启发学生思考西门豹前后言行之间有什么内在联系，以及西门豹治巫婆与官绅的每一步之间又有什么内在的逻辑关系。教师围绕这个课后习题，将一个核心问题分解成一个可视化的问题链，能引导学生在“爬坡式”的学习过程中提高思维的逻辑性，提升自身的思维能力。

三、关注课堂，及时追问，挖掘思维深度

语文的课堂是动态的、复杂的。在动态生成的语文课堂上，教师可以以生成资源为契机，通过及时的课堂追问，引导学生在已有认知基础上对文本进行深入理解、分析和评价，促进他们的思维向纵深发展。

（一）于思维不清处追问，深化思维

每个学生的认知水平和语言表达能力并不相同，因此，难免会有学生在回答时出现表述不清、思路混乱、理解困难等问题。此时，教师要把握追问时机，让学生的思维在引导、点拨中走向深刻。

以五年级上册《跳水》一课为例，船长是“跳水”这一事件的关键人物，出现在文章结果部分。作为父亲的船长，竟用枪指着孩子，并让他跳入海里。这部分内容与学生平时的认知不那么契合。教师就可以抓住学生的疑惑进行提问：为什么船长让孩子向海里跳，不跳的话还要开枪？如果学生不理解孩子正面临生命危险的话，就很难回答这个问题了。因此，教师可以及时追问：此时，孩子正面临什么情况？这种追问的方式，能让学生联系课文内容去思考船长这么做的原因及好处，进一步推测还原船长的思维过程，从而理解正是船长的急中生智才令孩子转危为安。

教师通过及时追问，能够帮助学生理清思路，把握问题的本质。在适时的追问中，学生的思维能得到充分发展，并能在深入的思考后走向阅读的深处。

（二）于思维偏离处追问，转化思维

在课堂教学中，由于部分学生对文本的理解不够深入，难免会出现思维的偏差。这时，教师应当及时追问，加以纠偏，使他们的思维与文本深入碰撞，将思维拉回文本主旨。

比如，在教学三年级下册《鹿角和鹿腿》一课时，教师设计了问题：① 美丽的鹿角不重要，实用的鹿腿才是重要的；② 鹿角和鹿腿都很重要，它们各有各的长处。对于以上两种说法，你赞成哪一种？说说你的理由。提出这个问题后，难免会有学生产生这样的想法：两只美丽的角差点儿送了鹿的命，而四条难看的腿却让鹿狮口

逃生，所以鹿角不重要。当学生的思维偏离文章的主旨时，教师就要及时追问，引导学生深入探讨：既然鹿角不重要，那鹿还需要鹿角吗？这时，学生联系实际生活，自然知道“鹿还是需要鹿角的”。不过他们还容易陷入“鹿角不重要，但是好看”的误区。此时，教师就可以补充关于鹿角的资料，让学生了解“鹿角不仅好看，还可以攻击敌人”，以此引导学生得出结论：第一种说法看似没有问题，实则有失偏颇；第二种说法比较客观。从而让学生在辨析中提高思维能力。

在阅读过程中，学生难免会陷入阅读误区。因此，教师要在学生出现思维偏差时，适时地追问，及时转化学生的思维，使得他们在与文本的深层次对话中，获得对文本的深刻解读。

（三）于思维冲突处追问，催化思维

教材中往往存在着一些看似矛盾实则合理的内容，这些内容一般都是作者精心设置的巧妙之笔。而小学阶段学生的认知水平、生活经验等方面存在一定的局限性。因此，教师要敏锐地捕捉恰当的时机，在学生的思维冲突处，舍得停下教学的脚步，让他们在争论、思辨的过程中找到突破口，引导他们深度思考，进而推动他们的思维向深层次发展。

以五年级上册《圆明园的毁灭》一课为例，教师在揭示课题后，可以先抛出问题：课文哪个自然段描写了圆明园被毁灭的经过？在预习的基础上，学生能够说出“课文第5自然段写了圆明园被毁灭的经过”。随后，教师以“其他四个自然段分别写了什么呢?”这一问题进行追问，引导学生理清整篇文章的结构，即课文第1自然段写了圆明园的毁灭是不可估量的损失，第2—4自然段介绍了圆明园辉煌的过去。在学生理清文章结构后，教师抓住“毁灭”和“辉煌”这一组矛盾的词语，提出问题：课文题目是《圆明园的毁灭》，那作者为什么用这么多笔墨写圆明园昔日的辉煌?以此引导学生深入剖析文本，体会作者的痛心与愤恨。

教师通过对课文中的冲突之处进行追问，不仅能引导学生深入理解文章内容、体会文本背后的深刻内涵，还能进一步发展学生的思维能力。

四、结语

提问是催化剂，能加速学生和课堂产生反应，促进学生和课堂融为一体；提问是灯塔，能指引学生拨开重重迷雾，直抵思维的深处。教师应当立足文本，设计核心问题，做到关注课堂，及时追问，不断优化课堂提问策略，激发学生的求知欲，提高学生

的思维能力，促进学生的深度学习和思维的全面发展。

参考文献

[1] 中华人民共和国教育部. 义务教育语文课程标准[M]. 2022年版. 北京：北京师范大学出版社，2022.
[2] 朱海龙. 关注思维，让语文课堂教学“言意共振”[J]. 七彩语文，2022(8)：54-56.

小学语文与德育的有机融合

上海市浦东新区江镇中心小学　徐　晶

【摘　要】小学语文教学实践注重对学生进行德育渗透，是落实语文核心素养的重要途径。为此，本文将以小学二年级语文教学为例，介绍如何深入挖掘语文教材中的德育渗透要素，在语文课堂教学和综合实践活动中选择何种有效的德育渗透路径，促进学生语言与精神的共生，真正提高语文核心素养。

【关键词】小学语文　德育渗透　思想政治教育

二年级学生活泼好动，行为纪律、学习生活等方面都有待规范化。这一年龄段的学生有自己的想法，但处于懵懂时期，思想容易受到误导，思维常常缺乏逻辑性、全面性。因此，教师应该充分挖掘语文教学中的德育元素，选择恰当的德育渗透路径，帮助学生在提高语文文学素养的同时，增强民族文化自信，促进爱国情感的深化，提升思想品德素养。

一、小学语文教学德育渗透的现状

义务教育（五四学制）语文教材围绕“人文主题”和“语文要素”双线组织单元。这样的编排除加强单元内部的横向联系，使各板块内容形成合力外，文本内容更能有效促进学生语言与精神的共同发展，使得育人优势更为明显。然而，在小学语文的实际教学过程中，仍存在只注重语言文字的积累、仅初步体验人物品质、缺乏德育渗透意识等现象。

（一）重语言、轻精神，忽视育人环节

在小学语文的实际教学过程中，很多教师只注重学生语言文字的积累、运用，重

视对语文知识性内容的输出，而忽视德育元素，没有有效利用课本内容、教学环节进行德育渗透。甚至有些教师认为，学校已经开设了道德与法治课程，少先队也已经开展了许多德育活动，因而不必在语文学科教学过程中融入德育。

（二）重理论、轻体验，缺乏实践过程

随着“五育”并举育人目标的提出，部分教师意识到了学科育人的重要性。因此，在教材涉及人物品质、传统文化、红色精神等内容时，教师应对学生进行相关的思想教育。但往往这种教育仅以理论性的说教为主，脱离学生的生活实际，导致学生虽然听懂了，却难以践行的实际现状。

二、小学语文教学渗透德育的价值

《义务教育语文课程标准（2022年版）》指出：语文课程致力于全体学生核心素养的形成与发展，为学生学好其他课程打下基础；为学生形成正确的世界观、人生观、价值观，形成良好个性和健全人格打下基础；为培养学生求真创新的精神、实践能力和合作交流能力，促进德智体美劳全面发展及学生的终身发展打下基础。因此，教师要在小学语文教学各个环节有机进行德育渗透，使学生在发展核心素养的同时，增强民族文化自信，促进爱国情感的深化，提升思想品德素养。

三、小学语文教学渗透德育的路径

基于语文学科特点和教材编写特点，相较其他课程，语文课程蕴含着丰富的德育渗透元素，在语文教学活动中开展德育渗透教育有很大的优势。与智育不同，德育更强调学生的体验感，而理论教育无法显著地增加学生的体验和感受。因此，教师在小学语文教学中应采取多样化的教学手段进行德育渗透教育，从而有效地落实立德树人根本任务。

（一）在字词教学中，挖掘德育渗透要素

汉字是汉语的记录符号，是迄今为止持续使用时间最长的文字。汉字也是中华民族几千年的文化瑰宝，承载着漫长的文明史，蕴含着博大精深的中华传统文化。因而，小学语文教学中的字词教学是渗透德育的重要路径之一。

案例1：在教学《传统节日》一课中的“菊”字时，教师引导学生了解中国古诗文中常提到的花中四君子——梅、兰、竹、菊，并带领学生回顾王安石的《梅花》一

诗，再次感受梅花不惧严寒、坚强高洁的品格。当学生再读元稹《菊花》一诗中的“不是花中偏爱菊，此花开尽更无花”时，更能感受深秋时分，百花尽谢，唯有菊花凌风霜而不凋，同梅花一样拥有坚强高洁的品格。

通过对诗句的复习朗读、拓展延伸，学生对古诗中梅花、菊花的意象有了初步的了解。同时，教师鼓励学生当像梅花、菊花在遭遇严寒时一样，也就是在遇到困难时，不要气馁、退缩，要坚强、迎难而上。这一环节的生字延伸学习，有机渗透了坚强品格的培养意识。

案例2：在教学《神州谣》一课时，“繁荣”一词对二年级学生而言很少在生活中出现或使用，因而学生对其含义不甚明白。于是，教师播放了展现中国在科技、经济、文化等多个方面取得复兴强盛的发展成就的纪录片，引导学生立体直观地感受祖国如今的繁荣强盛。这段视频不仅成功让学生对这个词语的词义有了高效记忆，还激发了他们浓烈的民族自信，增强了他们的爱国情感。

在引导学生理解词义的同时，教师还趁机提问：你对视频中的哪部分内容印象最深刻？看了这部分内容，你有什么感想？学生的回答包含了对这些科学家、基建建设者的感恩和敬佩，包含了对自己未来职业方向的畅想，包含了要好好读书、建设祖国的伟大志向。由此可见，在“繁荣”一词的教学环节中渗透的德育有效地促进了学生感恩、爱国等道德品质的提升。

（二）在阅读教学中，深入开展思想教育

教育的根本任务是育人，而育人不仅指向知识层面，还指向道德层面。在小学语文阅读教学过程中有机渗透德育，既能让学生学习新知识，提升语文素养，还能让他们在潜移默化中受到文本正确价值观的引导，养成良好的道德行为习惯，逐步形成正确的道德观和价值观。

在阅读教学中，通过文章结构的梳理、字句的解析，能够让学生深刻理解词句中的含义，体会其中蕴含的思想感情。教师应引导学生抓关键词句，剖析句段，加深对文本内容的理解和感悟，进而渗透德育内容，深入开展思想教育。

案例3：在教学《千人糕》一课时，教师引导学生质疑“为什么普通的米糕会被称为千人糕？”“制作普通的米糕需要哪些基础材料？”“这些材料需要经过哪些人的加工？”……学生在主动参与文本内容解读的过程中，体会到了一块普普通通的米糕需要经过很多人的劳动才能摆在我们面前，体会到了劳动者的辛劳，懂得要珍惜生活中每一种普通的食物、每一样平凡的事物，要珍惜劳动者的劳动成果，要感恩、

尊重每一位劳动者为我们生活提供的便利。

红色文化是中华民族在长期的革命和建设过程中形成的具有鲜明特色的精神文化，它包含许多革命精神和优秀品质，凝聚着丰富而珍贵的精神财富，是中华民族传统文化的重要组成部分。在教学过程中，教师要利用好相关文本，引导学生传承红色基因，树立正确的历史观、价值观、人生观，增强做中国人的志气。

案例4：在教学《刘胡兰》一课时，教师引导学生通过“收买”“威胁”“铡刀”等关键词语了解敌人的凶残，感受刘胡兰的英勇不屈。教师通过追问学生“如果刘胡兰屈服了，说出了党的秘密，结果会怎样？”，再次引导学生感受革命先烈忠诚于党和人民、视死如归的伟大革命精神，体会到我们如今幸福生活的来之不易。

（三）在口语交际中，浸润内化德育要素

《义务教育语文课程标准（2022年版）》指出：口语交际能力是现代公民的必备能力。应培养学生倾听、表达和应对的能力，使学生具有文明、和谐地进行人际交流的素养。口语交际是提高学生语言表达能力的一种有效途径，也是体现学生文明素养的途径之一。因此，教师在口语交际的教学过程中，应有机进行德育渗透，引导学生以大方得体的仪态、合适的音量、恰当的语气，文明地表达自己的真实想法，从而锻炼和发展学生的口语交际能力与德育素养。

案例5：在教学《商量》一课时，教师通过再现学生借铅笔的真实情境，让学生自主、直观地习得商量的表达技巧：试着用恰当的语气，有礼貌地沟通，清楚地表达自己的想法，若遭到拒绝或意见不一致时，不要勉强别人。

“借铅笔”情境再现：

小明：你还有铅笔，正好借给我一支。

小红：真没礼貌！

小明：你到底借不借？

小红：我为什么要借给你？你自己为什么不多带几支铅笔呢？

小明：因为我……

小红（显得不耐烦）：别啰唆了。

小明：哼，我就知道你是个小气鬼。

结果小红没有把铅笔借给小明。

有了贴近生活的真实情境，学生就会有很强的代入感，会在课堂中积极参与评价小明和小红的语言不当之处，从而明白在交际过程中要有礼貌，与人商量时不能

用命令的语气，而要用恰当的语气表达自己的想法。

案例6：在教学二年级下册第八单元《推荐一部动画片》一课时，教师可以引导学生关注动画片中主要角色身上的“正能量”和动画片所传播的积极的价值导向。现在的知识丰富多彩，与学生的日常生活密切相关，教师不仅要教口语交际的技巧，更要发挥好引导和陪伴的重要作用，给学生带来更多积极的支持和鼓励。

（四）在实践拓展中，延伸深化思想教育

1. 开展主题活动

结合《传统节日》一课，教师可在春节、端午节、中秋节等重要传统节日组织学生制作窗花、香囊、粽子，诵读与节日相关的童谣、诗歌，分享家乡的节日习俗、传说，帮助学生深入了解和继承其中蕴含的中华优秀传统文化的内涵，激发他们的爱国情感。

2. 开展文化活动

教师可设计多种形式的文化活动，如朗诵、课本剧、书法作品展示等，引导学生通过参与这些活动发展语言表达、运用能力，以及感受人物品质，激发道德情感。例如，遵照课程方案每周一节写字课的安排，我校学生从二年级开始体验软笔的魅力。在二年级的软笔启蒙仪式中，学生通过了解笔墨纸砚和不同字体，深入了解和感受中华优秀传统文化的魅力。他们对这种传统的水写的书写方式充满了兴趣和热情。

3. 开展实践活动

教师可以将教材内容与学校德育活动有机结合，使学生在社会实践活动中深化德育意识，促进道德品质的形成。例如，在教完《雷锋叔叔，你在哪里》一课后，教师可以结合学校每年的“学雷锋”活动，使学生在参与活动的过程中自然地接受道德教育，对在当下生活中如何践行雷锋精神有更清晰的认识。

四、结语

立德树人是教育的根本任务。因此，在教学中，教师要充分挖掘语文教材中已有的和潜在的德育元素，运用恰当的德育渗透方式，强化课堂教学中的德育渗透，发挥小学语文教学的德育功能，将立德树人这一根本任务落到实处。

参考文献

[1] 中华人民共和国教育部.义务教育语文课程标准[M].2022年版.北京:北京师范大学出版社,2022.

[2] 钱文英.立德树人背景下小学语文教学中的德育渗透教育策略研究[J].教学管理与教育研究,2023,8(8):122-124.

[3] 吴玉珍."五育"并举,落实德育[J].江西教育,2014(19):47-48.

[4] 蔡伟.小学语文教学与校园德育文化的有机融合[J].文理导航(上旬),2024(7):70-72.

“五育融合”视角下小学语文跨学科教学策略研究

上海市浦东新区江镇中心小学　陈韵艳

【摘　要】本文以“五育融合”为视角，探讨了小学语文跨学科教学策略的实施路径，结合具体案例详细分析了跨学科教学策略在小学语文教学中的实际应用。

【关键词】五育融合　小学语文　跨学科教学　策略实践

一、背景

在新课程改革背景下，“五育融合”成了教育教学的重要理念。如何有效融入“五育”理念，实现跨学科教学，是当前教育领域关注的热点问题。

“五育融合”是指德育、智育、体育、美育和劳育的相互融合，共同促进学生的全面发展。这种教育理念强调“五育”之间的相互联系与渗透，打破传统教育中的学科壁垒，以更加开放、多元的教学方式培养学生的综合素养。

跨学科学习是一种独特的学习方法，其核心在于整合不同学科的知识和技能，以解决现实生活中的问题。这种方法强调学科之间的交叉和融合，鼓励学生跳出传统的学习框架，以全新的视角看待问题。跨学科学习既是一种以跨学科意识为核心的课程观，又是一种融综合性与探究性为一体的深度学习方式，还是一种以综合主题为基本呈现方式的特殊课程形态。《义务教育语文课程标准（2022年版）》将“跨学科学习”作为“拓展型学习任务群”之一，列入语文课程内容。它既基于语文学科，又跨越学科界限，将多个学科组合在一起，在更广阔的领域中引导学生学语文、用语文。

本文结合部分课例对“五育融合”视角下的小学语文跨学科教学实施路径进行了深入探讨。

二、“五育融合”视角下，跨学科教学策略在小学语文教学中的实施路径

（一）“语文＋思政元素”，整合德育资源，塑造学生品格

立德树人是义务教育语文课程所围绕的根本任务。在小学语文教学中，通过挖掘教材中的德育元素，结合思政课知识，引导学生树立正确的世界观、人生观、价值观，是语文教学的重要任务。

例如，在教学四年级下册《小英雄雨来》一课时，教师要找准切入点，通过对抗日战争及日本帝国主义侵华历史的介绍，引导学生发现小英雄雨来身上的红色印记，通过阅读、理解、思辨、表达等学习方式，挖掘和体会小英雄雨来身上涌现的不屈不挠、英勇无畏等优秀品质，传承革命精神，让立德树人教育目标在语文课堂上落地生根。

为了更好地让学生感受雨来的英雄形象，笔者将思政元素融入语文教学，突出爱国主义教育。尤其是在教学《小英雄雨来》第四部分“智勇斗鬼子”时，笔者首先介绍了抗日战争的背景，引导学生阅读分析雨来面对日本鬼子威逼毒打时表现出的动作、语言、神态的语句，再进行角色体验，想象小英雄雨来此时的心理活动，从而设身处地地体会他内心具有的坚定不移的爱国主义精神，接受情感的熏陶；然后让学生找出描写日本鬼子凶恶与残酷的语句，并通过朗读来加深对雨来英雄事迹的印象；最后引导学生深情朗读课文中反复出现的雨来在夜校学到的话“我们是中国人，我们爱自己的祖国”，体会雨来在敌人面前不屈不挠、英勇斗争的精神，进而激发爱国情感。在教学中结合历史背景和时代特点，能让学生了解先辈在抗日战争中的艰辛与伟大，增强民族自豪感和历史使命感。

（二）“语文＋数学元素”，融合智育元素，提升学生思维

智育是小学语文教学的核心任务之一。通过跨学科教学策略，可以将其他学科的知识与方法融入语文教学中，提升学生的思维能力。

例如，在教学一年级上册《比尾巴》一课时，笔者将课文内容与数学中“度量衡”的知识巧妙结合，引导学生逐段理解课文内容，通过提问、讨论等方式，让学生了解不同动物尾巴的特点和用途。这不仅能让学生在轻松愉快的氛围中掌握课文内容，

还可以激发他们对数学的兴趣和好奇心，提高学生的观察能力、比较能力、归纳能力及语言表达能力。同时，这种教学方式也促进了学生思维的多元化和全面发展，为他们的未来学习奠定了坚实的基础。

又如，在教学三年级上册《花钟》一课时，笔者尝试将数学中“24小时计时法”的知识融入阅读教学内容中，带领学生边学习课文内容，边利用24小时计时法知识绘制各种样式的钟表图案，并将课文中出现的植物，如牵牛花、蔷薇花、睡莲、午时花、万寿菊等，绘制在钟表图案中，标记好钟表的刻度。这种学科融合方式能帮助学生构建语文知识与数学知识的有机联系，促进知识融通，提升课堂体验，锻炼跨学科思维能力。

（三）“语文+体育元素”，厚植体育精神，激发运动兴趣

体育与语文教学看似无关，实则紧密相连。通过结合体育精神，可以培养学生对体育锻炼的兴趣，以及拼搏精神、团队协作精神等。例如，在教学四年级下册《小英雄雨来》一课时，在讲到雨来游泳本领高时，教师可以说“小英雄雨来能练就一身游泳的好本领，肯定离不开平时的刻苦锻炼”，从而引入体育训练时的拼搏精神，从这一角度让学生体会雨来不屈不挠的精神品质。

此外，教师还可以结合体育活动中的相关事例，让学生表达体育活动中的体会和感受，提升口语表达和写作能力。例如，在教学一年级上册《操场上》一课时，教师可以组织学生进行户外体育活动，让学生在实践中感受体育活动的乐趣。在回到课堂后，引导学生表达自己的活动体验和感受，培养他们的口头表达能力。在学习与体育相关的词语或短语时，教师可以利用多媒体教学资源展示相关的体育活动的视频或图片，帮助学生更直观地理解这些词语的含义和用法，并引导他们关注体育，培养对体育活动的兴趣和热爱。

（四）“语文+艺术元素”，渗透美育理念，陶冶学生情操

美育是培养学生审美能力的重要途径。在小学语文教学中，通过让学生欣赏文学作品中描绘的奇妙世界、自然风光或美好事物，可以陶冶他们的情操，提升他们的审美水平。例如，在教学三年级下册《一幅名扬中外的画》一课时，笔者带领学生品读文本，边读边感受《清明上河图》中北宋时期都城汴京热闹繁华的场面和画家张择端出神入化的绘画技术，引导学生明确这幅画的历史价值及其名扬中外的原因。随后，在“学做博物馆解说员”的环节，让学生通过实践探究，更深入地了解这幅名

画的艺术成就和历史价值。

又如，在教学《小英雄雨来》一课时，为了让学生更直观地感受雨来的英雄形象，笔者组织他们欣赏了著名连环画家高宝生的彩色连环画《小英雄雨来》。学生根据对课文的理解，结合连环画所描绘的一幕幕场景，更加深入地了解了小英雄雨来的英勇事迹。连环画作品的欣赏让雨来的人物形象更加具象化。欣赏连环画的教学方式，不仅培养了学生的艺术素养，还可以让他们更加深入地理解课文内容，增强对英雄人物的敬仰之情。在此基础上，为了让学生更好地学习课文，笔者着重讲解了历史背景，分析了人物的性格特点，如鬼子的残暴恶毒、雨来的坚贞不屈等，并通过对人物对白加以设计，引导学生慢慢入戏、慢慢走进人物的内心。学生在理解文本之后，将教师的设计进行了表演，他们生动的表演让大家深切感受到了鬼子的残忍、雨来的勇敢机智和中国人民坚决抗击日本侵略者的决心。随着学生的表演入情入境，红色的种子悄悄埋进了他们的心里。课文教授完毕后，笔者还给学生布置了一项课后作业：读一个抗日小英雄的故事，并做一份海报宣传他（她）的英雄事迹。学生结合在信息技术课上学到的制作电子小报的技能，完成了图文并茂的“我心目中的抗日小英雄”海报。这种新颖的作业方式，不仅锻炼了学生的信息技术能力，还提升了语文综合能力。不同形式的特色作业让学生明白了要继续发扬并传承革命先烈的光荣品质，为国家的繁荣富强而努力奋斗。

（五）“语文+劳动元素”，融入劳育实践，培养学生技能

劳育是培养学生实践能力的关键环节。通过融入劳育实践，可以让学生在动手操作的过程中巩固所学知识，加深对文本的理解，提高动手实践能力，增加生活经验，提高习作水平。

例如，在教学四年级下册第六单元习作《我学会了______》时，笔者先组织学生开展“学习做一次家务劳动”的活动，让他们亲身体验学做家务的过程，并详细记录下该过程和心路历程。学生在描写自己学习家务技能的过程中，自然而然地融入了个人经历、心情变化及所思所想，使得作文内容更加真实、贴近生活。这种真实性不仅增强了作文的可读性，也让学生更加珍视自己和他人的劳动成果。

通过学做家务，并将这一过程转化为文字表达，学生不仅学会了如何用准确、生动的语言描述动作和场景，更重要的是，他们还学会了如何用文字传递内心的感受与情感。劳动中的汗水、成功时的喜悦、失败后的沮丧，这些情感在学生的笔下得以真实再现，使得作文充满了生命力。这种情感与语言的深度融合，是普通的语文课

堂难以做到的。这种教学方式既增强了学生的劳动能力，又能让他们做到“我手写我心”，表达出真情实感。

三、结语

在探讨“五育融合”视角下小学语文跨学科教学策略的研究中，笔者深刻认识到这一教学模式不仅是对传统教育理念的革新，更是对学生全面发展、综合素质提升的重要推动。“五育融合”的教育理念强调“五育”之间的相互渗透与融合，旨在通过跨学科的教学方式，打破学科壁垒，促进学生知识、能力、情感、态度及价值观的全面发展，为学生的长远发展奠定坚实的基础。

参考文献

[1] 王翔，蒋雅玲．学科巧整合，融通促成长——“五育融合”背景下小学语文跨学科作业设计[J]．语文新读写，2024(3)：39-41.

[2] 刘春文．基于大单元“跨学科学习”任务群深度重构的探索[J]．中学语文，2024(4)：7-11.

[3] 耿寿礼．小学语文跨学科学习教学价值及方法探究[J]．家长，2023(7)：67-69.

单元纵横融合 助力习作“启航”

上海市浦东新区江镇中心小学 黄丽敏

【摘 要】新课标指出，学生的核心素养是在积极的语文活动中积累构建的。习作是语文学科中一个重要的学习活动。在教学习作时，教师需要牢牢把握单元要素，灵活整合相关要素之间的关系，由点到面，从横向融合到纵向提升，全方位引导学生明确写作目标，积累写作素材，熟练运用写作方法，积极表达，形成优质的习作思维，从而真正实现习作素养的提升。本文第一部分讲述以单元要素作为顶层目标，有效落实习作教学的方法。第二部分讲述如何以同一册教材中不同单元的习作要求为切入点，进行有机整合，从而优化语言表达，提高习作质量。第三部分讲述教师应整合小学不同年段相关主题习作的要求，合理安排习作的要求和难度，螺旋式递进，扩展学生习作的深度。

【关键词】新课标 单元要素 习作教学 单元融合

毋庸置疑，习作在语文学科占据了重要的位置，同时也是教学的难点。习作教学也是笔者非常头疼的板块，感觉不管怎么教学，学生的习作质量总是不佳。笔者之前带教了两个班级的语文，虽然作文教学和修改花了较多时间，可效果总是不佳，感觉作文不光是学生面对的大山，对教师亦是如此。如何提高作文教学成效，成了笔者一直在思考和探究的问题。

自从“双新”和“双减”政策出台以后，单元整体教学的实践是语文学科教研活动的热点。想要落实学生核心素养的养成，就需要把课程目标进行分解，并逐层转化为学段目标、学期目标、单元目标和课时目标。而单元教学在整个课程的教学中起到承上启下的作用，是分解、传递和落实课程目标的关键一环，是统整单元内所有课时目标、各个教学环节的主要手段，是教学内容结构化的抓手。

从三年级开始，统编版语文教材每个单元有两条主线，一条是人文主题的熏陶，另一条是语文素养的训练，语文素养的其中一条就是习作要素。仔细观察会发现，大部分单元的语文要素和习作有着密切的关系。单元各部分内容环环相扣、相互配合，不仅能培养学生的语文素养，也能为写作提供一定的支架和思路。这就让笔者萌生了通过优化单元整合教学的方式，来提升学生写作水平的思考。通过实践，发现以下教学方式已初具成效。

一、单元目标统领，逐步落实素养，形成习作思维

很多单元从课文、口语交际、习作到交流平台，再到“快乐读书吧”，联系非常紧密，紧扣单元要素，同时也在为学生语言表达的积累及完成单元习作做铺垫。以单元目标为统领，进行单元整体设计，就能把习作的要求逐步渗透到本单元每一课的教学目标中，引导学生学习作者的表达，激发自我表达的兴趣，为习作的完成分解难度。

为了让学生更好地完成三年级上册第三单元习作《我来编童话》，笔者尝试了以下单元整体教学方式。

（一）解读导语，让学生明确学习任务

单元导语体现了编者对这一单元整体设计的意图。在童话单元导入阶段，笔者带领学生详细分析了单元导语中的文字含义。继而，向学生展示了本单元的学习任务：学习四篇童话、编写一篇童话、与同学分享自己喜欢的童话故事。学生在明白本单元学习的重点和任务后，就知道可以做哪些工作帮助自己顺利完成任务。比如，多看一些童话故事、重点关注课文的作者是怎么发挥自己的想象力的。教和学的主体双方目标一致，就能事半功倍。

（二）侧重教学，让学生习得学习方法

不同的课文，教学各有侧重。为了让学生掌握在创编童话时如何抓住角色的各类描写，教师可以就如何把故事写生动、写具体、写出深度提供更多的范本。如，在教学《卖火柴的小女孩》一课时，笔者着重引导学生总结小女孩五次擦燃火柴看到的幻象并思考这表达了她怎样的愿望，从而感受安徒生丰富的想象力；在教学《那一定会很好》一课时，笔者引导学生了解作者笔下动植物和人一样有愿望、有着优秀的品质，抓住故事情节的丰富性感受作者的想象力；在教学《在牛肚子里旅行》一课时，笔者引导学生抓住红头遇到的危险和青头的表现等情节，感受当时情况的惊险，

从而体会动物和人一样有喜怒哀乐；在教学《一块奶酪》一课时，笔者引导学生抓住蚂蚁队长的语言、动作和心理描写，并通过课本剧表演，体会动物和人一样具有真善美的形象。通过这些课文的学习，学生明白了编写童话类文学体裁需要把事物当作人来写，在故事情节中展开丰富而奇特的想象。

（三）有机调整，让学生巩固学习成果

交流平台在每个单元组成中发挥重要作用，能帮助学生对本单元的语文要素进行梳理和总结。为了让学生初步形成文学体裁的意识，笔者把交流平台的学习内容放在了单元课文学习之前，让学生先初步感知童话类文学作品的特点，为后续的课文学习做铺垫。

笔者还把“快乐读书吧”挪到了习作之前，组织学生交流最近看到的童话，在加强他们口头表达、语言运用的同时，也为习作的完成积累了更多优秀的素材。

（四）难点突破，让学生学以致用

习作课前，大部分学生已经牢牢掌握了童话的主要特点。习作课上，笔者便引导学生梳理童话的写作要点。如，要先明确童话故事得有主要人物、地点、时间、事件等要素；要用拟人化手法来完成习作，抓住角色的语言、动作、神态等描写，使角色生动立体；可以尝试通过情节的反复来增加故事的曲折和悬念，也可以在结尾处给人一个意外的结局或点明一些启示。

笔者把教学的重点放在理清要素和范例讲解上，引导学生把要素写完整，并在此基础上，打开思路，抓住角色的各类描写，把事件写清楚。

如此，根据单元目标对单元学习内容进行整合，能使习作要素的习得贯穿始终。可以发现，学生完成的习作要素齐全，部分学生能通过情节的反复，给故事增添许多趣味，也有学生在结尾处点明了道理和启示，扩展了习作的深度。

二、横向单元整合，优化语言表达，提高习作质量

不同单元要素之间存在着十分密切的关联性，将相关单元的要素在习作教学中进行有机整合，能让学生的习作水平有所长进。

（一）理顺习作思路

三年级的习作，对学生最基本的要求是写清楚，能让别人看明白。三年级下册

第一单元的习作要素是试着把观察到的事物写清楚。例如，习作《我的植物朋友》的要求之一是让学生选择一种植物进行观察，并把观察到的和感受到的东西写下来。观察是一个重要前提，所以，笔者引导学生回顾三年级上册第五单元的语文要素观察的方法：按照一定的顺序，使用“五感法”等。学生在合理观察后，完成的习作逻辑清晰、更具条理。

（二）丰富习作表达

在习作表达清楚的基础上，教师希望学生在习作中能运用优美生动的语言。

在教学三年级下册第二单元习作《看图画，写一写》时，笔者发现要把习作写具体还得使用前几个单元的要素，比如运用优美生动的语言。于是，笔者引导学生回顾怎样的描写是生动优美的，并思考本篇习作中，哪里可以进行生动的描写。比如：用排比句展现天上的风筝各不相同，用拟人句把风筝写生动，用连续、准确的动词把放风筝的过程写清楚，等等。这样，学生在完成习作的过程中，语言的表达能力得到了有效的锻炼。

（三）分解习作难度

回顾之前带的班级，学生一听到“放学前把作文写完”，就会叫苦连天。试想，即便对成人来说，在规定的时间内完成一篇作文也是有难度的。再看三年级的习作题材：写人、状物、叙事……对刚起步的学生来说，难度的确很大。所以，在习作课前，笔者让学生提前收集和整理了需要用到的资料，有效降低了习作的难度。

在习作准备阶段，笔者借鉴了三年级下册第一单元习作的观察记录卡，设计了“习作预习单”，并融合了三年级上册第八单元的语文要素——积累优美的语言，让学生在习作前做好了充分的素材积累。

通过完成预习单，学生了解了习作的要求，初步形成了自己的习作思路，并积累了相关的素材，不至于在习作课上“两手空空而来”。同时，预习单也能让教师初步了解学生的习作方向，如发现不合适之处能及时调整，明确习作指导课的指导重点。如，在检查习作《我的植物朋友》的预习单时，笔者出乎意料地发现很多学生想要介绍的植物是多肉，因此，在习作课上专门对此进行了一定的指导。

三、纵向单元整合，素养螺旋递进，扩展习作深度

统观统编版小学各册教材的习作板块，笔者发现许多板块属于同一主题，从同

一个要素着手，训练学生的写作能力，且有着螺旋递进的关系。合理利用学生之前习得的相关学习经验，把习作要素“结构化”，能更有效地提高学生的习作能力。

（一）着眼宽度，拓展延伸

认真解读教材会发现，虽然同一语文要素在多次习作中重复出现，但指导的方式和角度是有所不同的。比如，“大胆想象”这条习作要素就在多册语文教材中出现。那么，应该怎样让学生大胆发挥想象力呢？在三年级上册第三单元的教学中，教师可以指导学生根据提供的角色、时间、地点等提示，尝试把角色拟人化，以此展开想象。在三年级下册第五单元的教学中，教师可以指导学生联系事物的特点，从不同的方向去想象，颠覆惯常思维，写出无拘无束的想象世界，或者联系自己的愿望来想象。在三年级下册第八单元的教学中，教师可以指导学生通过想象某个动物失去原来的主要特征后会发生哪些奇异的事情来展开故事情节。在四年级下册第八单元的教学中，教师可以指导学生通过故事新编的方式，发挥奇妙的想象力。

“大胆想象”这条语文要素在这几次习作训练中不是一个笼统的要求，教师应当创设不同的情境，引导不同的思维方式，使“想象”的方法不断拓展延伸，激发学生无限的想象力，使得他们对想象主题的习作思维逐渐走向深处。

（二）着眼梯度，渐进提升

同一主题的习作在后面的教材中可能会再次出现，且教材对学生提出的写作要求是循序渐进的。因此，在教学时应注重梯度变化，层层递进。如，“编写童话”在三年级上册第三单元首次出现，对学生的写作要求是能围绕给出的词语展开丰富的想象，编写一个要素齐全的童话故事。重点是编写的童话要素要齐全，且具备童话的特点。而在三年级下册第八单元的“编写童话”中，则要求学生在之前的基础上，进一步打开思路，大胆想象，编写出一个内容完整、情节有趣的故事，想象当某个动物一旦失去原来的主要特征，其生活会发生哪些奇妙的事情。紧扣同一要素不同阶段间的联系，能让学生的习作素养得到更大的提升。

四、结语

各单元习作要素在统编版小学语文教材中横向关联、纵向递进，形成了严谨的学习系统。于教师而言，深入研究单元习作的要素结构，理清同一册教材中不同习作，以及不同册教材中相同习作间的关联点，能够帮助教师明确学生习作能力应达

到的程度，优化教学方式，突破习作教学的重难点，进而提高习作教学效果。于学生而言，在教师的指导和自身的学习过程中，能了解不同习作可以使用类似的写作方法，真正做到学以致用；能明白同一主题的习作会有不同层次的写作要求，且逐步提升，并能通过不断的练习感受到自己写作能力的提升，从而获得成就感。

以上实践方法在习作教学中取得了良好的效果。如何更大程度调动学生习作的兴趣，以及如何指导学生有效完成"习作预习单"等，是笔者下阶段需要进一步研究的方向。

参考文献

[1] 戈顺懿. 基于课程标准的教学设计与实践——以"先概括后具体"的习作教学做单元教学设计为例[J]. 教育，2019(11)：31.

[2] 梁俊. 单元教学目标设计：框架、思路与表达——以"物质构成的奥秘"为例[J]. 中学化学教学参考，2020(2)：21-25.

浅谈小学语文低段识字教学中的趣味渗透

上海市浦东新区罗山小学　黄晓芸

【摘　要】随着《义务教育语文课程标准(2022年版)》(以下简称"新课标")的推进,小学语文低段识字教学面临着新的挑战和机遇。如何在教学中引入趣味元素,激发学生的学习兴趣,成为当前教育领域关注的焦点。本文围绕小学语文低段识字教学,探讨了趣味渗透的教育意义,分析了教学中存在的问题,并提出了具体的趣味渗透策略,如讲述造字文化和趣味性故事、形义结合教学法、多媒体教学法和游戏化活动,旨在为提高小学语文低段识字教学的趣味性和效果提供一些建议与思路。

【关键词】小学语文　低段　识字教学　趣味渗透　教学策略

一、语文低段识字教学的重要性

(一)新课标对识字能力的要求

与传统的识字教学相比,新课标更加注重学生的整体语文素养,而非仅仅是词汇的掌握数量或简单的拼写技巧。第一,新课标强调学生对词汇的深入理解。这不仅是要知道某个词的意思,而是要求学生能够从多个维度和层面去探索、理解与应用这些词汇。第二,新课标强调学生的运用和创新能力。这意味着学生不仅要会用这些词汇,还要能够在实际语境中灵活运用,并有能力为其赋予新的意义或表达方式。因此,教师要在教学中更加注重培养学生的批判性思维、创新思维和实际应用能力,引导他们在真实的语境中进行深入的探究和实践。

(二)语文素养对学科学习的影响

语文素养,从字面上可以理解为对语言的修养和精通。然而,它所涵盖的远不

止于此,它实际上是一个人在语言、文字和文化方面的全面能力与素养。首先,在学科学习中,良好的语文素养起到了桥梁和支撑的作用。语文的核心在于对文字、语言和文化的认知与掌握。一名学生若能够准确地解读文本,不仅可以更深入地掌握语文知识,还能够更有效地吸收和整合其他学科的知识。例如,在历史、地理或科学课程中,学生经常需要解读各种文献和资料,这时,良好的语文素养就能够发挥其独特的优势。其次,语文教学强调的不仅是知识的传授,更重要的是思维的培养。通过对文本的分析、解读和批判性思考,学生的批判性思维、逻辑思维和创新思维都可以得到锻炼与提升。这些思维能力在任何学科和领域都具有普遍性与重要性,能够帮助学生更加深入地思考问题,更有自信地表达和实践自己的观点。最后,良好的语文素养还能够为学生提供更广阔的视野和更深入的文化体验。通过阅读文学作品和现代文献,学生可以更好地理解和感受不同的文化与思想,从而拓宽自己的国际视野,提高跨文化交流能力。

二、小学语文识字教学存在的问题

(一)教学目标偏差

在当前的一些教学实践中,存在明显的目标偏差。一方面,部分教师过于重视学生写与读能力的训练,将其视为识字教学的核心内容。这种偏重技能训练而忽略深度理解和应用的教学方式,往往使得学生在实际应用中容易出现困惑和偏差。另一方面,有些教师误以为学生仅仅认知了汉字就等同于达到了识字的目标。这种简单地满足于学生对汉字的基本认识,而忽略学生在其他方面的综合素质培养的情况,是教学目标偏差的明显体现。例如,部分学生在书写汉字时,字体显得潦草、不规范,这不仅影响了他们的书写美感,更可能导致字形的错误和对字形的误解。同时,识字教学过于注重表面认知,会导致学生学习时的严谨性、思维深度和批判性思考等方面存在明显的不足。

(二)教学内容和方法单一

部分教师的课堂教学内容相对单一,主要以简单的拼音、生字和词语为核心,缺乏对深层次、广泛性知识的引导和教学。教学内容的单一性不仅可能导致学生对识字的认知存在局限,还可能降低他们对语文学科的整体兴趣和热情。从教学方法上看,传统的诵读和书写教学法仍然是主导。这些传统方法固然有其教学意义和价值,但随着时代的发展和学生群体的多样性,单一的教学方法已经难以满足学生的多元化学习需求。例如，过于依赖诵读可能导致学生在理解和应用上出现偏差，而传统的书写教学法可能会限制学生在表达和创新方面的能力。在当今这个信息爆炸的时代，学生的学习方式和习惯正在发生深刻的变化，他们更加倾向于多样化、互动性强的学习方式。

（三）学生识字兴趣不浓

在小学语文低段的识字教学中，学生的学习动机和兴趣始终是一个至关重要的因素。随着现代技术和媒体的快速发展，学生的学习方式和兴趣也在发生深刻的变化。相较于传统的课堂教学和书写练习，如今的学生更喜欢通过数字化、互动性强的方式来学习和探索。这导致传统的识字教学法在满足学生需求上出现了不足。学生在接触到大量的信息和娱乐内容后，对于单一、枯燥的识字教学往往会感到厌倦。他们渴望在学习过程中获得更多的乐趣，而不仅仅是满足课堂的基本要求。此外，当学生遇到一些形状复杂或者结构不规则的汉字时，他们可能会觉得非常困难和沮丧，进而对学习产生抵触情绪。这种畏难情绪不仅限制了学生的学习进度，还可能导致他们对整个语文学科产生偏见，认为识字学习是一个痛苦和无趣的过程。

三、趣味渗透在小学语文低段识字教学中的具体应用

（一）讲述造字文化和趣味性故事

中国汉字这一古老的文字体系蕴含了深厚的文化和历史背景。其中，造字文化更是体现了古人对于自然、生活和宇宙的独特理解与表达。每个汉字背后都蕴藏着深厚的文化底蕴和历史故事。在汉字教学中，通过讲解汉字的起源、发展历程，以及与之相关的传统故事和民间传说，可以激发学生的学习兴趣和好奇心。

以“火”字为例，这个字的形状简单明了，但其背后的文化和故事却异常丰富。在教学过程中，教师可以先展示“火”的图片和“火”字，让学生通过视觉感受汉字的形态和意义。接着，通过讲述农耕时代的远古人类是如何钻木取火的故事，让学生深入理解“火”字的形成背景和文化内涵。这个故事不仅展现了古人的智慧和勇气，还为学生提供了一个生动有趣的学习场景。更进一步地，教师还可以将五行学说中的“金木水火土”与“火”字的教学相结合，通过介绍五行学说的基本概念和与“火”字相关的文化知识，如“火”与夏季、南方、红色等的关联，帮助学生建立起“火”字与其他汉字、词语、文化符号之间的联系，从而加深他们对“火”字的理解和记忆。通过这样的趣味性教学方式，学生不仅可以在愉快的氛围中学习汉字，还可

以深入了解汉字背后的文化和历史，从而培养他们对汉字的热爱和敬意。

（二）形义结合教学法

在小学语文低段的识字教学中，形义结合教学法是一个旨在提高学生对汉字形态认知的策略。通过引导学生深入观察和分析汉字的形状与结构，帮助他们建立更为直观的、与汉字形态相关的记忆。此外，结合字形的教学不仅能让学生对汉字具有表层认知，更能让他们对其背后的文化和历史内涵产生思考和启发。

以“木”字为例，当学生面对这一汉字时，他们不仅需要记住它的发音和意义，更重要的是需要了解它的字形结构和构成部分。教师通过引导学生深入观察和分析“木”字的形态，可以帮助他们建立起汉字与其形状、结构的直观联系，这有助于学生在面对新的汉字时，能快速识别和记忆，提高识字的效率和准确性。在此基础上，字形结合教学法可以扩展到更为复杂的汉字和词汇的教学。例如，当学生学习“林”字时，通过将两个“木”字相结合，可以让他们更加直观地理解“林”字所蕴含的“树木丛生”的意象。这样的教学方法，不仅可以加深学生对单个汉字的理解，还可以帮助他们掌握更为复杂的词汇和短语，提高语言应用能力。

（三）多媒体教学法

随着现代技术的发展，多媒体课件与游戏化教学在识字教学中的应用越来越受到教师和学生的欢迎。多媒体课件可以为学生提供丰富的视觉和听觉体验，帮助他们更加直观地理解和掌握汉字的形、音、义等多方面的信息。

多媒体课件和游戏化教学已成为现代教育领域的热门。它们以生动、直观的方式，将抽象的知识转化为具体、有趣的学习体验，为学生提供了一个互动的、参与度高的学习环境。例如，教师可以利用动画片《演绎识字》开展识字教学，通过动画的形式生动地展现汉字的来历和结构。每集仅三分钟的短片，紧凑而富有趣味，使得学生在轻松愉快的氛围中，快速掌握和记忆汉字。在《演绎识字》中，甲骨文以动画的形式呈现，为学生提供了一个直观、生动的汉字学习场景。通过观看动画，学生不仅可以看到汉字的形态和结构，还可以了解其背后的文化和历史背景，从而更加深入地理解和掌握汉字。除了动画展示，《演绎识字》还设计了多种复习环节，如汉字巩固、组词、组成语、造句和用字编故事等，旨在加强学生对汉字的记忆和应用能力。这些互动环节，不仅能够检验学生的学习效果，还可以激发他们的学习兴趣和积极性。

（四）游戏化识字

在小学语文低段识字教学中，游戏化识字作为一种新兴的教学方式，逐渐受到广泛的关注和应用。它通过将学习过程与游戏元素结合，营造轻松愉快的学习氛围，从而提高学生的学习兴趣和积极性。

教师可以设计“字词大富翁”游戏，借助游戏化教学手段，激发学生对识字学习的兴趣，增加课堂的趣味性。这个游戏基于经典的大富翁游戏规则，还融入了汉字和词语的认读任务，从而帮助学生在玩乐中巩固识字。游戏规则简单，学生通过掷骰子前进，每走到一个格子，就需要完成相应的识字任务，然后才能继续前进。不同的格子设置不同的任务要求，如认读一个指定的汉字、拼读拼音、组成与该字相关的词语，甚至用该词造句。这样的设置不仅让游戏充满挑战性，还可以促使学生综合运用汉字的形、音、义。例如，学生掷骰子后，停在“认读字词”格子时，教师会出示一个汉字，要求学生认读并说出它的读音和意思。如果学生回答正确，就能获得前进奖励并继续游戏。若停在“组成词语”格子，学生需要根据给定的汉字，迅速说出一个含有这个字的词语。在这个过程中，学生不仅能够加深对汉字的理解，还能增强词汇的灵活运用能力。游戏还可以融入一些“惊喜格子”，如奖励格子或惩罚格子，增加游戏的趣味性。例如，停在奖励格子的学生可以获得额外掷一次骰子的机会，而停在惩罚格子的学生则需要退回几步或回答更难的问题。这些随机性元素不仅使游戏更加刺激，也培养了学生的应变能力。“字词大富翁”游戏不仅让识字变得有趣，还通过互动与竞赛的形式激发了学生的学习积极性。学生在游戏中通过合作与竞争，加深了对所学汉字和词语的掌握。在这个过程中，教师可以随时根据学生的表现给予反馈和鼓励，提升学生的自信心与学习兴趣。

四、小学语文低段识字教学中教师角色的重新定位

（一）教师的新角色定义

在传统的教学模式中，教师往往被视为知识的主要提供者和权威。但在新的教育环境和新课标指导下，教师的角色已经发生了显著的变化。教师不再是简单地传授知识的角色，而是转变为学生学习的合作伙伴和引导者。这意味着教师与学生之间的关系更加平等，更加注重互动和交流。教师要与学生一同参与学习的过程，鼓励他们发掘和探索知识，拓宽学习的深度和广度。此外，教师还需要具备更多的教学策略和方法，以满足不同学生的学习需求和兴趣。总的来说，教师的新角色定义

要求他们具备更多的教育理念和教学技能，以更好地适应和引导学生的学习。

（二）教师的激励和鼓励作用

在新的教育环境中，学生的学习动机和兴趣成了影响学习效果的重要因素，而教师的激励和鼓励作用则起到了至关重要的作用。教师需要认识到每个学生都是独特的，他们有自己的学习方式和节奏。因此，教师需要根据学生的特点和需求，提供个性化的教学支持和指导。教师的鼓励和认可可以极大地提高学生的学习积极性与自信心。当学生遇到困难和挑战时，教师的及时激励和鼓励可以帮助他们克服障碍，坚持到底。教师还可以通过多种方式，如奖励制度、表扬会等，激发学生的学习兴趣和参与度。

（三）教师的教学方式改革和创新实践

在新的教育背景下，教师的教学方式改革和创新实践成了推动学校教育发展的关键力量。教师需要对传统的教学方法和模式进行反思与创新，探索更加符合学生需求和时代发展的教学方式。例如，教师可以引入现代技术和多媒体资源，创设丰富多彩的学习环境。教师还需要与同行进行深入的教学交流和合作，分享教学经验和教育理念，共同探讨教育问题和挑战。此外，教师还可以参与各种教育研究和培训活动，不断提升自己的教育素养和专业能力。

参考文献

[1] 张千惠.“双减”下的小学低段语文识字作业优化路径[J].亚太教育，2023(20)：30-32.

[2] 暴倩.核心素养视域下小学低段字理识字的优化策略[J].河南教育（教师教育），2023(10)：60-61.

[3] 周伊凡.趣识字——小学语文低年级趣味识字的应用研究[J].新教育，2023(S2)：106-107.

[4] 白佳奇.小学低段语文识字情境教学的策略研究[C]// 山西省中大教育研究院.第八届创新教育学术会议论文集——教学实践篇，2023.

[5] 余志萍.论小学语文低段识字教学中的趣味渗透[C]// 广东省教师继续教育学会.广东省教师继续教育学会教育教学研究成果会议论文集（一），2023.

畅想上海2050

上海交通大学附属浦东实验小学北校　杨肖颖

【摘　要】“畅想上海2050”跨学科主题学习活动旨在鼓励学生通过调研、采访、查阅资料等方式，了解上海的现状、存在的问题及人们的愿景，并针对感兴趣的问题进行深入研究。在教师的帮助下，学生运用多样化的学习支架推动学习进程，如团队分工表、评价标准和任务单等。该活动有助于学生从多角度探索上海未来可能面临的挑战和相关的解决方案，促进他们在合作实践中，提升语文素养、科技素养和社会责任感，并进一步激发他们从小学本领，长大为家乡做贡献的壮志。

【关键词】跨学科学习　学习支架　创新思维　探究能力　团队合作

一、问题呈现

在教学语文五年级第一学期第四单元习作《二十年后的故乡》时，教师要引导学生憧憬未来。但憧憬不是空想，写作内容要与今天的生活密切相关。以往学生在撰写时，经常会“胡思乱想”。究其原因，笔者发现，虽然上海是我们的故乡，学生长期生活在上海，但是却并不了解上海。怎样才能让学生对上海，对我们所处时代的文化、科技、环境等各方面有更加深入的理解呢？基于此，笔者选择了八名五年级学生作为“种子学生”，尝试跨学科主题学习的方式，创设“畅想上海2050”节目访谈情境，以采访调研、查找资料、撰写讲稿为学习路径，培养学生的创新思维、探究能力和社会责任感。同时，引导学生关注家乡发展，鼓励学生立志成为未来家乡美好发展的建设者和推动者。

二、主要做法

（一）教学目标

1. 通过调查访问、收集资料等方式感受时代的变迁，大胆想象20年后家乡的变化与发展。

2. 能筛选素材，会列写作提纲，在习作中分段叙述，把重点部分写具体。

3. 根据评价要求，通过组内互评、集体交流等方式分享自己的习作并修改完善。

（二）教学实施

1. 体会家乡变化，感悟发展意义

任务1：课前，完成“上海发展”调查表（表1）。

结合道德与法治学科中“感受家乡文化，关心家乡发展”这一单元，通过“上海发展”小调查，以学生的已有经验作为学习活动的切入点，为后期话题的展开做铺垫。

表1 “上海发展”调查表

哪个方面	以　前	现　在	感　受

任务2：布置照片墙，分享照片。

让学生借助关于上海发展的文字、图片、视频资料，结合“上海发展”调查表，交流上海的巨大变化和人们的感受。在交流中，教师引导学生明白城市的发展离不开科技的发展，城市发展是为了让城市中人们的生活更美好。通过交流和分享，学生对近20年上海的发展有了更加深入的了解和认识，初步感受到上海日新月异的变化和人们的生活息息相关。

2. 创设主题情境，分解驱动型问题

任务1：设置情境，提出驱动型问题。

通过交流，学生感受到了近20年上海日新月异的变化，也深刻感受到“城市让生活更美好”的愿景正在实现。此时，教师适时创设情境，提出驱动型问题：未来的上海到底会变成什么样呢？时光机器带我们来到了2050年。东方卫视要录制一档节目——“畅想上海2050”。栏目组会邀请各界人士聊一聊2023年到2050年上海的发展变化。彼时已成为栋梁的你受到了邀请，你会怎样描绘那时的上海呢？

任务2：组织学生进行头脑风暴，帮助他们分解驱动型问题。

学生交流讨论后形成第一层子问题：① 上海的变化体现在哪几个方面？② 如何憧憬未来而不是空谈？③ 如何撰写文稿并在节目中出彩地展示？

任务3：组队分工。

鉴于种子学生人数较少，在讨论后，本次活动只针对两个方面进行进一步研究。教师根据学生的兴趣分成两个小组，每组四人。每个小组需要完成团队分工表1（表2），并制定团队协议书。学生给自己的小组分别取名为“2050建筑大师队”和“2050智能交通队”。

表2　团队分工表1

我们的探究方向：		
小组名称：		
小组口号：		
职　　位	**姓　　名**	**主 要 职 责**
组长		
记录员		
发言人		
时间管理员		

任务4：分组后，小组成员共同制定团队工作任务分配及协议书。

3. 确定探究范围，思考未来发展

任务1：思考如何憧憬未来而不是空谈。

（1）完成“畅想上海2050”任务单1（表3）。教师引导学生通过查阅网上资料或者采访同学、老师、家长、社会人士等，了解上海在某一方面的现状、可能存在的问题、人们的愿景。比如，“2050建筑大师队”想到的问题有：工程施工时间长，铺设管道影响大、破坏广，楼房后期维修成本大、建筑材料不环保，等等。“2050智能交通队”想到的问题有：交通违章屡禁不止，停车困难，上班高峰车多路堵，等等。

（2）小组交流后，学生在众多问题中选择一到两个小组成员能够理解、有兴趣研究的子问题，并记录下来。

表3 “畅想上海2050”任务单1

小组名称：		
上海的现状	**产生的问题**	**人们的愿景**
经过组员讨论和投票，我们组决定选取第______个问题进行进一步研究（不超过两个）		

（3）完成“畅想上海2050”评价表1（表4）。

表4 “畅想上海2050”评价表1

小组名称：	
评 价 标 准	**自　评**
通过各渠道全面查阅资料	☆☆☆☆☆
能有针对性地进行采访	☆☆☆☆☆
能及时、准确记录采访内容	☆☆☆☆☆
通过投票，民主选择进一步研究的问题	☆☆☆☆☆
由始至终保持团队合作	☆☆☆☆☆

任务2：探索解决问题的方法，完成“畅想上海2050”任务单2（表5）。

指导学生通过信息科技手段查阅资料，了解现阶段是怎么解决相关问题的，思考这个方法是否能沿用到2050年，思考是否有更好的解决办法，思考现阶段是否有相应的技术或者概念来达到设想。比如“2050智能交通队”谈到了北斗导航结合无人驾驶技术来引导智能驾驶解决事故和拥堵问题。又如“2050建筑大师队”研究了人工智能在建筑上使用的可行性。

表5 “畅想上海2050”任务单2

<table>
<tr><td colspan="2">小组名称：</td></tr>
<tr><td colspan="2">问题1：</td></tr>
<tr><td colspan="2">有关部门是否已经注意这个问题并正在改进？</td></tr>
<tr><td>目前改进方法（没有请填“无”）</td><td></td></tr>
<tr><td>我们猜测未来可能的解决办法（张贴简图并配以简单文字说明）</td><td></td></tr>
<tr><td>找到相关技术或技术概念</td><td></td></tr>
<tr><td colspan="2">问题2：</td></tr>
<tr><td colspan="2">有关部门是否已经注意这个问题并正在改进？</td></tr>
<tr><td>目前改进方法（没有请填“无”）</td><td></td></tr>
<tr><td>我们猜测未来可能的解决办法（张贴简图并配以简单文字说明）</td><td></td></tr>
<tr><td>找到相关技术或技术概念</td><td></td></tr>
</table>

4. 结合单元要求，撰写写作提纲

对五年级学生而言，在习作前列提纲，把内容写具体，是把文章写清楚的有效途径。

（1）教师在课上出示《海滨小城》《富饶的西沙群岛》等文章的片段，让学生诵读。然后，学生进行讨论，总结写作方法：围绕主题，分段叙述，突出重点，描写具体。

（2）学生自主阅读单元习作要求，说一说了解到了哪些信息，并在交流后总结习作要求：合理想象，编写提纲，分段叙述，有详有略。

（3）教师出示提纲评价标准（表6）。

表6 提纲评价标准

评价标准	自评	互评	师评
提纲是否完整	☆☆☆☆☆	☆☆☆☆☆	☆☆☆☆☆
中心是否明确	☆☆☆☆☆	☆☆☆☆☆	☆☆☆☆☆

续　表

评价标准	自　评	互　评	师　评
段落是否有序	☆☆☆☆☆	☆☆☆☆☆	☆☆☆☆☆
选材是否合理	☆☆☆☆☆	☆☆☆☆☆	☆☆☆☆☆
总　评	☆☆☆☆☆	☆☆☆☆☆	☆☆☆☆☆

（4）学生根据课本中的提纲示例，在思维导图的基础上试着自己写一写提纲。

（5）学生进行交流，修改提纲。

5. 完成习作练习，交流学习成果

（1）学生根据习作要求，运用写作方法，完成习作练习。

（2）学生结合“畅想上海2050”评价表2（表7），自主修改习作。

表7　“畅想上海2050”评价表2

评价内容	评价量规	自　评
主题聚焦	能根据自己研究的方向来写	☆☆☆☆☆
条理清楚	能按照一定顺序将上海这一方面的变化写具体	☆☆☆☆☆
表述新颖	能运用原创的语句凸显家乡的变化，表达有新意	☆☆☆☆☆
语言流畅	写完后通读，做到语句通顺连贯，没有错别字	☆☆☆☆☆

（3）学生结合小组合作学习清单（表8）进行讨论，取长补短，并完成团队分工表2（表9），为最后的汇报做准备。

表8　小组合作学习清单

轮流读一读：小组成员轮流读习作片段
互相评一评：有哪些优点？有哪些缺点？提出修改意见
自己改一改：动手修改习作中的问题
小组合一合：把修改好的内容合成一篇更出色的文稿

表9　团队分工表2

小组名称：	
组长	工作职责：
手工制作	落实人：
PPT制作	落实人：
小组汇报	落实人：

（4）小组展示学习成果，并回顾、反思整个学习过程，完成总结性评价量规表（表10）。

表10　总结性评价量规表

姓名：			
项目	**量　规**	**自　评**	**师　评**
态度	能积极主动参与活动，承担一定的工作任务	☆☆☆☆☆	☆☆☆☆☆
情感	在学习活动中表现出克服困难的勇气和毅力；善于沟通与合作，能分享信息、创意和成果；在活动的每一个环节中，与他人合作	☆☆☆☆☆	☆☆☆☆☆
知识	通过学习活动拓展了知识和视野，获得了较多的学科知识；通过学习活动获得或体验了较多的研究方法与技能，能够提出有意义的、高水平的问题及解决办法	☆☆☆☆☆	☆☆☆☆☆
能力	能够运用多种手段获取信息，能够整理和归纳信息，并能有效利用信息；能够独立发现和提出问题；能够设计研究方案，并使用恰当、完整的策略解决问题	☆☆☆☆☆	☆☆☆☆☆
成果	能够基于现实情况和技术写出对2050年上海的展望，想象合情，能提出合理的方案。成果展示得到老师、同学的充分肯定	☆☆☆☆☆	☆☆☆☆☆

三、成效经验

（一）创设真实情境，经历学习实践

与传统语文教学要求学生“掌握某个知识点”不同，本次跨学科主题化学习活动是以创设东方卫视的访谈节目为情境，让学生在实际问题的探究和解决中，调动相关知识，形成可迁移的思维方式，实现对多学科知识的综合理解和实践。

1. 探究性实践。学生通过对未来家乡发展的思考，能够发现家乡所面临的问题和挑战，如交通拥堵、环境污染等，并进一步思考解决策略。在资料准备充分后，学生撰写文稿，配合PPT等媒介进行宣讲，从而提高语文素养。

2. 创新性实践。学生充分发挥想象力，提出新颖的点子和方案，培养创新能力和创造力。通过畅想家乡的未来，学生更加了解科技在发展中的重要作用，从而提高科技素养。

3. 社会性实践。学生进行实地考察或采访相关人员，以征求建议和意见。此举培养了学生的社会责任感，使他们认识到家乡未来的发展需要每个人的参与和付出，明白自己的社会责任和使命，激发他们为家乡的未来贡献力量。

（二）聚焦核心素养，优化教学模式

本次跨学科主题化学习不针对某一知识点进行僵化、机械的讲解与练习，也不割裂地开展习作练习，而是让学生合作展开有意义的探究任务，在探究中表达并实现自己的进一步思考。

比如，以往的语文教学会先进行“文本教学”。学生在学习某一写作方法后，确定素材，通过练笔习得相应的写作方法。而在本次学习活动中，学生“穿越时空”，以某一方面专家的视角去思考。角色的转变会带来情感的变化，学生会更主动地对某一方面进行深入思考，激发想象力。同时，学生也会学习访谈类节目嘉宾的表达方法，有条理地用自己的语言表现出来，并不断修正。在整个过程中，学生的语言运用、思维能力、审美创造等核心素养得到了综合提升。

（三）借助支架引导，凸显学习主体

本次学习重视学生的学习主动性，突出学生的学习主体地位。在实施过程中，教师不再长篇大论地讲授，而是把更多思考、表达的机会交给学生，在学生陷入困境或僵局时，教师才适时给予帮助，用多样化的支架引导学生探索。

比如，鉴于本项目基于四个班级学生的合作学习，他们彼此间不熟悉，在各小组破冰、分工陷入僵局时，教师提供了交流型学习支架——团队分工表、团队协议书等，帮助他们明确小组合作的目标。当学生选择探究方向有困难时，教师及时提供了策略型学习支架——“畅想上海2050”任务单，帮助他们更有目标地进行学习。在修改习作和交流成果的过程中，提纲评价标准、“畅想上海2050”评价表、小组合作学习清单都能帮助学生理解自己与目标的距离，及时进行修正。

四、体会感受

在完成这次跨学科主题学习后，笔者深刻体会到了跨学科主题学习在实现育人目标方面的独特魅力和显著优势。

第一，跨学科主题教育强调知识的整合与融合。它能够打破学科间的壁垒，使学生有机会跳出传统的知识框架，以现实问题为导向，从多元化的视角来理解和应用所学知识。在这一过程中，学生不仅实现了跨学科知识的融合与思维的碰撞，更能深刻认识到个人成长与社会进步之间的紧密联系，形成了对世界的整体性认识。

第二，跨学科主题学习有助于培养学生的创新思维和实践能力。在学习过程中，学生需要进行实地考察、采访、查阅资料、撰写文稿等多样化的实践活动。这些活动不仅锻炼了学生的实践能力，还培养了他们的团队协作、沟通表达等能力。这些能力在他们未来的发展中将发挥至关重要的作用，使他们能够更好地适应快速变化的社会环境。

然而，这次实践活动也存在一些不足之处。比如，由于主题化教学方式更加灵活，学生在进行相关学习时，可能会因为知识点较多而感到困惑或不知所措，这就对教师的专业素养提出了更高的要求，教师需要不断提升自身的专业素养，以更好地应对这一挑战。又如，主题化学习往往包含较多的环节，需要较长的时间，这使得许多学生在学习过程中容易出现虎头蛇尾、产生倦怠的情况。因此，如何在教学中巧妙地分解和设计有趣的活动，以及如何激发学生的积极性和保持其活跃的学习态度，都是教师在今后的教学中需要深入思考和积极实践的问题。

总的来说，跨学科主题学习不仅有助于拓宽学生的知识和视野，提升他们的综合素养，更能够促进他们的全面发展，实现育人的根本目标。在未来的教学中，教师应该进一步探索和完善实施方式与方法，以更好地发挥其优势和作用。

参考文献

[1] 朱立峰. 浅谈研究性学习的评价操作[J]. 教育理论与实践，2008(14): 30-31+58.

[2] 倪凯颜. 小学语文大单元教学设计的路径——以统编教材五年级上册第四单元为例[J]. 小学语文教师，2021(10): 71-75.

以生物博览会为主题的跨学科实践活动案例

上海交通大学附属浦东实验小学北校　桂嘉韵

【摘　要】本文以小学语文四年级上册的“连续观察”单元为基础，设计并实施了以生物博览会为主题的跨学科实践活动。活动通过引导学生选择感兴趣的生物进行连续观察，写下观察日记，进而策划并开展“生物博览会”，旨在培养学生的观察能力、表达能力、创新思维及跨学科解决问题的能力。本文详细介绍了该项目的主题、主要内容、重点及实施效果，以期为类似活动的开展提供参考。

【关键词】跨学科实践活动　连续观察　生物博览会　小学语文

一、问题呈现

随着新课程改革的不断深入，跨学科实践活动成了培养学生全面发展的重要途径。这类活动以某一学科为主干，同时融合其他学科的知识和方法，有助于学生加深对核心概念的理解与运用，提升解决真实问题的能力。本文以小学语文四年级上册的“连续观察”单元为切入点，设计了以生物博览会为主题的跨学科实践活动。跨学科的实践活动，能将知识、技能与情感态度等要素有机融合，形成更为全面、系统的知识体系与技能结构，还能培养学生的综合素养，为未来的学习与生活奠定坚实的基础。

要制定符合该年段学生实践活动的具体项目目标，必须结合本单元的语文要素，并以与其相关的义务教育小学各学科课程标准作为参考。首先，《义务教育语文课程标准（2022年版）》关于四到五年级的部分提到：① 观察周围世界，能不拘形式地写下自己的见闻、感受和想象，注意把自己觉得新奇有趣或印象最深、最受感动的内容写清楚；② 学习组织有趣味的语文实践活动，在活动中学习语文，学会合作。结合语文学习，观察大自然，观察社会，积极思考，运用书面或口头方式，并可尝试用表格、图像、音频等多种媒介，呈现自己的观察与探究所得。其次，《义务教育科学课程标准（2022年版）》关于四到五年级的部分提到：① 能运用感官和选择恰当的工具、仪器，观察并描述对象的外部形态特征及现象，用较准确的科学词汇、统计图表等记录和整理信息，并运用分析、比较、推理、概括等方法，分析结果，得出结论；② 初步具有描述对象外部特征和现象，以及分析处理信息并得出结论的能力。最后，《义务教育美术课程标准（2022年版）》关于四到五年级的部分提到：能运用传统或现代的工具、材料和媒介，创作平面、立体或动态等表现形式的美术作品，表达自己的所见所闻、所感所想，学会以视觉形象的方式与他人交流。能将美术与自然、社会及科技相融合，探究各种问题，提高综合探索与学习迁移的能力。

不同学科在技能训练上各有侧重，为将不同学科的知识进行有机融合，使学生在实践中深化对知识的理解，形成跨学科的知识体系，项目目标要从不同维度建立学科间的联系。因此，笔者确立了以下具体的项目目标：① 通过阅读课内外材料，感受准确、生动表达的好处，激发观察兴趣，学习从多个角度进行连续、细致的观察；将观察中的所见、所闻、所感融入习作表达，写生动，并整理成观察日记；通过分享观察成果和小组评价，锻炼表达与沟通能力。② 通过选择恰当的工具、仪器，连续观察并描述动物或植物的变化，把它的变化过程写清楚；通过思维导图、观察记录表等学习支架，整理信息。③ 通过创作观察小报、绘本等不同的汇报方式呈现观察成果，学会以视觉形象的方式与他人交流。

笔者将本项目化学习的本质问题确定为选择感兴趣的生物，学会进行连续观察，用观察日记记录自己的发现。驱动性问题设立以下情境：近年来，微博科普大V“博物杂志”走红网络。他以一本正经吐槽的画风，以及解答各种百科知识而圈粉无数。他所制作的科普视频包含了生活中常见生物的科普知识和网络热传生物的鉴定，深受学生的喜欢。《博物》杂志的编辑走进了校园，想要开展一次别开生面的科普活动——校园生物博览会。你愿意和他们一起策划开展这次活动吗？如何策划并顺利开展生物博览会呢？

二、主要做法

（一）入项

1. 品读文章，激发观察兴趣。教师带领学生读课文《爬山虎的脚》和课后的“资料袋”，激发学生对周围生物进行连续观察的兴趣，唤醒学生的生活记忆。

2. 教师出示“博物杂志”账号的视频和微博互动截图，介绍《博物》杂志，并提问：你喜欢这样的科普方式吗？《博物》杂志的编辑走进了校园，想要开展一次别开生面的科普活动——校园生物博览会。你愿意和他们一起策划开展这次活动吗？如何策划并顺利开展生物博览会呢？

3. 教师提出驱动性问题“如何策划开展生物博览会？”，组织学生进行头脑风暴，帮助他们分解驱动性问题，形成子问题1“生物博览会里展示什么？”、子问题2“怎么完成参展作品？”和子问题3“参展作品需要包含哪些因素？”。

4. 学生交流生物博览会的策划要点，初步形成评价要点。

5. 学生分组，共同制定团队协议书。

6. 教师明确项目起止时间节点，初步确定生物博览会的活动举办时间。

（二）知识与能力建构

1. 子问题1：生物博览会里展示什么？

活动1：明确参展目的，确定展示与观察的对象。

《爬山虎的脚》一课的学习支架教学让学生通过了解爬山虎的特点，学习了作者的观察方法；通过品味文章的用词，学会了准确、生动地进行表达。学生打开了思路，明白了在生物博览会上可以展示所感兴趣的生物的特点或成长过程，达到科普的目的。

2. 子问题2：怎么完成参展作品？

活动2：创设情境，制定方案。

（1）教师引导学生制作初步的小组策展方案表（表1），并指导他们进行修改。

表1　小组策展方案表

小组成员	
策展时间	
展示主题	
展示内容	
展示成果形式	

续　表

活动计划	
1. 准备阶段	
2. 实施阶段	
3. 展示阶段	

（2）提供学习支架：学习观察记录表。

教师提供《爬山虎的脚》一课的学习观察记录表，让学生了解记录表的不同样式——图文结合式、表格式，看懂记录方法，并进行交流。通过对比几种记录表的优缺点，引导学生举一反三，从多个角度观察生物，发现生物的变化、特点，细致地记录变化过程，并启发学生在生物博览会的展示过程中，可以运用记录表的形式更具体地展示作品。

3. 子问题3：参展作品需要包含哪些因素？

活动3：整理记录，形成观察日记，最后以多种形式呈现。

（1）学生联系《爬山虎的脚》一文第三、四自然段的相关语句，明白了可以通过描写根、茎、叶的位置，以及形状、颜色、大小、长度等细微的变化来写好植物。教师可以由此拓展，借助思维导图，帮助学生理清写作思路。

（2）学生收集、整理观察对象的相关资料；进行连续观察，填写观察记录。

（3）一周后，学生交流当前的观察记录，讨论一份优秀的观察日记的必备要素。教师出示观察记录的范例，明确记录内容：关注观察对象的变化；对于重复部分或没有明显变化的地方可以略写或不写。教师引导学生回忆日记格式，为了清楚地展示观察过程，日记中有时必须交代观察时间，如“经过三天的等待”“漫长的一周过去了”，也可以用上表示顺序的词语，如“刚才”“之前”“然后”，把观察的过程衔接起来，如果能附上图画或照片，让观察日记更加丰富就更好了。

（4）学生提交美术作品（绘画、剪纸等）、科学观察报告，教师引导学生以不同的汇报方式呈现观察成果，让他们学会以视觉形象的方式与他人交流。

（5）学生结合科学课本的内容知识，展开思维风暴。如探讨植物或动物的生长需要哪些必要条件。

4. 实践探索，修改完善参展作品

学生独立思考或与学习伙伴进行讨论，通过查找资料等方式，解决在观察生物

变化的过程中遇到的问题,并汇总相关素材(文字、图片、影像等)。

(三)成果修订与完善

学生根据形成的评价表,分别进行小组内、小组间评价,重点指向参展方案主题、素材及可行性分析等,形成初步的修订建议。教师有选择性地进入小组,共同参与交流,提出建议。

(四)出项

教师在班级举办生物博览会活动,邀请本班任课教师、家长与其他班级感兴趣的学生、教师参加。教师在教室走廊、班级展示角等地方公开展示学生的图文作品,并在钉钉等平台公开展示学生制作的短视频或电子小报等多媒体成果,邀请家长、其他教师参与评价。教师依据评价表评选优秀参展人若干名。

三、成效经验

本项目的重点在于引导学生进行连续观察某一生物并记录观察日记。通过观察生物的变化和特点,培养学生的观察能力和表达能力。同时,项目还注重跨学科知识的融合与运用,如语文的准确生动表达、自然学科的科学观察方法及美术的视觉呈现等;难点在于如何有效地组织学生进行跨学科的学习与实践活动,并确保每个学生都能积极参与并取得成果。此外,如何评价学生的观察日记和参展作品也是一大挑战。因此,笔者在活动过程中设计了过程性评价表(表2)和总结性评价表。

表2　过程性评价表

评价项目	评 价 内 容	自　评	师　评
会观察	能每天观察生物的外形、活动情况		
	会专注生物的某个特点,进行持续、仔细的观察		
	会在观察中进行比较、思考,不断发现问题,获得知识		
会记录	能准确记录每天所观察到的现象		
	能制作观察表格,真实地记录观察现象		
	能按照一定的顺序记录观察到的新现象		

续 表

评价项目	评 价 内 容	自 评	师 评
会记录	能及时运用各种形式记录观察到的现象		
	能整理观察资料，采用图文结合的形式完成观察日记（记录格式正确，文字描述方法多样）		
总评	评价等第：A、B、C、D		

在实际实施过程中，学生或多或少地遇见了一些问题，比如，观察的植物在短时间内没有多大变化、难以将观察的过程形成生动的文字。但通过小组协作的方式，学生最终将问题逐一解决。在整个项目化学习过程中，学生不仅了解了植物种植的知识、植物生长变化的过程，还学会了运用科学的方法对观察对象进行持续的观察和记录。

项目化学习将"学"与"做"相结合，提供了一种将知识转化运用到实际生活中，真实解决现实问题的智慧，促进学生将知识和技能融会贯通。无论是询问科学老师、有种植经验的亲朋好友或是上网查询，以此确定观察对象；还是以拍照、绘画辅助文字等形式，记录观察对象的变化；抑或是学习课文的写法，在对比和思辨中掌握用词的准确生动，都需要学生调动元认知知识、事实性知识等，解决学习中的问题，丰富自己的活动认知。此外，教师组织小组讨论共分享，鼓励学生遇到困难多途径求助，指导不同类型的成果呈现，邀请家长共同评价，学生在这样的合作式、探究式综合实践学习中实现了知识、能力、价值的融通，包括学科内的融通及学科间的融通，培养了迁移应用能力，提高了综合素养。

四、体会感受

本项目通过引导学生进行连续观察并记录观察日记，进而策划并开展生物博览会的方式，有效提升了学生的观察能力、表达能力及跨学科解决问题的能力。同时，此类活动还具有实践属性和跨学科属性，有助于学生加深对核心概念和学习任务的理解与运用。在评价方面，笔者采用了多元化的评价方式，包括学生自评、互评及教师评价等。评价内容涵盖了学生的观察记录、参展作品、团队协作等方面。通过评价结果的反馈，笔者可以及时了解学生的学习情况和他们遇到的问题，为后续的教学提供参考。

在实践过程中，笔者积极探索语文学科与其他学科的融合点，尝试打破传统学科的界限，以期实现教育过程的一体化。然而，在回顾整个实践过程时，笔者发现在实际操作中仍然存在一些问题。首先，不同学科教师之间的沟通与合作不够紧密，导致在融合过程中出现了知识断层和重复的现象。如，在科学课堂上，学生已学过选择恰当的工具、仪器，观察并描述对象的外部形态特征及现象，用较准确的科学词汇、统计图表等记录和整理信息，而在本次项目的课堂上，笔者依然将列图表等方法重复进行了教学。其次，部分学生对跨学科学习的方法与技巧掌握得不够熟练，难以在实践中灵活运用所学知识。如，一部分学生虽然能通过画图的形式记录生物的变化，但对于观察的结果仅停留在观察层面，无法用具体、形象的语言生动表达所观察到的细节。最后，由于个体能力的差异性，有些学生出项后的结果仍然停留在单一学科的层面上。如，部分同学虽然能用不同的方法观察，并能用直观的方式呈现观察结果，但是并没有探寻生物产生变化的原因。

针对以上不足之处，可以从以下三个方面进行改进。首先，加强不同学科教师之间的沟通与合作，建立跨学科教研团队，共同研究跨学科融合的方法和策略。其次，加强对学生跨学科学习方法的指导与培训，帮助他们掌握跨学科学习的技巧和方法。最后，在活动内容的设计上更加注重跨学科的特点，充分挖掘不同学科之间的相通之处，实现真正意义上的跨学科融合。

五、结语

本次以生物博览会为主题的跨学科实践活动案例表明，通过打通学科界限并依托某一学科的知识基础和思维方法，借鉴其他学科的思维方法和问题解决策略，可以有效地培养学生的跨学科核心素养。此类活动不仅有助于加深学生对核心概念和学习任务的理解与运用，还能提升其解决真实问题的能力。具有实践属性和跨学科属性的活动案例对于推进新课程改革与促进学生全面发展具有重要意义。教师可以进一步拓展此类活动的主题和形式，探索更多元化的跨学科实践活动模式，为学生的全面发展提供更多的机会和平台。同时，教师也应关注学生在活动中的表现和需求，及时调整教学策略，以更好地促进他们的全面发展。

参考文献

[1] 吴婷. 深度学习视域下小学科学项目化学习实践研究[J]. 启迪与智慧(上)，2024(11)：126-128.

[2] 李海勇,张明兵. 运用项目化学习活动培育中学生核心素养的研究[J]. 中国多媒体与网络教学学报(下旬刊),2024(9): 27-29.
[3] 吴娴. 小学语文跨学科任务群项目化学习策略微探[J]. 国家通用语言文字教学与研究,2024(9): 152-154.
[4] 顾春燕. 项目化学习的教学探索——以四年级上册第三单元"连续观察"教学为例[J]. 小学语文教学,2024(8): 12-13.
[5] 孙赛楠. 项目引领,让学习自然发生——小学语文微项目化学习的构建与实施[J]. 教育界,2024(19): 73-75.

基于语文核心素养培育的项目化学习表现性评价探究

——以四年级下册“快乐读书吧”为例

上海市浦东新区东方小学　周悦欣

【摘　要】核心素养培育背景下，以项目化学习为载体的课程教学改革正在广泛而深入地开展。本文以四年级下册“快乐读书吧”为例，以“我的奇思妙想”为主题，组织学生开展了基于语文核心素养培育的项目化学习，重点探讨了贯穿项目化学习全过程的表现性评价。本文从表现性评价的意义、方案设计到具体实施，探索了表现性评价的目标评价与任务评价、评价标准与操作要点等的逻辑关系，在彰显表现性评价效能的同时，也提出了改进意见。为便于阐述，将“基于语文核心素养培育的项目化学习表现性评价”简称为“表现性评价”。

【关键词】语文核心素养　项目化学习　表现性评价

一、表现性评价的意义

项目化学习作为一种近年来被广泛运用于课堂的新型教学方式，引发了教师的广泛研习与探究。探究语文核心素养评价的设计与实施，将其从结果评价转变到核心素养评价，评估学生在项目化学习中的收获和成长，从而促进学生的全面发展，是一项重要的研究内容。《义务教育课程方案和课程标准（2022年版）》（以下简称“新课标”）指出，教师要“创新评价方式方法，注重动手操作、作品展示、口头报告等多种方式的综合运用，关注典型行为表现，推进表现性评价”。表现性评价作为基于新课标，以核心素养为导向，且能将学生高阶思维可视化的一个载体，是至关重要的。

表现性评价关注学生知道什么和能做什么，通过客观测验以外的行动、作品、表演、展示、操作、写作等更真实的表现来展示学生口头表达能力、文字表达能力、思维能力、创造能力、实践能力及学习成果与过程。项目化学习中的表现性评价不仅可以反映学生的学习收获，还可以有效促进学生思维的发展。所以，表现性评价应该运用到项目化学习的全过程。

二、表现性评价实施方案的设计

小学语文项目化学习表现性评价的实施方案设计应以培育学生的学科核心素养为学习目标，尝试综合运用跨学科知识和技能，促进学生的全面发展。

对于项目化学习表现性评价的设计应该从学习目标出发，设计基于真实情境的表现性任务，而后设定与目标任务一致的评价量规。因而，从一定意义上说，项目化学习的目标即评价目标。

本文以四年级下册“快乐读书吧”的项目化学习为例，依“确定表现性评价目标（核心素养导向）—布置表现性任务（符合真实语文情境）—建构评价量规（以目标任务为基础）”的要素流程进行简要阐述。

（一）确定基于核心素养的表现性评价目标

在本项目化学习中，表现性评价目标以语文素养培育为总目标，且在总目标的统御下，以“我的奇思妙想”为主题，围绕新课标提出的“能引导学生产生阅读科普作品的兴趣，自主规划阅读；能提出不理解的问题，并运用多种方法解决；能感受阅读科普作品的乐趣，乐于与大家分享课外阅读的成果”的教学目标，形成基于评价总目标的一、二级指标（见表1）。

表1 “我的奇思妙想”项目化学习表现性评价指标

核心素养	一级指标	二级指标
文化自信 语言运用 思维能力 审美创造	信息获取	阅读兴趣
		阅读习惯
		阅读方法
	信息传递	交流目的与对象
		交流方式
		交流内容
		交流效果

基于探究项目总目标，笔者设定了以下四个项目化学习表现性评价的具体目标：

1. 通过观察科普书籍的封面、目录，引导学生发现其中隐含的信息，初步了解整本书的大概内容及独特的写作形式，提升信息获取能力。

2. 小组合作共读一本书，通过品读精彩的章节、讲述有趣的故事等，引导学生发现作品内容与语言的有趣，巧妙渗透阅读方法，提高问题探究能力。

3. 举办科技阅读分享会。通过科普知识讲座、知识抢答等方式，引导学生进行阶段性交流，分享自己的阅读方法和阅读成果，有效提升信息传递能力。

4. 找一找生活中简单的科技原理，自主完成小发明，以小发明的绘画为基础，完成习作《我的奇思妙想》，并组织开展科学知识成果分享会。

（二）研制基于真实情境的表现性评价任务

评价任务的设计是为了检测项目化学习目标的达成度。为研制对标表现性评价目标的表现性任务，笔者设计了以下流程：

第一，分析学情，了解学生的认知基础、已有能力和在项目化学习中要经历的探究过程。四年级学生已有了一定的阅读量，有理解简单易懂的科普文的基本能力。在“快乐读书吧”中，对阅读提出了新的要求——能提出不理解的问题，并运用多种方法解决。这是对学生的考验，也为教师研制具有真实情境的表现性任务指引了方向。

第二，创设具有真实情境的表现性任务，从而提炼出驱动性问题，由此引导学生主动探究，自主解决问题。

该项目从科普书籍的阅读出发，引导学生找一找生活中简单的科技原理，自主完成小发明。笔者基于社会生活的真实情境，创设了驱动性问题：生活中，你遇到的不便之处是什么？由此，你最想利用高科技发明什么？它拥有什么样的功能？

笔者围绕驱动性问题设计了三个循序渐进的任务：指导科普书籍的阅读方法，激发学生的阅读兴趣；举办科技阅读分享会，共享阅读成果；将小发明的绘画落实到具体习作，开展科学知识成果分享会。每个任务都具有生活的真实性和情境化趣味，也对学生的综合学习能力提出了挑战。

（三）凸显评价量规与目标任务的逻辑性

评价量规的制定需要与表现性目标及任务保持逻辑一致性。据此，笔者梳理了两者的逻辑链条：确定评价维度→分解和落实表现性评价→合理制定不同水平的标准→根据学生的反馈情况不断修订、完善。所有的评价表都有三个共同的部分：要素、等级、评价标准。不难发现，评价维度的上位要素是评价目标，下位要素是评价任务，评价维度具有承上启下的作用。评价等级是不同评价维度所对应的表现水平，可以直接用文字表达，如优秀、良好、合格、不合格，也可以用星级数表示。

研制以"我的奇思妙想"为主题的项目化学习评价量表也是如此。先根据学习和评价的总目标（培育语文核心素养）列出项目化学习表现性评价指标（见表1），确定"信息获取"与"信息传递"两个评价维度；再结合"指导科普书籍阅读方法""举办科技阅读分享会""开展科学知识成果分享会"这三个任务，落实表现性评价目标；最后划分等级水平，结合不同水平学生的表现，以操作性强且清晰易懂的方式表示不同的水平标准，以此来判断学生探究项目目标的达成度，并引导他们在扬长避短中尽力实现项目探究目标。

三、表现性评价的实践运用

如何让语文核心素养的相关要求在表现性评价的实践与创新中顺利实现呢？除组织管理、激趣启智等举措外，评价量规的制定和运用不可或缺。众所周知，评价量规是对学生探究过程的全面监测与反馈，在整个项目探究过程中都应该贯穿评价量规这条明线，从而使教师能在学生完成阶段性任务的过程中及时给予检评和指导，让每个学生都能有条理地自主探究，并推动小组合作学习活动扎实地开展。

（一）入项阶段：组织前测，学生自评

以基于"我的奇思妙想"的项目化学习为例。项目开始前，教师应向学生展示完整的学习环节，并简介各环节的作用及学生需要完成的任务。然后，出示科普阅读表现性评价量表（表2），简单介绍该表的评价内容和评价标准，请学生对照自己的阅读水平完成自评。前测阶段的测试结果展现的是学生在项目化学习前的认知水平和能力，可以帮助他们对自己当下的水平有一个了解，便于制定适切的学习目标与计划，在项目化学习中能有的放矢、取长补短。

表2　科普阅读表现性评价量表

一级指标	二级指标	评价标准			自　评
		★★★	★★	★	
信息获取（实用性阅读）	阅读兴趣	喜欢阅读科普书籍，有阅读兴趣	愿意阅读科普书籍，对部分书籍有阅读兴趣	对阅读科普书籍兴趣不大	☆☆☆
	阅读习惯	阅读过程中勤用工具书，勤做批注	阅读过程中偶尔使用工具书，较少做批注	阅读过程中几乎不使用工具书，不做批注	☆☆☆
	阅读方法	默读有一定速度，运用猜题法、质疑法、浏览法阅读	默读有一定速度，较少运用猜题法、质疑法、浏览法阅读	默读速度慢，不运用猜题法、质疑法、浏览法阅读	☆☆☆

（二）实施阶段：把握节点，推动成长

项目化学习时间跨度较长，学习形式也较为丰富。为了更好地监控学生自学与小组合作学习的情况，在项目推进的过程中，教师需要把握合适的时间点对学生、小组进行多元评价，从而拨正学生的探究思路，提高学生的学习效能。

1. 小组合作品读科普书籍

在以“我的奇思妙想”为主题的项目化学习实施阶段，为了让学生能较好地把握书的主题思想和框架结构，笔者组织学生小组合作共读一本书，一起品读精彩章节，交流阅读方法，提高问题探究能力。

在小组交流前，笔者出示小组合作阅读表现性评价量表（表3），从“善倾听”“能回应”“愿合作”“会表达”“知自省”五个方面，引导学生对自己和他人在小组活动中的表现进行反思与评价。

表3　小组合作阅读表现性评价量表

评价标准	自　评	组内互评
善倾听：与他人交流时能认真倾听	☆☆☆	☆☆☆
能回应：对于他人的交流能说出自己的想法	☆☆☆	☆☆☆
愿合作：愿意配合组长安排，完成自己负责的阅读与交流工作	☆☆☆	☆☆☆

续 表

评价标准	自　评	组内互评
会表达：能在组内说清自己读到的精彩之处及运用的阅读方法	☆☆☆	☆☆☆
知自省：善于反思自己在表达过程中的小问题	☆☆☆	☆☆☆
总得星数：		

2. 举办科技阅读分享会

在小组共读科普作品之后，笔者举办了科技阅读分享会，让学生在小组内开展科普讲座，然后根据"科普讲解员"表现性评价量表（表4）进行自评、组内互评和师评，每组选出一名最佳讲解员进行班内展示，评选出"班级最佳科普讲解员"。

表4　"科普讲解员"表现性评价量表

一级指标	二级指标	评价标准	自　评	组内互评	师　评
信息传递（实用性表达）	吐字发音	声音响亮，吐词清晰，语言流畅，普通话标准	☆☆☆	☆☆☆	☆☆☆
	逻辑条理	科学知识讲解得清楚明白	☆☆☆	☆☆☆	☆☆☆
	讲解技巧	讲解得富有情趣，引人入胜	☆☆☆	☆☆☆	☆☆☆
	举止仪态	精神饱满，举止自然大方	☆☆☆	☆☆☆	☆☆☆
总得星数：					

（三）出项阶段：综合所学，分享成果

在出项阶段，学生已掌握一定的科技知识，此时，让他们找一找生活中简单的科技原理，初步完成创意小发明的绘画，并将画作落实到习作《我的奇思妙想》中，写清楚小发明的形状和外观两个方面，并结合画作和习作内容，交流自己的科学认知和绘写成果，开展专题成果分享会。

分享会后，学生担任小小评价员，借助习作《我的奇思妙想》表现性评价量表

（表5），评价他人的习作。互评完成后，学生根据他人的合理建议修改习作。

评价量表能引导学生反思意欲发明的东西的模样、功能等方面是否写清楚了，并根据评价标准，有针对性地修改习作，还能帮助学生养成乐于和他人分享习作的习惯。

表5　习作《我的奇思妙想》表现性评价量表

评价内容	评价标准			自评
	★★★	★★	★	
外观	能从大小、形状、材质、颜色等方面写清楚	有外观部分的介绍，但没有介绍清楚	外观介绍简单、不清晰	☆☆☆
功能	把三种以上功能介绍清楚了，并且有选择地重点介绍其中的一个或两个	有功能介绍，没有重点介绍	只有一种功能介绍	☆☆☆
语言逻辑	文章语言通顺，条理清楚，没有错别字	文章语言较为通顺，条理较为清楚，有个别错别字	语言不够清晰、通顺，错别字较多	☆☆☆

四、反思与改进

表现性评价常用于项目化学习。学生个体的学习状态和效能都可以从表现性评价中得到体现与检测。在项目化学习中，教师要与学生一起研制总分结合、纵贯横联的系列评价与量规，全程参与表现性评价量规的运用并提供指导。此外，教师还要特别关注表现性评价在实现项目学习目标、培育学生语文核心素养中的影响因素，并及时对学生加以肯定、激励、纠偏和指正。从总体上看，本次项目化学习较好地实现了预期的目标，有效培育了学生的语文核心素养。

本次项目化学习的表现性评价也存在一些值得反思和改进之处，应予重视。

（一）提升学生在评价量规中的参与度

现有的项目化学习的表现性评价主要是由教师拟定的，故而在实施评价前，教师应将评价量规的制定依据及评价标准等向学生做解读说明，让学生认同并理解评价量规的意义和使用须知。

学生只有深度参与评价量规的拟定，才能真正成为学习的主人，更好地体现表现性评价应有的功能。这样才能扎实地培养、发展学生的语文核心素养。

今后，应逐步地让更多学生参与评价量规的制定，并在项目化学习的过程中指导学生对表现性评价量规进行科学、有效的使用，鼓励他们充分地交流和讨论，并借助评价量规，对自己的学习水平及预期达到的学习水平有一个客观、准确的了解，以便更好地认识自我、提升自我。

（二）提升教师在评价量规运用中的把握度

在项目化学习中，评价量规的制定和应用至关重要，仅靠教师的一己之力难免会出现欠准、欠合理的偏差。因此，表现性评价量规的设计与运用，还需要教师间的专业合作。如在评价量规的设计阶段，除了组织学生积极参与外，还可以与其他教师交流、研讨，在思想碰撞中完善、优化评价量规的设计。此外，对于项目化学习的研讨课、展示课，应组织教师团队进行课堂观察和课后调研，通过对不同学生的差异性表现进行归因分析，及时修改评价量表。项目化学习结束后，教师之间也需要沟通交流、切磋研析，在总结成功经验的同时，及时提出改进意见。

参考文献

[1] 周文叶. 促进深度学习的表现性评价研究与实践[J]. 全球教育展望，2019(10): 85-95.

[2] 巴克教育研究所. 项目学习教师指南[M]. 任伟，译. 北京：教育科学出版社，2008.

小学语文项目化学习评价量表的制定与实施

——以部编版四年级下册第三单元综合性学习“轻叩诗歌大门”为例

上海市浦东新区东方小学　吴　师

【摘　要】项目化学习评价量表的应用贯穿项目化学习的始终。本文以部编版四年级下册第三单元综合性学习“轻叩诗歌大门”为例，以“与诗同行，润泽童心”为项目化学习主题，以评价量表的设计与实施为重点，就评价量表如何反馈学生在学习过程中的具体表现，如何促进学生多维能力的发展，如何优化语文项目化学习评价机制进行了实践探究。教师在开展项目化学习时，既要关注学生的学习过程，又要关注生成的项目成果，保障学生在有效完成项目任务的基础上实现项目化学习目标。

【关键词】小学语文　项目化学习　评价量表

在当今的教育领域，项目化学习已经逐渐成为一种受到广泛认可的教学方式和教学形态。“双新”（新课标、新教材）背景下的项目化学习，旨在培养学生的学科核心素养。而在整体实施过程中，评价是非常重要的环节。有效的评价可以帮助教师了解学生的学习情况，发现学生的问题和需求，并及时调整教学策略，改进教学行为，提高项目化学习的效果。项目化学习中的评价是多元且全方位的，它要求设计者以项目化学习目标为主线，同时运用过程性和总结性评价策略，既对学生在项目化学习中的物化或显性成果做出评价，也对学生在项目化学习过程中的态度、细节等做出评价。

本文以部编版四年级下册第三单元综合性学习“轻叩诗歌大门”为例，以“与诗同行，润泽童心”为项目化学习主题，以评价量表的设计与实施为重点，就评价量表如何反馈学生在学习过程中的具体表现、如何促进学生多维能力的发展、如何优化语文项目化学习评价机制进行了实践探究。

一、多层面制定项目化学习评价量表

项目化学习评价量表应遵循“探究目标—探究任务—探究细节”的逻辑关系，分层制定一、二级评价指标、评价内容和评价等第，构建较完整的评价量表。

（一）确立评价目标

项目化学习评价量表采用超前制定的教学设计，改变了传统教学设计中评价滞后的弊端。超前设计的项目化学习评价量表，即按照学习目标—评价表现—教学实施的思路，根据确立的学习目标同步设计评价量规和学习任务，为让学生在边“学”边“评”的双轨下开展项目化学习提供了必要的保障机制。因此，在设计“与诗同行，润泽童心”的项目化学习评价量表时，笔者从教材与学情分析着手，由单元整体到课时目标，梳理了本项目的学习目标，具体如下：

1. 通过互联网、课外阅读等多种途径，收集自己喜欢的现代诗歌，并对收集到的诗歌进行整理，培养学生整理资料的初步能力。

2. 在反复诵读、品味现代诗歌的过程中，初步了解现代诗歌的一些特点，加深对诗歌的理解和体验，提高对诗歌的鉴赏能力。通过仿写或创作小诗，表达自己的真情实感，培养创作能力。

3. 分工合作编撰小诗集，提高学生合作学习的能力。

（二）设计评价任务

确定好评价目标后，要利用项目任务推进学习活动的有序开展，并将相关评价融入学习活动。因此，项目化学习评价量表中的项目任务应紧紧围绕评价目标进行设计，教师要提醒学生在项目化任务中随时关注学习目标。笔者组织学生开展诗歌展示会时，设计了如下评价标准：

1. 能用恰当的语气、表情、体态正确流利地朗诵诗歌，读出诗歌的韵律，表达诗歌丰富的情感。

2. 参与班级诗歌朗诵比赛，能在同学面前自信从容地朗诵诗歌。

学生由此明确了在朗读展示时该注意什么。学生在自我初评、小组互评、教师点评中逐步完成了项目任务。

（三）制定评价量表

在项目化学习评价量表中，每个项目任务都有明确的评价标准。评价标准是对评价目标的分解与细化，要以具体项目任务为准则，制定相应的评价要点。项目化学习评价量表的评价内容既有指向知识技能的，也有指向能力培养及态度习惯的，旨在更好地实现项目化学习目标，培育学生的语文核心素养。笔者根据新课标中语文核心素养的四个维度设计了评价量表（见下表）。

“诗歌展示会”评价量表

评价指标		评价内容	等第评价			
			优秀	良好	合格	须努力
语言表达	朗读	能用恰当的语气、表情、体态正确流利地朗诵诗歌，读出诗歌的韵律，表达诗歌丰富的情感				
		参与班级诗歌朗诵比赛，能在同学面前自信从容地朗诵诗歌				
	创作	运用所学的技巧、方法，仿照示例创作形质兼美的短诗				
		以小组为单位交流自己创作的小诗，参与编撰小诗集				
思维品质	归纳	通过互联网搜索、阅读课外书籍等途径，收集自己喜欢的现代诗歌				
		在收集诗歌的过程中，按作者、主题等维度对收集到的诗歌进行初步整理分类				
	思考	综合比较诗歌的主题、结构、表达情感，完成思维导图				
审美鉴赏	阅读	通过对比阅读，进一步把握现代诗歌的特点				
		运用圈画、批注的方法大致理解诗歌的含义，体会诗歌的意境和情感				
		能讲述诗歌的大意，与同学交流自己的阅读感受				

续 表

评价指标		评价内容	等第评价			
			优秀	良好	合格	须努力
审美鉴赏	评价	能从语气、表情、体态等方面对自己与同学的朗诵进行评价，能从用词、结构、意境、情感等方面对自己与同学的诗歌创作进行评价				
		综合他人评价，修改自己与他人创作中明显的错误，提出修改建议				
文化传承	兴趣	初步了解现代诗歌的一些特点，了解诗人的创作背景，体会诗歌的情感				
		通过多种形式的诵读展现我国现代诗歌的文化魅力				
总体评价		过去的我认为，创作诗歌是……				
		现在的我认为，创作诗歌是……				

二、多环节实施项目化学习评价量表

项目化学习评价量表的应用贯穿项目化学习的始终。在实施前、实施中和实施后都有其相应作用，以确保项目顺利开展，为项目实施与改进提供及时的指导和支持。

（一）项目之初：制订计划

本次项目化学习开展前，笔者将项目化学习评价量表前置。一方面，让学生了解项目之初的学习内容和任务要求，为开启项目做好充分的准备；另一方面，通过完成前置的项目化学习评价量表，教师可以很好地掌握学生的学习起点，充分了解差异性学情，便于对后续的项目指导适当做出调整。

在项目准备阶段，笔者将项目化学习评价量表提前发给学生，引导他们对本次项目化学习的目标、要求、内容等有初步的了解，并根据个人喜好和学习能力做好任务分工，为后续顺利开展项目化学习做好铺垫。因而，在学生完成前置的项目化学习评价量表后，教师应基于此对班级总体情况进行分析研究，及时修正项目环节和任务，以更好地实现项目目标。

（二）项目之中：互评互学

在项目实施过程中，教师更要充分发挥项目化学习评价量表“学”与“评”的作用，让学生借助项目化学习评价量表开展团队合作，进行驱动性任务，并根据项目化学习评价量表中的相关标准和提示，在多元评价的反思改进中，逐步实现项目探究的目标。例如，在“制作诗集”的环节中，笔者并没有过多干预学生的学习活动，而是通过出示项目化学习评价量表，引导学生有序、有效地完成项目任务。

（三）项目之后：成果展示

在项目化学习接近尾声之际，评价量表更有着回顾、总结的作用。第一步，教师收集、汇总学生的项目化学习评价量表，为每个学生建立学评档案；第二步，教师对学生的项目化学习评价量表进行总评，清点学生在项目的每个阶段获得的星数，最终形成总体评价；第三步，在项目完成之后，教师挑选部分优秀的项目化学习评价量表在班级内展示。总之，教师可以通过汇总学生在整个项目化学习过程中所有的评价量表，对每个学生的学习过程做出客观、公正的评价，并根据评价量表对学生做出相应的激励性、总结性评价。可见，项目化学习评价量表不仅为学生的“学”与“评”提供了指导和保障，还使得学生的学习探究过程留下了清晰的痕迹。有的项目化学习评价量表需要学生自主填写，能让他们的阶段性学习成果各具特点、一目了然。在项目结束之际，教师可通过展评优秀的项目化学习评价量表来表彰学生的学习成果。

三、多维度用好项目化学习评价量表

项目化学习是一种深化课程改革的新型教学方式和教学形态，旨在培养学生以高阶思维为主的核心素养。为发挥好评价量表的应有作用，教师应从多个维度思考，使用好项目化学习评价量表。

（一）构建恰当评价，引领正向发展

项目目标的实现状况是否理想，离不开项目评价的引领。若项目评价成为项目的重要组成部分并能贯穿始终，且科学、恰切、可操作，学生就能够依据评价明晰现状，看到方向，继而朝目标不断发展。因此，作为项目规划者，教师必须树立评价的意识，全面规划项目评价。什么时候评价？采用什么样的方式评价？是否需要学生共同参与设计评价量表？如何做到既关注结果也落实过程？这一系列的问题思考

得越全面、设想得越细致,项目评价的效果就越可期。优秀的项目评价不仅是评判的手段,也是引领项目发展、促进项目生长的明灯。

(二)关注项目结果,优化实践过程

语文项目化学习具有情境性、复杂性与挑战性,不仅关注学生的最终作品,更关注作品形成的过程。表现性评价量规不仅指向行为表现的结果,而且指向行为表现的过程,能为语文项目化学习的成效检测提供依据。无论是教师还是学生,都可以通过评价量规及时了解学习表现。它既服务于教师的"教",更促进和改善学生的"学"。

(三)重视结果评价,更重过程评价

项目化学习评价的主要功能不是鉴别和判定,而是对学生的活动过程起正向引导作用。故而,教师应处理好过程性评价与结果性评价的关系。过程性评价量规根据团队协作中的不同角色设置不同的评价指标,注重发现每一个学生的优点和特长,并进行正向激励。本次项目评价侧重两点。其一,以鉴赏为重心的诗歌学习评价。在诗歌的阅读和欣赏过程中,要特别注意诗的审美有一个独特之处——模糊性。因此,在教学过程中,教师包容开放的过程性评价态度就显得异常重要。在学生鉴赏诗歌的过程中,要为他们提供支架,并鼓励他们表达感受。其二,以创作为重心的诗歌学习评价。教师要倡导学生联系自己真实的生活,借鉴、模仿所学诗歌的形式,采用通俗、质朴的语言,加上无限的想象来创作诗歌。结果性评价就要体现在各项任务的完成和整个项目的完成之中。

四、结语

在项目化学习中,评价量表要以项目目标为导向,以评价任务为驱动,以具体评价标准为准绳,能促进学评共融、相辅相成。教师在开展项目化学习时,既要关注学生的学习过程,又要关注生成的项目成果,保障学生在有效完成项目任务的基础上实现项目化学习目标。

参考文献

[1] 中华人民共和国教育部. 义务教育语文课程标准[M]. 2022年版. 北京:北京师范大学出版社,2022.

[2] 乔佳. 小学语文综合性学习评价量表的设计与应用——以"难忘的小学生活"项目学评单为例[J]. 当代教研论丛,2022,8(5):58-62.

基于学习任务群的跨学科项目化学习探究

——以《一起长大的玩具》整本书阅读为例

上海市浦东新区东方小学　苏逸洁

【摘　要】《义务教育语文课程标准（2022年版）》（以下简称“新课标”）立足于提升学生的语文素养，明确提出六大“学习任务群”。本文基于学习任务群中的跨学科学习，以二年级《一起长大的玩具》整本书阅读为例进行探究，让学生在系列探究活动中逐步掌握整本书阅读的基本方法，且在看、读、说、做、思的联动和及时跟进的评价中，较好地实现了预设的项目目标，既培育了学生的语文素养，也在思品价值观教育和审美创造方面让学生有所补益。

【关键词】学习任务群　跨学科学习　整本书阅读

一、项目背景

随着高科技的迅猛发展，现在的孩子自小就开始接触高科技产品，电子产品也占据着孩子们较多的课余生活，使他们渐渐脱离了自然、田野。他们对传统玩具的基本认知也在弱化，甚至已经不知该如何玩一些玩具了。

本项目以新课标为依据，以二年级下册语文教材第一单元“快乐读书吧”的教学重难点“学会看目录”为切入点，以《一起长大的玩具》整本书阅读为载体，以道德与法治课为价值观导向，以美术课为辅助，开展以语文为主干学科的跨学科项目学习。

二、项目设计

（一）项目目标

本项目需要实现的学科核心素养的目标如下：

1. 阅读能力：培养学生初步的独立阅读能力，能尝试运用多种阅读方法阅读整本书。

2. 表达能力：能与同伴分享自己在阅读中的感受，介绍自己阅读的作品。

3. 探究能力：记录在阅读中遇到的问题，能运用多种方式进行解决。

4. 思品价值观：能从整本书阅读中分享童年的乐趣，懂得生命成长的意义。

5. 审美创造能力：能从阅读中受到启发，利用生活中常用的材料制作自己喜欢的玩具。

（二）驱动性问题

在《一起长大的玩具》的启发下，我们能否利用日常生活中的废弃物品，设计并制作一款玩具？

（三）课时安排

4—5个课时，兼用学生部分课余时间。

三、项目实施

（一）入项活动

根据教学进度，在进行第一单元“快乐读书吧”的授课时，笔者先出示了《一起长大的玩具》的书籍封面，让学生观察并说一说最吸引自己的地方，意在引导学生关注封面上的插图、书名、作者、出版社、版本等。此时，笔者用多媒体放大封面上的插图，让学生交流看到了什么，又能推测出什么，引导学生用“我发现……”“我猜想/我推测……”的句式进行表达。再引导学生观察画面中人物的表情、动作，想象他们的所思所想及想表达的内容。这种猜测性阅读策略，能很好地激发学生的阅读兴趣，让他们有参与感并愿意思考，有利于培养他们的观察力、想象力和语言表达能力。同时，告诉学生阅读应先从封面开始。

接着，笔者让学生齐读书名，鼓励他们提出自己的疑问，比如“一起长大的玩具会有哪些呢？”“玩具为什么会长大？”“这些玩具现在还有吗？”……通过追问的方式，引发学生对书中内容的思考与猜测，培养良好的阅读习惯。

二年级下册“快乐读书吧”单元要求学生掌握“学会看目录”这一阅读方法。为了实现这一目标，笔者让学生翻到目录页，说一说自己最感兴趣的题目，看看这个故事在书本的第几页。由此让学生知道不同书本的目录结构是不一样的，也让学生学会了根据目录页码迅速找到对应的故事。

（二）探究阶段

1. 探究活动一：识读封面图案，掌握阅读常识

《一起长大的玩具》一书的封面，是孩子们在冰面上抽陀螺的图片。学生对陀螺这个传统玩具非常感兴趣，有的学生在课堂上积极交流自己玩过的陀螺，教师随即提出问题：你们抽陀螺的玩法是否和金波爷爷一致呢？然后，笔者播放课文录音，让学生带着这个问题去听。他们发现，金波爷爷的陀螺并不是买来的，而是自己制作的。笔者再引导学生找一找，看一看陀螺是如何制作的。学生找到"找一块木头，削成一寸多高，直径也一寸多的圆柱形，再把下端削尖，尖端安一粒滚珠，陀螺就算做成了。再做一根鞭子，就可以玩起来了"。接着，笔者让学生圈出描写制作陀螺的动词，体会制作玩具的乐趣。在学生了解了如何制作陀螺后，笔者继续提出问题：陀螺是怎么玩的呢？学生发现，金波爷爷的玩法与自己的玩法是不同的。此时，笔者趁热打铁，出示玩陀螺的视频，让学生感受并总结抽陀螺的技巧。

通过这样的语篇共读，学生知道了阅读的基本常识：先提取文本中的关键信息，再圈画动作描写。在条件允许的情况下让他们试着玩一玩游戏，能增加阅读兴趣。

2. 探究活动二：制订阅读计划，开展自主阅读

学生根据自己的学习情况，就《一起长大的玩具》一书制订阅读计划，开始阅读并做好相应的记录。在阅读过程中试着圈画出自己感兴趣的语句并摘抄。

3. 探究活动三：梳理整本书内容，开展朗读评价

当学生的阅读进程到一半时，笔者在课上出示填空练习"金波爷爷童年的玩具有______和______"，帮助他们梳理《一起长大的玩具》第一部分"童年的玩具"的内容。然后，让学生在小组内交流自己最感兴趣的玩具，并用句式"我最感兴趣的玩具是……因为……"说一说理由。

朗读是学习语言文字、驾驭语言文字、使用语言文字的重要手段，也是培养学生表达思想、发表见解的重要途径。因此，笔者举办了一场"朗读会"。通过朗读会上对优美词段的诵读、品悟，培养了学生的文字鉴赏能力，促进了他们的书面写作。学生在小组内朗读自己积累的美好句段，小组成员根据朗读评价表（表1）为朗读者进行评价。在此基础上，每组推选一位代表在班内朗读，最后根据评价表评选出"最佳朗读者"。

表1 朗读评价表

姓名：				
评价要素	**评价内容**	**自 评**	**他 评**	**师 评**
语言表达	普通话标准，吐字清楚、准确，语言生动，语气、语调富于变化	☆☆☆	☆☆☆	☆☆☆
神态神情	姿态、动作、表情能准确、形象地表达朗诵内容	☆☆☆	☆☆☆	☆☆☆
仪表形象	大方、自然、举止从容，精神饱满，态度亲切	☆☆☆	☆☆☆	☆☆☆
朗读效果	朗读有感染力，使人在优美的声音中得到美的享受	☆☆☆	☆☆☆	☆☆☆
声音	声音响亮、悦耳	☆☆☆	☆☆☆	☆☆☆
总评	□ 优秀　□ 良好　□ 合格　□ 继续加油			

之后，教师组织学生小组交流自己在阅读过程中遇到的困难，又是如何解决的。例如，有的学生说，当遇到一些不认识的字词时，他们会先圈出来跳过阅读，在读完故事后再查字典或是询问家长，为生字注音并记下它的意思。有的学生提出“读了一些标题后，并不清楚故事在讲什么”的困难，组内同伴提出了解决方法：可以先针对题目提出自己的疑问，再带着问题去阅读，进而在阅读过程中找到答案。通过这样的课堂教学，能帮助学生形成边阅读、边思考、边总结的习惯，使阅读能力更扎实。

4. 探究活动四：制作属于自己的玩具

在梳理完金波爷爷童年的玩具后，学生选择了书中自己最感兴趣的玩具，为它制作了一张“玩具名片”，从材料、玩法等方面进行介绍。

通过阅读《一起长大的玩具》一书，学生不难发现，金波爷爷童年的玩具与自己现在的玩具还是有很大差别的。结合二年级道德与法治第六课《传统游戏我会玩》的内容，笔者让学生了解了更多的传统游戏与玩具，在视频解读或规则讲解后，让学生进行试玩，感受游戏与玩具带来的乐趣，进而让学生思考：如何让传统游戏和玩具得以传承呢？是否可以换个玩法或利用我们身边的废弃材料自己动手制作一个新玩具呢？这又与美术课第二单元“我的玩具世界”产生了联系。在美术课上，学生已经试着利用小木棒、塑料、绳子和小珠子，动手制作了属于自己的“拨浪鼓”，感受到了自主动手制作的乐趣。因此，在读完《一起长大的玩具》后，学生也趁兴制作了属于自己的玩具，并录制了视频进行讲解。在及时跟进的评价中，学生先在小组内根据“玩具推介官”评价表（表2）进行投票选拔，再在班级内角逐，推选出“最佳推介官”。

表2 “玩具推介官”评价表

评价维度	评价标准			
	★★★	★★	★	
情感	能以推介者的身份清楚地介绍自己的玩具，主动参与口语表达	能介绍自己的玩具，比较清楚地以推介者的身份进行单独的口语表达	能介绍自己的玩具，小组推介者的身份不明显	☆☆☆
内容	能详细、生动、完整地介绍玩具的样子、制作过程及玩法，有表达的勇气和自信，态度自然、大方，有礼貌	能较为详细、生动、完整地介绍玩具的样子、制作过程及玩法，有表达的勇气和自信，态度较为自然、大方，有礼貌	能在教师的指导下介绍玩具的样子、制作过程及玩法，获得鼓励后可以上场表达	☆☆☆
过程	能结合玩和制作的生活故事进行有特色的讲述，能按照一定的顺序组织表达的内容，眼神注视听众，边说边做动作，让人更容易明白	有加上生活故事进行有特色的讲述的意识，能完整表达几个部分，知道语言表达要有顺序，讲述时用上肢体动作	和自己的生活没有联系，语言不够流畅，需要教师提醒，没有用上肢体动作，讲述不够生动	☆☆☆
策略	在表达遇到困难时，能主动解决问题，能独立完成推介任务，面对紧张情绪能自我克服，不影响表达	在表达遇到困难时，积极寻求帮助，力求表达清楚讲述的内容，推介时能在他人的帮助下克服紧张、焦虑等情绪	在表达困难时，需要他人提醒，讲述时紧张、焦虑，影响讲述的内容	☆☆☆

（三）出项

经过两周左右的时间，班级内大多数学生已经阅读完《一起长大的玩具》一书。

在广泛交流的基础上,笔者召开了整本书阅读总结会,归纳整理出基本的阅读方法:读封面获信息、读目录知结构、看标题猜内容、读故事找答案。为巩固成效,帮助学生进行阅读方法的迁移,笔者还布置了再读《纸牌国》《十二个月》《七色花》等故事的长期作业。

四、项目反思

(一)主要成效

本次跨学科项目化学习,较好实现了预设的五项目标,主要体现以下三个方面:

1. 培育了学生的语文素养。本次跨学科项目化学习过程始终紧扣预设目标和活动任务。识读封面和目录,激发了学生的阅读兴趣;开展精读指导与分享,使学生理解并学会了提炼书籍的关键信息;利用句式训练,提升了学生的口语交际能力。凡此种种,有效锻炼了学生的阅读、表达、探究能力。

2. 提升了学生的综合素养。本次跨学科项目化学习,融合了道德与法治课和美术课的相关内容。如思考怎样从金波爷爷的事例中,感悟传统游戏的意义。又如利用废弃材料制作玩具、思考其玩法等。这些探究活动不仅锻炼了学生的动手能力、创新思维和艺术表现力,还培养了他们的团队合作与沟通能力,使他们学会了相互尊重、协作分工,增强了集体荣誉感。

3. 培养了学生的自主学习能力。整本书阅读打破了传统阅读教学的孤立性、单一性,通过兼具趣味性和实践性的项目任务,不仅激发并保持了学生的阅读兴趣,更使学生在驱动性问题的引导下,主动探索,合作学习,自主发现,分析、解决阅读中的困难和疑惑,初步形成了自主学习的能力与习惯,包括如何有效地获取信息、分析信息和运用信息等,为后续的学习打下了坚实的基础。

(二)改进思考

在小结本次跨学科项目化学习主要成效的同时,笔者也进行了相应的改进思考,具体如下:

1. 细化项目目标与评价机制。在今后的项目设计中,应进一步明确和细化项目目标,形成总分结合的目标链,确保每一项活动都能紧密围绕核心教学目标展开。同时,要建立更加全面、客观的评价机制,不仅关注学生的最终成果,还要重视过程评价,包括学生的参与度、合作情况、创新思维等方面的表现。

2. 关注个体差异,实施差异化教学。学生在阅读兴趣、理解能力、动手能力等方

面存在差异。因此，在项目实施过程中应充分考虑这些差异，为不同认知水平和学习能力的学生提供个性化的指导与支持。通过差异化教学，尽可能使所有学生都能在项目化学习中获得成长和进步。

参考文献

[1] 中华人民共和国教育部. 义务教育语文课程标准[M]. 2022年版. 北京：北京师范大学出版社，2022.

[2] 郑逸男. 基于小学语文跨学科学习构建高效课堂[J]. 考试周刊，2023(44)：77-80.

[3] 吴思诗. 巧妙利用绘本开启阅读之门——小学低年级语文绘本阅读指导策略[J]. 天津教育，2022(11)：153-155.

小学语文智慧课堂建设的探索与思考

——以信息技术辅助语文教学为例

上海市浦东新区航城实验小学　谈嘉玲

【摘　要】伴随着信息科技的飞速进步和素质教育的深度推进，传统的小学语文教育方式已经无法满足现代小学生的需求。构建智慧课堂模式，已成为新时代教育的重要趋势。

【关键词】小学语文教育　智慧课堂

一、引言

随着信息科技的快速发展，教育领域对其的运用也越来越普遍。这种运用既赋予了教学新的活力，又提升了教学质量，同时也消除了许多传统教学方式所面临的难题，有利于培育学生的语文核心素养。在智慧课堂建设中，信息技术无疑是不可或缺的要素之一。所谓智慧课堂，是一种基于信息技术的教育创新模式，通过利用先进的数字化设备、软件和互联网资源，提供个性化、互动性强的教学环境和教学方式，为学生提供更加丰富多样的学习方式和资源，促进教育教学的全面智能化和个性化发展。

二、传统的小学语文教学中存在的问题

在传统的小学语文教学中，存在着一些问题，影响了小学语文教学的效能。问题一：课堂上的学习氛围比较沉闷，课堂教学模式比较单一。问题二：学生只能在教室里听讲，不能完整回顾上课的内容；如果因故不能去学校，且缺课稍多，就会跟不上学习进度。问题三：教师在讲授时很难兼顾听不懂的学生和“吃不饱”的学生。这些问题不仅会使学生缺乏语文学习的积极性，也会影响他们的学习质量。

三、注入教学活力，缓解语文教学中存在的问题

一直以来，语文教学多采取讲授法，枯燥的知识、传授单一的教学模式使得课堂教学效率不高。运用信息技术辅助语文教学，能够丰富课堂教学手段，改变知识的呈现方式，从而深化学生的认知和理解。统编版四年级语文教材与《蝙蝠和雷达》一文有关的课程的教育宗旨是通过阅读指导学生理解课文知识，理解科学家三次实验的历程，并发掘实验背后的奥秘，进而认识飞行器在夜间的航行和蝙蝠探路的原理之间的关系。在新课导入环节，为激发学生的兴趣，教师可以借助多媒体先展示蝙蝠的图片，并询问学生："你们认识它吗？了解它的哪些知识？"然后，借助多媒体展示雷达的图片，并询问学生同样的问题。再利用多媒体的动态播放功能同时展示蝙蝠和雷达的图像，并用一个连接号把它们连起来，并询问学生："同学们，蝙蝠是一种哺乳动物，而雷达则是人们发明的一种探测仪器。这两个事物之间似乎没有任何联系，但课文中的'和'字把它们连在了一起，你们知道为什么吗？你们知道它们之间究竟有什么联系吗？"通过如此新课导入，在充满探究氛围的学习情境之中，学生对接下来上《蝙蝠和雷达》一文的阅读课产生了迫切的希望。

教师要抓住语文学科的特征，在新课教学过程中充分利用信息技术，借助其多样化的表现手段和功能，创设各种利于学习的情景，赋予语文学习以乐趣、激情和探究欲。

又如三年级上册《手术台就是阵地》一课，对现在的学生来说，打仗离他们太遥远了，他们无法了解战争的惨烈和当时环境的险恶。因此，教师可以在课上播放战争的视频，引起学生的兴趣，让他们了解战时环境的恶劣和形势的紧张，引导他们"入境"学习。视频中炮弹、战斗机等的画面和声响，一下就把学生的兴趣激发起来，此时再播放"白求恩给伤员做手术"的视频更能使学生深刻地体会到白求恩极高的责任感和对同志极为热忱的情感。学生通过视频更容易代入情境，纷纷表示敬佩白求恩的精神。随后，教师再让他们进行角色扮演，表演当时的场景，不仅让他们的学习兴趣更浓，也能深化对课文主题思想的理解。

可见，利用多媒体技术进行情境模拟，能调动学生语文学习的兴趣。在尊重学生认知发展规律的前提下，教师可以通过多媒体技术进行学习情境的创设和模拟，调动学生的学习积极性，使得学生更轻松和高效地进行学习，最终促进学习效率的提高。这是信息技术在语文智慧课堂建设中的功效之一。

四、深入开发数字化资源，拓宽学生的语文视野

教材是教师教学的基础，但不应该成为教学的唯一内容。随着信息技术的发展，越来越多的优质资源以数字化的形式被分享在互联网上，实现了跨越时空的资源共享和经验传递。在这一背景下，构建智慧课堂就要求教师重视教学资源的开发和利用，特别是深入开发数字化资源，走出教材的限制，拓宽学生的视野，丰富服务学生的智慧课堂学习内容。如，在教学《蝙蝠和雷达》一文的相关知识时，教师可以提前搜集关于蝙蝠和雷达的资料，通过用多媒体课件出示一组图片、一段视频的方式，引入本课的学习主题。在一段几分钟的视频中，学生可以掌握更多的知识，了解蝙蝠和雷达之间的关系、科学家的故事、发明成果的应用、最新的科技动态等，可以打开学生的知识视野，辅助他们理解课文的内容和主旨。

在小学语文课本中，有不少以寓言、童话或者诗歌等形式展现的内容，而且可能存在课文内容离生活较远的情况，使得学生无法完全体会到课文想要展现的感情色彩。此外，仅凭教材中的知识内容，对于学生全方位身心健康发展的培养是远远不够的。生活中处处充满着语文，语文教育应植根于生活。深入开发数字化资源是语文教育的重要手段之一，一名优秀的语文教师不仅承担着将语文的学科知识倾囊传授给学生这一最基本的工作职责，更承担着以课堂为起点，让中华民族的传统美德、优秀的青少年时代精神、更多的真善美在学生心中萌芽的责任，这也是语文教育充满活力的体现。

教师可以收集各类具有教育意义的素材，比如时代名人、感人事迹、生活小事、新闻大事等，还可以挖掘新闻时政资源。语文是一个开放性的学科，除了包括语文教材的知识外，许多人物故事和社会事件也发人深省，是阅读理解、写作教育的素材。如当代社会发展中涌现出的英雄人物，他们的光荣事迹、优秀品格、语言作品等，都可以被开发为优秀的数字化资源并引入语文教学中，能启迪人心、振奋心灵，实现对学生人格的熏陶。

教师可以绘声绘色地向学生讲述一些名人故事，在学生心目中树立起榜样的力量。比如，达·芬奇画鸡蛋的故事让学生明白做好一件事离不开刻苦训练，且要精益求精；孔融让梨的故事让学生明白要懂得谦让；居里夫人钻心研究不受同伴打扰的故事让学生明白学习要一丝不苟、专心致志；宋濂借书、读书、还书的故事让学生明白做人要有守信的品格。诸如此类的小故事日积月累，就能让学生获得更加丰富、更加深层次的感悟，逐渐提升他们的涵养。

在新课标提出的语文核心素养中,“阅读理解能力”是要素之一。在教学中注重开发课外的阅读资源,在“大语文”背景下加强对学生阅读理解能力的培养,对学生语文素养的培育与发展具有重要意义。在课文学习结束之后,教师可以围绕同一体裁、同一作者、同一主题等,收集相关的阅读文章,开发群文阅读专题,引领学生在群文阅读过程中进一步积累知识、拓宽视野、提升能力,这同样离不开数字化教学资源的支持和优化。这是信息技术在语文智慧课堂建设中的功效之二。

五、结语

信息技术可以被运用并融入教学的每一个环节中,如课程导入部分、课程教学部分、课程结束部分及复习和课前预习部分。通过运用信息技术,可以增强学生对语文学习的兴趣。为了调动学生对语文学习的积极性,适当在教学过程中穿插一些有趣的元素是非常必要的,这可以帮助学生集中注意力、提高兴奋度。这些元素应当和教学内容相关,用于启发学生的思维,提高他们学习的效率。因此,教师需要灵活运用信息技术,在课程环节运用音频、视频、图像等素材,让学生对抽象的语言文字有直观的感受和理解,把它们变得生动活泼且有趣。学生学得开心,老师教得开心,这是信息技术在语文智慧课堂建设中的多功效体现。

为更好地发挥信息技术在语文智慧课堂建设中的辅助作用,教师要注意以下两点。其一,融合教学设计:教师应将信息技术与语文教学目标深度融合,设计符合学生认知规律和学习习惯的教学活动。要利用信息技术手段,如多媒体课件、在线资源等,使教学内容更加生动、直观,易于学生理解和接受。其二,拓展学习资源:教师应引导学生合理利用网络资源,如观看文学纪录片、阅读电子书籍等,拓宽学生的知识面,培养其自主学习能力。

综上所述,通过融合教学设计、拓展学习资源等措施,可以更好地发挥信息技术在语文智慧课堂建设中的辅助作用。

参考文献

[1] 刘莉.“慧”阅读　“智”语文——“互联网+”视域下小学生个性化阅读能力的提升[J].小学生作文辅导(上旬),2022(4):20-22.

[2] 谭馨祥.浅谈大数据时代的小学教育语文教学创新问题[J].课程教育研究:学法教法研究,2020(8):16.

[3] 韩依笑.电子白板在初中语文教学中的设计策略初探[J].明日,2019(6):120.

运用绘画思维培养小学生语文写作能力的实践探索

上海市浦东新区华林小学　李雅芬

【摘　要】本文依据跨学科主题学习活动要求，阐述了教师如何在语文写作教学时巧用绘画思维，从利用构图明确写作主题、设计造型突出写作对象、充实画面增加写作内容、渲染色彩增加写作亮点、关注布局丰富写作结构、图文结合积累写作素材这六个方面来提高学生的写作水平。

【关键词】跨学科　写作　绘画思维

《义务教育语文课程标准（2022年版）》（以下简称“新课标”）围绕发展学生核心素养，精选和设计了课程内容，设置了跨学科主题学习活动，占本学科总课时的10%，强化了学科间的相互关联，增强了课程的综合性和实践性。真实世界是没有明确学科划分的，因此，对真实世界的理解，往往也是跨学科的。在学科“切片”的内部，知识的确有着紧密的、有机的联系。揭示这些联系，有助于学生对学科知识建立理解。而在各个学科“切片”之间，不同学科的知识同样有着紧密的、有机的联系。揭示这些联系，让学科之间自然融合，同样有助于学生对学科知识建立理解。

新课标在课程总目标中提到，要引导学生积极观察、感知生活，发展联想和想象，激发创造潜能，丰富语言经验，培养语言直觉，提高语言表现力和创造力，提高形象思维能力。这是对学生写作能力的具体要求。写作训练一直是语文教学中的重难点，它能促进学生正确表达自己的情感，锻炼学生的语言表达能力和书写能力，提升学生的思维能力。写作是学生综合能力的体现，写作教学对培养学生的语文核心素养具有重要意义。

然而，在实际教学中，部分学生对写作兴趣不高，甚至害怕写作。这是因为灵活自如地运用所学进行表达，对小学生而言并不是一件轻松容易的事。小学语文教学与幼儿教学最大的不同，就是从主要以画面表达的形象思维教学转变成主要以文字表达的抽象思维教学，幼儿熟悉的具体生活和万物开始由抽象的文字来呈现。这个转变的过程并不容易，写作更是实现这个转变过程中最艰巨的任务。在实际写作教学过程中，教师会发现有些学生没有有效的方法去思考如何写作，选材、构思、描写、布局困难重重，阻碍着学生写作的热情。如何帮助小学生顺利实现写作能力的提升？笔者发现，将学生的绘画思维巧妙融入写作教学，是提高学生写作水平十分有效的方法。绘画和写作是相辅相成的，通过绘画可以提高写作能力。根据皮亚杰关于儿童认知发展的四个阶段理论，7—12岁的儿童处于具体运算阶段，单纯依据语言叙述进行一定的思维操作，他们就会感到困难。在写作之前，引导学生画一些自己熟悉的景物、人物、动物、植物和物品等图画有助于激发他们的形象思维与创造思维。为学生创设生动逼真、色彩鲜艳的写作情境，以及丰富的写作素材符合学生的心理发展。那么，教师该如何在教学中巧用绘画思维，提高学生的写作水平呢？笔者从以下六个方面运用绘画思维开展了培养小学生语文写作能力的实践探索。

一、利用构图明确写作主题

学生刚刚接触写作，语文教材也仅有短短几行文字告诉他们写作的要求。例如三年级第一学期的习作《我们眼中的缤纷世界》，题目给予学生宽泛的写作主题，书上的写作要求是“这段时间我们观察了不少身边的事物，有了许多新的发现。这次习作，就让我们把最近观察时印象最深的一种事物或一处场景写下来”。习作例文一篇是写小动物的《我家的小狗》，一篇是写水果的《我爱故乡的杨梅》，这一单元的课文也是一篇写景，一篇写物。这一单元的目标提到，生活中不缺少美，只是缺少发现美的眼睛，要求学生体会作者是怎样留心观察周围事物的，仔细观察，把观察所得写下来。学生拿到写作主题时，他们眼中的缤纷世界包罗万象，纷繁且杂乱，很多学生思考了半天也无法确定写作主题。面对这种情况，笔者给每个学生发了一张铅画纸，让他们闭上眼睛从脑海里找寻最近记忆深刻的画面，想一想画面中最吸引自己的是其中的小动物还是花草树木或是其他景物。渐渐地，学生脑海中有了画面，笔者再让他们在铅画纸上画出脑海中的画面。让学生绘画是为了更好地写作，要提高写作的技巧，就可以帮助学生有意识地构建画面。于是，笔者引导学生根据题材和主题思想的要求，把要表现的形象适当地组合起来，构成一个协调完整的画面。儿童在构图时通常会把画的主要部分安排在中心位置，以画面中心为作品核心，再依次向外展开。笔者根据儿童绘画时思维的特点，让学生在纸上先确定写作的主题对象，让它占据画作的中心位置，以此为中心，再依次向外展开。无论是贪吃好动的仓鼠、雪白可爱的小兔，还是风景优美的世纪公园、惊险刺激的峡谷漂流，只要在中心位置确定了绘画的主要对象，完成构图，那写作的主题也就明确而清晰了。在学生写作初期，笔者会依据学生绘画构图的思维模式，调整原先的写作教学策略，通过让他们在画作中心确定主要绘画对象，从而确定自己的写作主题。

二、设计造型突出写作对象

学生刚开始写作，习作中的主人公往往没有丝毫特点。例如三年级第一学期的习作《猜猜他（她）是谁》，要求写作时不能在文中出现他（她）的名字，但要让别人在读了文章后就能猜出写的是谁。笔者发现很多学生习作中的她都是长头发、大眼睛，毫无特点。于是，笔者调整原来的写作教学步骤，要求学生先画一画习作中的主人公，一定要把他（她）的特点用鲜艳的色彩和夸张的造型画出来。笔者引导学生抓住写作对象的特点来进行造型设计。比如，她最大的特点是喜欢扎两个冲天的马尾辫，就抓住这一点来设计造型：两根冲天的马尾辫总是随着小主人走路而一摇一摆，小主人还总爱每天在马尾辫上配上不同的发饰——今天夹一个鲜红的小草莓，明天戴一顶金黄的小草帽。小小的一个造型设计却让人物鲜明了起来。儿童画中的造型设计对完成绘画作品来说非常重要，造型设计的能力需要日积月累的经验沉淀，需要敏锐的观察力、丰富的创造力和想象力。引导学生对写作对象进行精心的造型设计有利于突出写作对象的特点。

面对写景的习作，学生经常会写不出景的美。笔者就依据学生在画景时脑海中产生的丰富想象力，让他们给景物做造型设计。例如，简单的桃花花瓣经过设计后可以变成一只只小蝴蝶，这样的造型，可以让写作时呈现的内容变成“一阵风吹过，无数粉红的桃花花瓣随风旋转飘落，如同无数只蝴蝶在空中飞舞”。又如，有学生把自己设计成太阳，在习作中写道：“我突然觉得自己仿佛就是太阳，披着火红的衣裳，在太空中照耀着大地。”儿童是最有想象力的，在他们心中没有太多固定思维的限制，正因为这样，天马行空的造型设计能反映出写作对象与众不同的姿态、特点，让美的形象在画作和文字间流淌转化。

三、充实画面增加写作内容

在日常写作教学中，笔者发现最大的问题就是学生觉得无话可写。面对眼前的作文本，学生有时会抓耳挠腮、绞尽脑汁，却无从下笔。例如三年级第一学期的习作

《那次玩得真高兴》，一说起玩，学生就兴奋起来，可一旦要他们把玩的过程写下来，顿时就没了兴致。于是，笔者再次把绘画的形式融入写作教学。笔者引导学生充实玩的画面：谁在玩？在哪里玩？怎么玩？周边的情景是怎样的？引导学生在画纸上增加内容，在有限的空间里增加具体鲜明的写作对象，充实画面。画面越充实，写作的内容就越丰富。笔者要求他们画作的画面内容要饱满丰富，也就是画面中的客观主体对象并非单一的存在，可以通过多个、多种、多样的形式，对画面进行充实。比如，画鼻子时，可以增加鼻子出现在画面各处的效果图，学生最终描绘出“小明像喝醉了酒似的，一路似乎被一根绳子牵引着，竟径直走向了黑板右侧，最终把鼻子画在了大脸之外，实在是让人大跌眼镜”“那鼻子在小红犹豫不决后，最终挂在了耳朵下，像极了一个鼻子耳环”“小花被同学的起哄声搅得心烦意乱，一会儿摸索到了眉毛，一会儿调整到了嘴巴，最终定格在了眼睛上，鼻子长在了眼睛上，真是惨不忍睹呀”，形象全面铺开，营造出丰富饱满的画面感，使情感得以传递。学生在绘画过程中，兴趣逐渐被激发。笔者还引导学生在画面中的人物旁加上语言文字，如同漫画创作，这样能帮助学生学会在习作中增加对人物语言的描写。有的学生使画面人物与环境完美融合，在习作中充分体现了绘画与写作的水乳交融。该生写的内容是和父母去浙西大峡谷游玩，习作中既有“这里四面环山，漫山遍野的青松，像一片绿色的海洋。峡谷里奇石遍地，溪水潺潺”这样的美景描写，也提到父母光顾着交谈而忽略了孩子的存在。接着叙述自己和伙伴在溪水里打水仗打得不可开交的情景，可突然话锋一转，又描绘起打水仗时发现的红色斑纹小鱼。最后讲述自己抓鱼不成反倒变落汤鸡的趣事。一篇记事习作，在学生善于运用绘画技巧，充实画面的基础上，让写作内容有了多种角度、多种对象的灵活切换，情景交融，既饱满丰富，又灵动鲜活。

四、渲染色彩增加写作亮点

学生的习作缺少亮点也是普遍存在的问题。色彩在儿童画创作中发挥着举足轻重的作用，画面的色彩带有创作者的主观性和独特性，绘画者可以通过色彩表达自己丰富的情感世界。写作如同绘画，在描写重点对象时渲染色彩，可以给习作增加一抹亮色。那么，作文的哪个地方可以进行重点描写呢？笔者依据学生绘画时运用色彩的手法，引导他们在习作时增加亮点。例如，描写小区的花朵时，画面中色彩绚丽的花色促使学生在习作中描绘道：“小区里的花朵是五颜六色的，有天空般的淡蓝色，有太阳般的金黄色，有云朵般的纯白色。”又如，学生的作品中有对银杏叶的美化，美化后的习作这样描写道：“银杏树有扇形的叶子，当秋天来临时，叶子变成金黄色，细长的枝条长满了金色的叶子，就像穿了一件金色的衣裳。”这样如画般色彩的描写，可以增加写作的亮点。当然，在写作教学中，笔者也告诉学生渲染色彩时不能通篇采用，应选择合适的对象进行颜色描写，才能使其成为习作的亮点，否则通篇的浓墨重彩反而会让习作失去趣味。同时，笔者根据学生绘画时的思维特点加以引申，告诉他们色彩的渲染也可以是情感上的。如果写作的主题内容是愉悦的，那画面中哪些对象的动作和神态能凸显愉悦，就可以对其着重描写，甚至可以为人物添加适当的语言文字来充分烘托愉悦的主题；反之，对于悲伤的主题，也能从画中人物的身上捕捉到蛛丝马迹。除此之外，画作可以用色彩、环境等来烘托情感色彩，写作当然也可以通过描写这些来衬托习作的主色调，就如一些作者常常用“天阴沉沉的”来预示一件不顺利、不愉快的事即将发生，这样的真实色彩或情感色彩的渲染都能为习作增添一抹亮色。

五、关注布局丰富写作结构

学生写作时，写作结构的把握同样是个难题，他们的习作通常没有结构或结构单一。学生在绘画时会先进行构图，绘画构图一般是指画面中整体的大框架，一般都是把主体放在中心位置，次体放在周围，背景在主体后面，这是精心设计、有意为之的，旨在借此更有效地表达绘画者的思想情感。但深入研究绘画的布局会发现，绘画的布局方法多种多样：满天星分散式布局、排列式布局、线路图式布局、交叉布局……笔者依据学生绘画布局时的思维，引导学生转化成写作技巧，让学生构思画面布局，以此促进写作结构的渗透。如，画面中加入一首古诗作为点缀就可以实现习作结构的变化，使其不以传统的时间、地点、人物、事情作为开头，而是以一首古诗“水光潋滟晴方好，山色空蒙雨亦奇。欲把西湖比西子，淡妆浓抹总相宜”把读者引入西湖的美景之中。又如，有学生利用画面对比的布局，呈现了一篇对照式结构的习作，一段描述一个小朋友乱扔香蕉皮的情景，一段描述一个小朋友捡起香蕉皮并把它扔进垃圾桶的情景，前后进行比较，让习作的中心思想得到更鲜明的表达。教师采用绘画布局手法教学习作结构，能更好地让学生掌握并在习作时进行运用。另外，教师可以利用绘画时先把事情的结果呈现出来的方式，让学生理解倒叙的写作手法，即让画面先呈现事情的结果，再倒过来把故事叙述清楚。学生通过画面能直观地感受到这种写作结构的魅力。插叙也是如此，教师讲解画中画的绘画思维，指导学生在画面合适的地方插入一幅小插图，把故事的来龙去脉呈现得更清楚。这样有冲击力的画面能激发学生对构思写作结构产生兴趣，使得他们在写作时有意识、有方法地构建自己的写作结构，让习作更吸引读者。教师帮助学生融合绘画思维，能打破传统的写作结构教学，突破学生经常采用的“先概括，后具体，再概括”的总—分—总结构。学生利用绘画多变的布局手法，形象生动地让习作的结构丰富起来。打破原有的结构框架，能让学生更自由地在白纸上创作，实现习作结构的突破，使之更加丰富。

六、图文结合积累写作素材

在日常习作教学中，笔者发现无论采用何种手段进行写作教学，最终只能为学生撑起框架。要让学生做到行云流水、妙笔生花，没有平时的积累，是不可能做到的。如何在平时提升学生积累写作素材、锻炼写作技巧的兴趣？图文结合是有效的手段。笔者利用学生对绘画的兴趣，让他们在摘抄和仿写好词好句时，注重分类，图文结合，颇具成效。例如，学生在摘抄冬天打雪仗的好词好句时，可以配上一幅孩子在冰天雪地里尽情玩耍的图片，或手绘一个自己脑海中的小雪人，令自己仿佛置身于那白茫茫的冰雪世界，这样既可以提高学生摘抄仿写的兴趣，也可以帮助学生理解图片与文字之间转换的技巧规律。分类也是很重要的，大河山川、花鸟鱼虫、喜怒哀乐、酸甜苦辣……让学生在对摘抄的好词好句进行分类时配上一幅生动的插图，可以使他们感受到积累的快乐。所谓润物细无声，学生写作水平的提高就在每天指尖的写写画画中得以实现。

七、结语

在重视培养学生核心素养的当下，要关注学生的思维，站在他们的角度调整写作教学方法，找到各相关学科之间的有机联系，从学科底层逻辑、学科核心观念层次将各学科知识无缝融合。这样的跨学科融合，不仅能增强学生核心素养中的“学科实践力”，也能大幅增强学生的“学科理解力”。教师通过将绘画思维与写作技巧融合，为学生学习写作提供有力的支架，其重要性不言而喻。愿每个学生都能爱上写作，富有创造力，写出鲜活而灵动的习作。

参考文献

［1］中华人民共和国教育部．义务教育语文课程标准［M］．2022年版．北京：北京师范大学出版社，2022.

［2］让・皮亚杰．儿童的道德判断［M］．傅统先，陆有铨，译．济南：山东教育出版社，1984.

小学语文教学中开展小组合作学习的探索

上海市浦东新区晨阳小学　胡婉芸

【摘　要】在小学语文教学中，教师根据不同的学习任务在课堂内外开展小组合作学习，借助讨论、表演、质疑、竞赛、课外实践、课外阅读、项目化学习等多形式的学习活动，能有效发挥团体的力量，提高学生的学习兴趣，有利于开展评价。学生在小组合作学习中灵活运用知识解决问题，取长补短，互相激励，可以促进学习的高效开展和持续推进。

【关键词】小学语文教学　小组合作学习

一、课题释义和准备

小组合作学习是项目化学习中有效的组织形式，有其不可替代的优越性。开展小组合作学习，就是系统利用教学中动态因素之间的互动，促进学生的学习，以团队成绩为评价标准，共同实现项目化学习目标的教学活动。

根据学生的身心特点和认识规律，用驱动性问题牵引项目成果，适当地运用组间同质、组内异质的小组合作形式使学生在课堂教学活动中得以充分合作和互助，不仅能提高他们的主动性和学习成绩，还能促进他们的社会适应能力、合作意识、技能的提高，以及健康个性的养成和积极情感的发展。

那么，该怎样在项目化学习中有效开展小组合作学习呢？教师要先充分调查学生的基本情况，根据性别、学习能力、心理素质、身体素质、爱好特长等方面把学生分成5～6组，每组6人左右。尽量把相同特点的学生分散在各组，让小组成员在合作中相互激发，实现思维和智慧的碰撞，彼此受益、各展所长，进一步提高素质、培养性格。教师还可以为小组成员间的合作创造条件，如座位、值日组、课外活动的安排，

以更好地让他们交流学习。

二、组织形式

（一）小组讨论，解答问题

传统课堂教学中，往往是教师提问学生回答，学生之间的交流机会少，表达机会少。但在小组合作学习中，同伴间可以互相补充或提示，给了学生更多思考和表达的机会，学生拥有了更多学习的主动性。例如，在教学《飞向蓝天的恐龙》一课时，笔者设计了几个问题让学生小组讨论思考：为什么课题是“飞向蓝天的恐龙”而不是“飞向蓝天的鸟类”？科学家提出的“鸟类不仅和恐龙有亲缘关系，而且很可能就是一种小型恐龙的后裔”这一假说是怎么被证实的？恐龙是怎么演化成鸟类的？小组成员围绕问题开展讨论，在合作中互相补充，发表不同的观点，不同的观点形成了思想的碰撞，让学生的思路更加开阔，自我意识得到了自由发挥，学习主动性得到了体现。

（二）小组合作表演

有关儿童心理学的研究告诉我们：要提高和利用儿童的无意识记忆，尽可能适当利用情绪记忆和具体形象记忆的材料。很多研究材料也证明：积极的情绪体验与鲜明的具体形象对识记数量、速度和持久性有巨大影响。根据这一经验，笔者在教学中充分运用课本材料，鼓励学生表演课文中的内容，加深对课文的理解。例如，在教学《黄继光》一课时，为了让学生真切体会黄继光的英勇无畏、视死如归的精神，笔者让学生小组合作演一演黄继光最后二十米是怎么艰难前进的，是怎么顽强站起来的（举起手雷，倒下，又站起来，最后用胸膛堵住枪口）。因为是小组合作，所以每一个小组的每一位成员都可以参与其中，有的作为导演，有的出点子，有的做旁白，有的做群众演员。学生的积极性非常高，课堂气氛热烈，通过表演，他们对革命英雄的爱国、英勇无畏的精神加深了认识。

在教学《冀中的地道战》一课时，为了让学生体会冀中人民的智慧和勇敢，笔者结合文中的句子“人在地道里怎么能了解地面上的情况呢？民兵指挥部派出一些人分布在各处，发现了敌情就吆喝起来，一个接一个，一直传到指挥部里。老百姓管这种吆喝叫‘无线电’”，让学生小组合作，开动脑筋想一想：当时的民兵是怎么传信号的？会传什么信号？学生在小组合作过程中兴致很高，动脑筋、想办法，智慧的火花一个个闪现。他们明白了行动和传信号时不能暴露目标，体会到了冀中民兵的智慧和胆识。表演提高了学生的语言表达能力和肢体表现能力，他们对学习的兴趣也得到了进一步的提升。

（三）运用质疑法学习

例如，在古诗教学中，笔者引导学生采用质疑法理解古诗中的字、词、句。学生先组内讨论提出的疑问，如还不能解答，则寻求教师的回答。然后，笔者再向学生提出疑问，学生先独立思考，若不能独立完成再进行合作讨论。这样的古诗课堂没有了以往灌输法教学的死气沉沉，而是充满了你争我辩，气氛热烈，学生学习兴趣大了，知识掌握实了。教学其他课文时，也可采用这样的“质疑+小组讨论”的方法。例如，在教学冰心的“短诗三首”一课时，笔者在学生课前预习的基础上，组织他们采用小组讨论的方法学习课文，小组之间互相质疑，再讨论交流问题。有的小组问：“这些事是什么事？”有的小组问：“为什么每一首诗都叫‘繁星’？”有的小组问：“为什么这些事是永不磨灭的？心中的风雨是什么？”……在质疑和讨论中，学生对文章进行了深入思考，感受到了作者对母亲的深深眷恋和对大海的热爱。这种教学方法有益于提高学生的质疑能力，学生在学习过程中积极思考，自我感悟，兴趣很高。

（四）小组竞赛

小组竞赛的形式对学生来说是受欢迎的。即使在盛夏高温的日子里，一听说要开展学习竞赛，学生的精神就会为之一振，忘了炎热、忘记疲劳，全身心地投入到竞赛之中。小组竞赛内容与教学内容有关，竞赛可以定时间而不定任务，也可以定任务而不定时间。在教学四年级第二学期的诗歌单元后，笔者在项目化学习中开展了摘抄名家诗歌的比赛，比一比哪个小组找的诗歌多，字写得端正、整体美观。学生在摘抄的时候可以进行一些美化。通过竞赛，学生学习的积极性提高了，为集体争光的意识增强了，对诗歌的眼界拓宽了，审美能力提升了。

（五）课外实践活动

蒙台梭利说过：“我听过了，我就忘了；我看见了，我就记得了；我做过了，我就理解了。”可见课外实践活动对于掌握知识的作用。例如，在诗歌项目化学习中，笔者组织了一场班级诗歌朗诵比赛，让学生以小组为单位表演，每个小组都要分配任务（见表1），即找内容、选择音乐、编排朗诵表演、选择服装等。学生在班级中开展比赛，最后进行评奖。学生在表演中充分发挥了各方面的才能，彼此互相学习、互相促进,取长补短,共同提高。不过,并不是成立了学习小组,让学生进行合作就能达到预期效果,笔者对他们之间的合作学习也进行了一定的指导,以此来提高效率。通过活动,学生各方面的能力提升了,学习积极性更高了。

表1 诗歌朗诵比赛分工

场地	
内容选择	
编排	
音乐	
服装	
道具	

(六)课外阅读活动

课外阅读对于提高课堂效率有举足轻重的作用。但是,有些学生的自觉性差,往往坚持不下去。而合作学习能有效提高学生的学习兴趣和学习效率。教师可以组织学生一起读课文、一起查字典、一起上网查资料、一起看课外书,还可以开展阅读比赛,学生遇到问题时可以互相讨论。例如,在教学了老舍的《猫》《母鸡》和丰子恺的《白鹅》后,笔者鼓励学生以小组为单位开展阅读名家文章的活动,完成课外阅读交流表(表2),并在小组内交流阅读体会。

表2 课外阅读交流表

书名______ 作者______ 出版社______					
章节	主要人物	主要内容	感想	好句分享	其他

(七)项目化学习

项目化学习是以驱动性问题(任务)牵引项目成果为导向,拓展了教材中的相关学习内容,进一步优化了学与教的过程的教学方式。它让学生自主探索、自主发现、自主创新，以开放型学习活动为主要形式让学生主动地获取知识，应用知识解决问题，得到能力的发展。教师可以让学生开展小组合作，根据学习内容、要求的不同，采取查资料、钻研资料、社会调查、现场观察、实验操作、体验学习、走访专家、开展问题讲座等方法收集信息。这样的学习方式能激发学生的探究意愿及兴趣，逐步培养合作精神。例如，笔者开展了“讲革命英雄故事，传承革命精神”“祖国壮美河山小导游”“轻叩诗歌的大门”等项目化活动，学生在合作中充分运用创造力和想象力，在广阔的思维空间进行发散性思维活动，不断提出创新的观点。又如，在四年级第二学期第四单元的教学中，笔者开展了“动物是人类的朋友”项目化学习，设计了学习任务单（表3），让学生在小组内开展合作。

表3 “动物是人类的朋友”项目化学习任务单

任务名称	具体内容	课时
抓住关键词体会动物特点	小组比赛：有感情地朗读课文中你所喜欢的语段	1
	小组讨论：抓住关键词体会动物的性格特点	1
体会写作方法和修辞手法	小组研究：连接词、语气词、列举事例等写作方法在文中的作用；对比、打比方、夸张等修辞手法在表达中的作用	1
用所学的写作方法写喜欢的小动物，写出小动物特点	小组交流：通过细心观察动物的特点，用学过的方法来介绍自己喜欢的动物的特点	2
	小组自评和互评：评选“描写动物创作小作家”	1

对于一些项目化学习任务，学习小组可以一起上网查找资料，可以一起借阅图书，可以一起讨论问题，也可以先分工合作，再集中交流。这样不仅提高了学生学习的效率，而且培养了他们的学习能力。

活动之后，教师组织学生根据评价量表（表4）进行自评、组内互评和师评。小组成员在活动期间一起学习、一起活动，对彼此非常了解。因此，在小组成员之间开展互评，既能对他们的学习过程和学习结果做出真实、客观的评价，也可以起到互相监督的作用。在小组内，组长能起到一定的管理作用，管理细化到个人，可以随时向教师反映遇到的问题，有利于教师了解每一个学生的情况，进行个别指导。

表4 “动物是人类的朋友”项目化学习评价量表

评价维度	评价标准			评价等级		
	A	B	C	自评	小组互评	师评
文化自信	深刻体会作家在描写动物时运用的巧妙写法。对中国优美丰富的语言产生了强烈的自豪感和想要学习的强烈愿望	初步体会作家在描写动物时运用的巧妙写法。对中国优美丰富的语言产生了一定的自豪感和想要学习的愿望	不能体会作家在描写动物时运用的巧妙写法。没有对中国优美丰富的语言产生自豪感和想要学习的愿望			
语言运用	能找出3句以上关键的句子来说出作家用了什么写作方法写出了小动物的什么特点	能找出1～3句关键的句子来说出作家用了什么写作方法写出了小动物的什么特点	不能找出关键的句子来说出作家用了什么写作方法写出了小动物的什么特点			
思维能力	能通过对比说出本单元几篇课文写作方法的异同	能通过对比简单地说出本单元几篇课文写作方法的异同	不能通过对比说出本单元几篇课文写作方法的异同			
审美创造	能用学过的多种方法形象生动地写出小动物的特点	能用学过的方法简单地写出小动物的特点，不够形象生动	不能用学过的方法写出小动物的特点，语言不形象生动			

三、优点和注意事项

（一）优点

小组合作学习体现了教学活动中各种动态因素的多边互助，不仅包含教师与学生之间的双边互动，还涉及教师与学生小组的双向互动、学生之间的多向互动等交流形式，尤其是生生互动占据了课堂教学的重要地位。

小组合作学习有利于学生学习动机的激发和增强。小组合作把全班划分成若干小组，每个小组中的每位成员都要竭尽所能才能帮助小组在学习活动中取得成功。这使得每个学生都树立了"休戚相关""荣辱与共"的集体中心意识，增强了学生为捍卫集体荣誉而学习的强烈动机。

小组合作学习把学生由传统教学中单纯的旁观者、消费者转变成积极的参与者。小组成员在学习过程中把知识、技能分享给组内的其他成员，做到了"人人教我，我教人人"。

小组合作学习有利于促进学生的社会性发展和健康个性的养成。人的心理是在人的活动中，尤其是在人与人之间的合作交流中成长起来的。小组合作学习为成员之间的合作提供了机会。

（二）注意事项

小组合作学习的课堂气氛较难控制，有时会产生看似热闹、实则混乱的局面，这就需要组长起到带头作用。不仅如此，并非所有的教学内容都适宜用小组合作的方式进行，比如知识密集的内容更需要教师的精讲。教师应有意识地将集体教学和合作教学有机结合，在教师精讲的基础上，使学生充分合作，从而取得理想的教学效果。此外，学生的自主活动能力相对较弱，一些有难度的活动离不开教师的指导。

参考文献

[1] 孙立新. 小组合作学习指导策略[M]. 北京：世界知识出版社，2017.

数
学
篇

融合式跨学科实践，让“量感”自然生长

上海市浦东新区晨阳小学　张　丽

【摘　要】“量感”这一概念的形成，是对物质外在属性的感受与体验的过程。本文呈现了基于“体积”这一属性，以跨学科融合为背景，设计并组织的“测量体积”跨学科活动，以深度实践为纵，以学科共生为横，通过综合性实践体验，推动学生量感的自然生长。

【关键词】量感　融合　跨学科实践活动　小组合作

《义务教育数学课程标准（2022年版）》（以下简称“新课标”）指出：量感主要是对事物的可测量属性及大小关系的直观感知。量感作为新课标新增的一个核心素养表现，引起了广泛的关注。做好量感教学，对培养学生的量感意识具有重要意义。融合式跨学科实践就是这样一把开启“量感之门”的钥匙，小组合作则是照亮跨学科实践道路的一盏明灯。

一、缘起——一个故事“惹”教学困惑，迷失教育方向

在教学五年级“体积”一课时，笔者对学生讲述了一个故事：“你们都知道曹冲称象的故事。其实在古代的欧洲，还有一个类似的故事，就是阿基米德测量王冠。有一位国王，很想知道自己的王冠有多大体积。但王冠是不规则的物体，很难直接测量。他就找来了阿基米德，说：‘都说你是我国最聪明的人，给你三天时间，想办法测出我的王冠的体积吧。’阿基米德想啊想，想了两天也没有想到办法。如果是你们，会怎么办呢？”当笔者提出这个问题后，学生纷纷面露难色。原本笔者认为这是个有趣的问题，结果却变成了“自问自答”。于是，笔者陷入了反思：明明他们已经学过“乌鸦喝水”“曹冲称象”等故事，怎么就想不出测量不规则物体体积的办

法呢?

二、追溯——一种现象“致”学思分离,融合指引方向

课后,笔者进行了深度思考。《论语》中说过,“不愤不启,不悱不发”。可如今学生“学而不思,思而不学”的情况并不是偶然现象。究其原因,是因为传统的讲授式教学会让学生处于被动状态,课堂经常被教师“独白式的表演”所占据,打压了学生的积极性。

(一)缺乏跨学科意识的渗透

“空间”“体积”等概念对五年级学生来说是十分抽象的。但是,用量具测量物体和自然学科是息息相关的,学生有这方面的学习经验,激活学生的这一经验,让“体积”这一新知,建构在跨学科意识之上,显得尤为重要。但在备课时,教师往往只关注自己所教学科的知识点,而没有从整个知识构建的角度去考虑。这可能导致知识点的碎片化,学生难以形成系统的知识体系。

(二)缺乏小组合作意识的培养

“独学而无友,则孤陋而寡闻。”合作学习是新课标所倡导的重要学习方式。然而,在实际的执行情况中,“教师讲,学生听”的教学模式往往被“学优生讲,学困生听”所取代,导致双方之间没有足够的沟通和互动,从而无法实现预期的教育目标。小组合作学习仅流于形式。

基于以上两种现象,笔者想到了学校一直倡导的“融合式跨学科实践”。融合式跨学科实践围绕一个明确的、跨学科的主题展开,能激发学生的学习兴趣和探究欲望。而量感作为一种主观感受,其形成与学生认知水平、学习经验、个体差异等多方面因素相关,它是学生通过不断对多种感官获得的信息进行综合加工而逐渐形成的。因此,在培养量感的过程中,教师需要充分关注学生的经验体验,通过多种方式强化其量感认识,并让他们通过实践活动获取相关信息,形成相应的判断。

三、探寻——一项融合“建”初步构思,把握整体方向

在进行跨学科实践前,先要建立一支多学科的协作团队。考虑到本次实践活动涉及的学科,笔者邀请了自然老师、信息老师一起加入。此外,学校也需要提供必要的资源和支持,如实验室设备、项目材料、教师指导等,以确保融合式跨学科实践的

顺利实施。

（一）涉及学科目标确立

为了更好地实施跨学科的实践，教师应该拥有丰富的知识和技能，以帮助学生从多个视角深入思考问题，并将其融入课堂中。笔者在确立了数学主要相关的知识点是五年级第二学期“几何小实践”这一单元的内容、自然学科涉及的是四年级第二学期“沉与浮”的内容、信息科技涉及的是第一册“奇妙的网络世界”和“网上寻宝”的相关内容后，再根据新课标确立了各学科的学科目标。

（二）问题解决框架

融合式跨学科实践还需要教师具备项目设计和管理的能力，能够设计出具有挑战性和真实性的项目任务，并引导学生进行实践探究。

1. 本质问题：如何通过对物体体积的测量建立量感？

2. 驱动性问题：在日常生活中，购买行李箱、定制家具、做实验等都需要测量体积，且大多是不规则物体。那么，生活中有哪些常见的难以测量体积的物体？如何利用科学的方法测量生活中的不规则物体的体积？怎样利用测量体积的方法解释生活中的数学现象？

不同学科的知识与技能被整合到主题中，形成一个相互关联、相互支撑的知识体系。通过结合不同领域的专业知识与实践经验，学生可以更好地掌握并灵活地使用所获得的信息，进一步提升自身的思维水平。

四、实践——一次小组合作“唱”主旋律，深化融合体验

融合式跨学科实践强调团队合作和协作学习。学生需要组成小组，共同完成项目任务，通过交流与合作来解决问题，这可以培养他们的团队合作能力和沟通能力。在跨学科实践前，笔者将班级学生平均分配到几个小组，一个小组就是一个共同发展体，这是实施融合式跨学科实践的前提。

（一）信息科技寻宝之触摸量感：“寻”不规则物体，“论”分类依据，“提”实验猜想

学生按照小组分别在家找到了一些不规则物体作为实验的测量物体。在找到这些不规则物体后，信息科技老师组织学生到学校电脑房进行资料查阅，并完成实

验设计图的初稿。

在此过程中，学生利用搜索引擎展现出了令人惊叹的探索精神和创新能力。他们不仅找到了各种不同的测量不规则物体体积的方法，还能够根据自己的理解和实验条件，对这些方法进行优化，从而得出更加精确和实用的解决方案。比如，同样是测量海绵的体积，有的学生的设想是先放水，再放海绵，通过测量液面高度的变化计算海绵的体积；而有的学生设想的是先把海绵浸湿，将其放入水中，通过测量液面高度的变化计算浸湿的海绵的体积，再挤出海绵里的水，减去这部分水的体积，最终得到海绵的体积。在这个过程中，学生先通过搜索引擎了解了多种测量不规则物体体积的原理和方法，如排水法、称重法等。然后，他们认真比较了各种方法的优缺点，并结合自己的实验条件进行了筛选和选择。

通过跨学科实践，可以让学生摆脱常规思维，将个人和团队联系在一起，克服传统的跨学科学习方式的局限性。学生在查找资料、绘制设计图的过程中，利用信息科技学科的相关知识，能有效拓展学习范围。他们积极参与小组互动的环节，提高了参与度，从而加强了对知识的有效掌握，提升了知识应用能力，落实了核心素养的培养。

（二）自然探索之体验量感："定"实验学习单，"量"不规则物体体积，"记"实验过程

实验操作阶段主要由自然老师带领，学生以小组为单位进行分工，把学校作为主阵地。针对不同种类的物体，学生先选择合适的工具来测量体积，然后根据选择的材料和工具制定、分享并优化自己小组的实验报告单。

当学生运用自然小实验的经验来熟练地进行测量活动时，整个过程的流畅性主要来源于他们对实验原理的深刻理解、对测量工具的熟练运用，以及对实验步骤的清晰把握。学生一边实验，一边完善实验报告单，有些意犹未尽的学生在回家后也做了简易实验。从实验报告单中可以看到，同样是测量小狗玩具，同一小组每个人的测量方法和重点也各有不同，有溢水法、排水法。有的学生找到了比较有特色的解决方法，有的学生为了实验的准确性进行了多次实验，还有的学生在遇到问题时能灵活找到解决方法。在实验中出现过很多不确定因素，比如，实验工具准备得不够、有些物体浮在水面无法测量等。学生也和阿基米德一样，从中发现了浮力定律。运用自然小实验的经验来熟练地进行测量活动是一个非常重要的学习过程。

在小组合作中，学生可以不断地交流、讨论和反思，从而有效地提高他们的数学核心素养。当他们完成任务后，通过汇报和交流，可以更加清晰地展示他们遇到的问题和解决方案，从而有助于他们更好地提升问题解决能力。通过使用各种不同的工具，学生可以深入思考问题的解决方案。尽管他们已经尝试了一些理论上可行的方案，但在实际执行过程中仍然会遇到一些挑战。因此，探究如何应对这些意外情况，就成了本次活动的重要价值所在。使用数学方法来解决实际问题是一项重要的技能。

（三）"辩、评、悟"中形成量感："展"实验结果，"解"同伴疑惑，"示"评价依据

辩：实验过后，组长向其他小组汇报本组的实验过程，其他小组听取汇报，提出自己的疑惑，由汇报小组解答。通过互动与协商，学生可以更好地将多种知识结合起来，从而促进跨学科的理论与实际应用。这种方法可以帮助学生更好地培养创新能力，并且可以让小组合作更加团结协调。通过小组合作、探究与分享，学生更好地了解了"转化"这一核心概念，并清楚地掌握了实际应用的步骤。

评：传统的小组合作往往缺乏有效的评价机制，难以准确衡量每个学生的贡献和表现。这可能导致部分学生"搭便车"，不劳而获，或者让一些努力的学生感到不公平。融合式跨学科实践的评价较为多元化和综合化。评价围绕学生的六大核心素养，指向学习目标。笔者在每个任务阶段都设计了详细的评价标准，引导学生在思维、实践、成果等方面进行细致的评价，促进学生主动思考、自主学习，不断优化和提升自己的作品。同时，采用多种评价方式和方法，能全面评价学生所在小组的学习表现和发展水平。

评价活动结束后，小组递交各组的评价量规表。评价表上记录着学生对自己小组和其他小组的评价，以及同学、老师对自己的评价。这些记录都是评价跨学科小组合作的重要依据。学生得到评价反馈后，能立即对自己小组的表现有大概认识，并及时改进。

悟：在融合式跨学科实践活动中，各小组深入探索了测量不规则物体体积的方法。这次活动不仅涵盖了数学、自然和信息科技等多个学科的知识，还让学生在实际操作中锻炼了问题解决能力和团队协作能力。

学生通过总结与反思，对整个测量不规则物体体积的跨学科实践活动有了完整的认识。通过将多个学科的知识结合起来，学生拓宽了眼界，提高了综合素质。此外，教师还可以让学生运用掌握的技巧来应对现场的挑战，以及在团队中展现自己

的优势，并学会和他人进行高效的交流。学生不断尝试新的方法，优化实验方案，最终成功完成了任务。

五、思索——一场跨学科活动“扬”成效，促进均衡发展

本次融合式跨学科实践活动内容丰富、形式多样，学生参与度很高，讨论热烈。在活动中，学生找到了许多测量不规则物体体积的方法，不仅丰富了学习生活，也推动了核心素养的高质量发展。

（一）跨学科融合，提升学生的社会性发展

在跨学科实践活动前，学生已经了解了体积的概念，学会了测量长方体的体积，但是对体积意义的理解还不够深刻。为什么要学习体积的知识？体积的测量在生活中有什么应用？这些都是学生没有深刻思考过的问题，也是对体积知识的拓展学习。随着社会的不断发展和进步，未来社会对人才的需求越来越多样化、全面化。通过将多种学科结合起来，可以培养出具有创造性、挑战性思维的人才，从而满足未来的发展需求。学生通过跨学科实践，能够培养未来社会所需的综合素质和关键能力，如创新思维、团队协作能力、问题解决能力等。

（二）小组合作，与学困生共成长

不同于形式化的小组合作，学困生在本次融合式跨学科实践活动中展现出的独特性和积极性值得教师给予充分的支持与鼓励。他们找到的物体具有特色且种类多样，这不仅反映出他们对活动的兴趣，也展现了他们独特的观察力和想象力。在测量物体体积的过程中，他们会提出一些看似天马行空的想法，这些想法可能不符合现有的实验条件或科学原理，但这些想法却体现了他们的创造力和对知识的探索欲望。

六、结语

融合式跨学科小组合作模式虽然能促进学生共同发展、均衡发展，但是教师也不应奢望这样的模式能够彻底解决班级学困生的所有问题。因此，教师要关注活动过程，及时调控和解决出现的特殊问题，避免出现因某个学生表现不好而严重影响集体荣誉的情况，防止造成两极分化，不能有悖实施融合式跨学科小组合作模式的初衷。

参考文献

[1] 邢燕飞,祁丽萍. 基于量感培养的小学数学跨学科教学策略[J]. 求知导刊,2023(35): 65-67.
[2] 程文敏. 让跨学科融合在数学课堂真实发生——小学数学课堂跨学科教学策略初探[J]. 新教师,2022(8): 76-77.
[3] 何辛. 体验与思考并重,内外兼修培量感——小学数学教学中学生量感的培养策略[J]. 亚太教育,2022(14): 123-125.

任务型学习活动中的评价实践探究

上海市浦东新区海桐小学　卢心奕

【摘　要】任务型学习的一大特点就是使学生真正成为学习的主人，他们从学习中看到提高，从提高中形成了能力，这一过程完全是学生自己完成的，教师只起引导的作用。学习性评价作为一种课堂评价理念，对于转变教师本位导向下的学习方式，以发挥学生的主体地位具有重要的实践意义。本文探讨了任务型学习活动中评价的意义、策略、成效及未来的发展方向，旨在促进学习目标的实现和提高学生的学习积极性。

【关键词】任务型学习　评价　学习动机

随着教育改革的深入，任务型学习活动在课堂教学中越来越受到重视。评价作为任务型学习活动的重要组成部分，对于确保学习任务的有效实施、激发学生的学习热情和培养自主学习能力具有重要意义。

一、在任务型学习活动中参与评价的意义

随着教育的不断发展和进步，越来越多的教育者开始重视任务型学习活动在课堂教学中的作用。而在任务型学习活动中，评价起到了关键的支撑和推动作用。首先，评价是确保学习任务有效实施的重要手段。通过评价，教师可以了解学生的学习状况，发现存在的问题并及时调整教学策略，以帮助学生更好地完成学习任务。其次，评价能够激发学生的学习热情和内在动机。当学生意识到自己的努力和成果能够得到他人的认可与肯定时，他们会更愿意投入学习中去，从而提高学习效果。最后，评价有助于培养学生的自主学习能力和批判性思维。在评价过程中，学生需要对自己的学习进行反思和评估，找出自己的不足并寻求改进，这一过程有助于提

高学生的自主学习能力和批判性思维能力。

二、在任务型学习活动中实施评价的过程与策略

（一）制定学习任务和评价指标

1. 制定学习任务

在任务型学习活动中，制定明确、具体的学习任务是至关重要的。教师应根据课程目标和学生实际情况，确定任务的主题和目标。任务主题应与课程内容紧密相关，且具有一定的实际意义，使学生能够将所学知识与实际情境相结合，提高解决实际问题的能力。任务目标应明确、具体，能够衡量学生的学习成果，并为学生的学习指明方向和提供动力。

任务应具有可操作性和可衡量性。教师应确保任务具有明确的操作步骤和要求，使学生能够明确了解任务的完成方式和标准。同时，任务的目标应具有可衡量性，以便教师能够根据学生的表现和成果进行准确评价。

在教学“梯形”一课时，笔者设置了以下三个学习目标：

（1）通过观察、比较，能够发现梯形的特征。

（2）在探索、交流过程中，能理解梯形的概念，并辨认出梯形。

（3）通过自学，能够认识梯形各部分的名称。

根据学习目标，师生共同讨论了学习方法及相应的学习任务，明确了完成学习任务所须达到的标准。任务一是将平行四边形剪成梯形，对应学习目标一，要求学生认识梯形并能分辨出梯形与平行四边形的异同。任务二是在网格图中画出梯形，其相对于任务一有了更高的要求，即在掌握了梯形的定义之后能够创造梯形，能将所学知识加以灵活运用。任务三对应目标三，要求学生通过自学了解梯形各部分的名称，学会画梯形的高。

2. 设计评价指标

设计评价指标是小学任务型学习活动中实施评价的关键环节，教师可以从学习成果和学习习惯两个方面进行设计。

在学习成果方面，根据课堂中的交流情况，教师可以把完成这项任务的评价标准分成三个层次：学生能够参与到课堂评价中来，并且所有学习任务只要参与就可以得到一颗星；能通过小组讨论达到最基本的标准，可以得到两颗星；能在学习过程中将知识点内化，并且能归纳、运用所学知识，可以得到三颗星。任务按照参与、掌握、灵活运用分为三个层次进行评价。

在学习习惯方面，教师可以设计倾听、表达、合作三个方面的评价。倾听能力是学生学习习惯中的基础要素。表达能力体现学生对所学知识的应用能力。学生能否清晰、有条理地表达自己的观点和想法，能否用所学知识解决实际问题，是评价其表达能力的关键。合作能力是学生通过与他人的协作完成学习任务的能力。学生能否积极参与小组讨论、分享自己的观点、尊重他人的意见、共同解决问题，是评价其合作能力的关键。

综上所述，笔者设计了以下评价表。

评价项目	评价指标	评 价 标 准	自 评	
学习成果	将平行四边形剪成梯形	☆☆☆：能剪出梯形，并总结出平行四边形与梯形的异同 ☆☆：能剪出梯形 ☆：不能剪出梯形		
	在网格图中画出梯形	☆☆☆：能利用网格图画出两个梯形 ☆☆：能够画出一个梯形 ☆：不能画出梯形		
	了解梯形各部分的名称，学会画梯形的高	☆☆☆☆☆：能说出梯形各部分的名称，能画出梯形的高 ☆☆：只能做到一项 ☆：两项都做不到		
学习习惯	评价指标	评 价 标 准	自评	他评
	倾听	☆☆☆：上课认真听讲，积极参与讨论 ☆☆：上课较为认真地听讲，能够参与讨论 ☆：上课能做到听讲，很少参与讨论		
	表达	☆☆☆：积极举手发言提出问题，大胆表达自己的想法 ☆☆：举手发言提出问题，能表达自己的想法 ☆：很少举手发言提出问题，不太能表达自己的想法		
	合作	☆☆☆：善于与人合作，虚心听取意见 ☆☆：基本能够与人合作，并听取意见 ☆：很少与人合作，很少听取意见		
我得了________颗星				

（二）利用评价表改进课堂教学

在任务型学习活动中，评价表不仅是了解学生学习状况的工具，更是改进课堂教学的重要参考。通过精心设计的评价表，教师可以系统地收集和分析学生的学习数据，进而调整教学策略，提升教学效果。

1. 深入洞察学生表现，精准施教

评价表为教师提供了一个全面而细致的观察窗口。通过学生在各项任务中的表现，教师可以深入了解他们的学习状况和能力水平。例如，在教学"梯形"一课时，通过评价表记录的"将平行四边形剪成梯形"这一任务的评价情况，教师可以迅速识别出哪些学生对梯形的特征理解透彻，哪些学生还存在困惑。基于这些具体数据，教师可以为不同层次的学生设计更具针对性的教学活动，实施差异化教学，确保每名学生都能得到适合自己的指导和支持。

2. 动态调整教学策略，优化教学过程

评价表不仅是学生学习成果的反馈，也是教师教学效果的镜子。通过定期收集和分析评价表数据，教师可以及时发现教学过程中存在的问题和不足。例如，如果评价表表明学生在小组合作中缺乏有效沟通，教师可以调整小组合作的方式和规则，增加小组讨论的时间，引导学生学会倾听和表达。同时，教师还可以根据学生的反馈意见，灵活调整教学内容和教学方法，使课堂更加生动有趣，激发学生的学习兴趣和积极性。这种动态调整教学策略的过程，有助于不断优化教学过程，提高教学效果。

3. 促进学生自我反思，培养自主学习能力

评价表不仅是教师评价学生的工具，也是学生自我反思和成长的平台。在评价表中，学生可以对自己的学习成果进行自我评价和反思，找出自己的优点和不足，并思考如何改进。这种自我反思的过程有助于培养学生的自主学习能力和批判性思维能力。同时，教师还可以引导学生参与他评，让他们学会从他人的角度看待问题，发现他人的优点并指出不足。

（三）评价结果分析

学生参与课堂评价，能培养他们的核心素养，调动学习的积极性。一般的课堂教学是教师设定学习目标，再根据学习目标确定教学方法，并设计教学过程。而在学生参与课堂评价的过程中，学习目标不再是由教师一个人制定，而是由学生提出

问题，教师再根据他们的问题制定学习目标。教师在设置学习目标时还要以核心素养为导向，结合课程标准制定学习目标，对学习目标做好把控，并让学生清楚地知道通过这节课可以学到什么。

学生可以对每一个学习目标制定相应的学习任务，在每一个环节参与课堂评价，检测自己的掌握程度。在教师与学生共同分享学习目标的过程中，学生更加明确了自己的学习任务，并能对学习目标产生认同感，从而促进自身的学习。学生参与课堂评价，能使教学活动围绕“制定学习目标—实现学习目标—反思学习过程—寻找解决办法—制定下一个学习目标”来展开，学生能有机会展示自己所学到的知识和技能，教师也能了解学生和自己的不足。课堂评价过程中的很多细节可以为发现学生犯错的原因和寻求改进方法提供大量信息。

三、开展评价的注意点

（一）评价要有效地促进各项任务学习目标的实现

在任务型学习活动中，评价的实施对于促进各项任务学习目标的实现具有显著成效。通过有效的评价，教师可以及时了解学生的学习状况，发现存在的问题，并提供相应的指导和建议。这有助于学生更好地理解任务目标，明确自己的学习方向，并采取有效的学习策略，以实现各项任务的学习目标。

评价为学生提供了明确的学习目标和方向。在任务开始之前，教师可以通过评价活动向学生明确任务的目标和要求，使学生清楚地了解自己需要达到的学习标准。这样，学生就能够有针对性地制订学习计划，合理安排时间和资源，从而更好地完成任务。

评价有助于学生发现自己的不足之处并寻求改进。通过评价活动，学生可以了解到自己在完成任务过程中的表现和成果，并对照学习目标进行自我反思。这有助于学生发现自己的不足之处，激发他们寻求改进的动力。在教师的指导下，学生可以针对自己的弱点制订相应的训练计划，提高自己的学习效果。

评价还有助于教师及时调整教学策略以满足学生的学习需求。通过观察学生的表现和评价结果，教师可以发现学生在完成任务过程中所面临的问题和困难，并根据学生的实际情况及时调整教学策略和方法，改进教学内容和形式，提高教学效果。

（二）评价要激发学生学习的内在动机

评价的实施能够有效地激发学生的学习内在动机。评价不仅可以让学生了解自己的学习成果，还可以为他们提供积极的反馈和激励。当学生在任务完成过程中获得肯定和鼓励时，他们会感到自己的努力得到了认可，从而增强自信心和成就感。这种积极的反馈可以激发学生的学习热情，提高他们的学习积极性，促使他们更加努力地投入学习中。

评价有助于培养学生的自主学习能力。通过评价活动，学生可以了解自己的学习状况和成果，并对照学习目标进行自我反思和评估。这有助于培养学生的自主学习能力，促使他们主动地规划自己的学习进程并承担责任。

评价还有助于形成良好的学习氛围和改善师生关系。在任务型学习活动中，教师和学生之间的互动频繁，评价活动成为师生交流的重要途径。通过评价的实施，教师可以更好地了解学生的需求和问题，与学生建立良好的关系。同时，学生在评价过程中也可以感受到教师的关注和支持，从而形成积极向上的学习氛围。

（三）评价要关注每一个个体

在任务型学习活动中，评价的实施可以使参与任务的每一个个体都得到关注。每个学生都是独特的个体，具有不同的学习需求和能力水平。通过评价，教师可以关注到每一个学生的表现和发展，并根据他们的实际情况提供有针对性的指导和支持。这有助于满足学生的个性化需求，促进他们的全面发展。同时，教师还可以通过评价发现学生的特长和优势，鼓励他们发挥自己的潜能，促进个性发展。

评价有助于发现学生的特长和优势。在任务完成过程中，学生的特长和优势会得到充分的发挥与展现。通过评价活动中的观察和评估，教师可以发现学生在某些方面的特殊才能或突出表现，并根据这些信息为他们提供更多的机会和资源来发展他们的特长和优势。

评价还有助于培养学生的合作精神和团队意识。在任务型学习活动中，学生通常需要以小组为单位来完成任务。通过评价活动中的观察和评估，教师可以发现学生在团队合作中的表现和作用，并根据他们的表现提供相应的指导和支持，帮助他们更好地融入团队并发挥自己的作用。这有助于培养学生的合作精神和团队意识，提高他们在未来学习和工作中的适应能力。

四、思考与讨论

虽然评价在任务型学习活动中起到了重要的作用，但在实际操作中仍存在一些挑战和问题。例如：如何制定更为科学、合理的评价标准？如何确保评价的公正性

和客观性？如何有效地利用评价结果改进教学？这些都是教师需要深入思考和探讨的问题。为了更好地发挥评价的作用，教师应不断优化评价策略、完善评价方法、提高评价效果，为提高教学质量和教学效果而努力。同时，教师还要不断反思和总结经验教训，不断改进和完善评价体系。

参考文献

[1] 廖楚楚.任务驱动型初一数学高效课堂的构建与实践[D].广州：广东技术师范大学，2023.

[2] 张艳.基于任务型学习的小学数学教学实践探索[J].小学数学教育，2021(5)：21-23.

[3] 王海宝.合理运用任务型模式提升小学数学教学质量[J].华夏教师，2022(35)：64-66.

[4] 张艳.如何在小学数学教学中切实做好学习性评价工作[J].教育界，2021(36)：16-17.

[5] 钟燕.小学数学空间观念表现性评价的指标构建与任务设计[J].新教师，2023(9)：39-42.

在小学数学教学中培养量感的实践探究

上海市浦东新区海桐小学　张燕丹

【摘　要】在如今"双减"的背景下，以及随着新课标的发布，数学课堂教学尤为关键。教师既要把握课堂节奏，又要让学生简单易懂地理解新的知识。因此，课堂中的新知教学过程显得尤为重要。本文主要呈现了在课堂实际操作中，教师如何通过各种创设的情境和真实的活动，培养学生数学的量感的过程，以及如何将抽象的知识点转化成具象理解的内容，从而使学生对数学有一个深度的理解。最终目的是让学生能在轻松的环境下学习并真正喜爱上数学。

【关键词】抽象　量感　动手操作

小学数学是学生整个生涯数学学习的基础。作为一名小学教师，笔者深深地知道数学课堂的过程是孩子对数学喜爱和产生兴趣的关键。但数学课堂上经常会出现抽象事物，抽象的概念是从众多的事物中抽取出共同的、本质性的特征，而舍弃其非本质的特征的过程。具体地说，抽象就是人们在实践的基础上，对于丰富的感性素材通过去粗取精、去伪存真、由此及彼、由表及里的加工制作，形成概念、判断、推理等思维形式，以反映事物的本质和规律的方法。抽象的意义在于能透过事物的表面现象抓住其本质，例如千米、米、平方厘米、平方米、吨、千克、时间等的感知。要把抽象的东西讲具体，量感学习尤为重要。通过对已有相关文献的整理分析可以发现，国外对量感及其教学的研究起步较早，在进行量感的教学时更要注重学生的亲身体验与经历。相比之下，我国虽早已在数学中渗透了对量的教学，但对于量感一词，直到2022年随着数学新课标的发布才开始出现，量感是数学核心素养的重要组成部分，因此，进行量感教学至关重要。

一、创设情境，感受量感

数学课堂如果枯燥，往往会让不喜爱数学的孩子昏昏欲睡。这时候有一个良好情境的创设尤其重要，能快速激发学生学习的兴趣，让尤其害怕数学的学生也能融入课堂，激发他们学习数学的热情。相较于教师的灌输，学生在主动参与的过程中往往更有利于实现量感的发展。所以，在小学数学量感教学中，要将激发学生的学习动机视为重要一环。一般来说，小学生的注意力难以长时间集中。针对这一认知特点，教师要将量感教学置于一定的情境当中，以此来构建一种寓教于乐的课堂氛围。在此基础上，学生的探究意愿往往会表现得更加强烈，这对于学生量感的发展无疑会产生助力。

比如，在一年级第二学期的“长度比较”一课中，教师先和学生互动说相反词：胖瘦、高矮、长短等，让学生乐在其中。接着，抽两名学生比身高，让其他学生直观地看出高矮。然后，再通过实物展示比较绳子的长短（先把绳子并排放，一端对齐，再看另一端），以及比较铅笔的长短。最后，引出利用方格纸数格子的方法来比较物体的长短。基于这个教学活动，在以后的课堂上便能自然而然地揭示常用的长度单位（米、分米、厘米、毫米），让学生从情境中感悟体会量感。

又如，在教学三年级第一学期的“几分之一”一课时，笔者创设了情境：妈妈带着小丁丁和小巧去公园里玩耍，她还为小朋友们准备了一些食物，我们一起看看有些什么好吃的（出示四个苹果、两瓶水、一个蛋糕）。你能帮妈妈把这些东西分一分吗？谁先来分苹果和水？数学上把物体分得一样多，叫作什么（板书“平均分”）？还有一个蛋糕，谁来分？为什么这样分？把一个蛋糕平均分给两个人，每人分得多少？半个该怎么写呢？像二分之一这样的数就是分数。今天这节课咱们一起来认识分数中的“几分之一”。

教师通过创设情境，将学生带入相应的情境中，能更好地让他们体会到情境中人物的行为和想法，可以说是换位思考，学生将在数学课堂中更加有参与感。

再如，在教学二年级第一学期的“条形统计图”一课时，笔者创设了动画电影《疯狂动物城》中的情节，通过学生所熟知并喜爱的《疯狂动物城》中的朱迪做第一份工作“开罚单”并做统计，从而引出“条形统计图”这一知识点。学生继而运用此情境，来绘制雨林区车辆情况统计图，并比较哪种条形统计图更佳，从而懂得合理运用“一格表示几”这一知识点。学生通过比较数据相同而一格分别表示5和20的折线统计图，能直观感知条形统计图所呈现的数量变化的多少。

教师应设计出与量感相关的问题情境，引导学生思考并解决问题，让他们在解决问题的过程中不断尝试、探索和创新，培养思维能力和问题解决能力。

二、在真实活动中培养学生的量感

在数学学习过程中，学生会有许多很难理解的对比性知识点，比如长度单位和面积单位的区别、正方形和正方体的区别、时刻和时间段的区别等。于是，教师就可以开展真实的活动，让学生在实践中体会量感。

例如，在教学四年级第一学期的“吨的认识”一课时，笔者无法将“一吨”的情境搬到课堂中，但在笔者曾经的一次听课中，有一名教师就将一桶色拉油和一桶饮用水搬进了课堂。其实，把一桶饮用水搬进课堂很方便，现在每个办公室都有，让孩子们搬一搬、提一提，感受几斤、几千克的重量，进而引出“有这样的多少桶就是一吨”这一参照，让他们直观地感受“吨”的重量之大。这是一个非常有体验感的活动，能让学生在实际活动中感受到“千克”和“吨”的量感。

又如，在教学一年级第二学期的“认识人民币”一课时，笔者发现学生都认识大额的钱币，因为平时过年会收压岁钱。但随着社会的发展，越来越多的现金交易被电子支付取代，学生对于元、角、分的转换毫无概念，甚至根本没见过分币。于是在上课前，笔者特意让学生用纸币去超市购买零食或者书本，让他们感知为什么1角能换算成10分，以及为什么1元能换算成10角——这是进率使然，在真实活动中培养“元”“角”“分”的量感。在之后的课上，教师就能非常容易地引出“1元=10角=100分”这一关系式。此外，笔者还利用多媒体为学生展示钱币的变化，让他们看一看钱币的前世今生，认识现在流通的每一种纸币上的山河和人物，并懂得要爱护人民币，传承节约的中华美德。

通过真实的生活实践活动，能让学生切身发现数学就在身边、数学在生活中的每一个角落，进而发现数学之美。

三、“动起手来”的数学课堂，灵活感知量感

教师还可以设计一系列实际应用的学习任务，让学生将所学知识应用于真实的情境中。如，在教学“数据统计”一课时，教师可以组织学生收集所需的数据，并使用统计方法对数据进行分析和解读。这样的实践活动不仅能够加深学生对统计概念的理解，还能提高他们的数据处理和推理能力。

在教学一年级第二学期的“几时、几时半”一课时，笔者发现学生很难理解时刻

的变化，比如，他们较难理解9时和9时半的区别。于是，笔者就让每个学生准备一个时钟，自己拨一拨这两个时刻。实践操作是学习知识最基本、最重要的手段与方法之一。拨指针的环节能够让每个学生都有参与学习活动的机会，在活动中提高认识。这样的拨指针练习，能帮助学生及时巩固“时刻的变化”这一知识点，并加以区分不同的时刻。然后，引导学生学会区分一天中的两个9时，以及思考“为什么同样是9时，有的小朋友在上课，而有的小朋友已经睡觉了”，从而引出“24时计时法”。学生因此能更好地理解一天中有白天的9时和晚上的9时，并学会12时计时法和24时计时法的转换。学生通过联系实际生活中发生的事情和动手拨一拨时钟的过程理解了时刻的变化。

又如，在教学三年级第二学期的“平方分米”一课时，笔者让学生通过看实际物体的大小，来理解面积单位之间的区别和单位换算。学生通过动手操作，能充分感知：一个指甲盖大约是1平方厘米，数学书的表面积大约是400平方厘米，教室的大小大约是50平方米，等等。这样富有生活气息的活动能让学生迅速感知面积单位的量感。

四、鼓励学生探索和发现量感

作为教师，要多多鼓励学生自己探索和发现量的概念，通过提问和讨论来激发他们的好奇心与学习兴趣。学生因此可以逐步建立起对数学量感的直观感知，为后续更高级的数学学习打下坚实的基础。教师应从简单的数量概念开始，逐步引导学生理解更复杂的量的概念，如分数、比例、小数等。在拓展阶段，教师可以通过组织课堂实践操作与课后实践活动，以此为学生提供更加开放、多样的实践应用机会与平台，进而增强他们的量感运用能力，提高问题解决能力。

例如，在教学四年级第二学期的“小数的数位顺序表”一课中，笔者先出示一组小数：5.26，9.23，0.56，0.88，8.88，88.888。然后，笔者让学生仔细观察这些小数的整数部分，思考有什么特点，从而引出纯小数和带小数的概念。最后，学生仔细观察这些小数的小数部分，思考有什么特点。通过观察和讨论，他们得出结论：一个小数由整数部分、小数点、小数部分三部分组成。这样，教师便能更自然地引出“数位顺序表”这一知识点。

又如，在教学三年级第二学期的“搭配”一课时，笔者引导学生通过观察、操作、猜测、验证等活动经历“数学化”的过程，掌握了若干件上衣和若干条裤子一共有多少种不同搭配方式的计算方法，从而也为他们未来在四年级学习“计算比赛场次”

的内容做铺垫。

教师要多关注学生在探索和讨论过程中的表现，如学生如何测量、如何比较、如何验证等，及时给予指导和评价反馈。要知道，数学学习是环环相扣的，量感的感知能为他们今后的数学深入学习奠定基础。

五、结语

即使量感是抽象的，但学生通过有效的训练也是能拥有的。教师要学会在课堂上创设出吸引人的情境，只有让学生在真实活动和感悟中学习、在动手实践中体会，才能让他们更好地将所学的知识融会贯通。小学数学的教学，尤其在“双减”政策下，教师应该更多地关注学生并换位思考，给他们更多的实际操作的机会，以提升他们的量感。教师也应多鼓励学生探索和发现，自主创新，积极培养他们的数学素养。这样的教学，一定会让学生越学越喜爱，越来越得心应手。

参考文献

[1] 熊雨佳. 小学数学量感培养的教学设计研究[D]. 重庆：西南大学，2023.

[2] 唐克英. 探索大单元教学中学生核心素养的发展——以“发展量感培养应用意识”为例[J]. 河南教育(教师教育)，2024(9)：69–70.

[3] 赵金珠. 立足课标，培养量感——基于新课标下的小学数学量感培养策略[J]. 试题与研究，2024(25)：90–92.

[4] 张伊. 基于量感培养的小学数学体验式教学模式构建研究[J]. 数学学习与研究，2024(23)：17–19.

“三个助手”赋能小学数学课堂初探

——以“长方形、正方形的周长”为例

上海市浦东新区进才实验小学　徐亦林

【摘　要】随着信息技术的日新月异，数字化浪潮正以前所未有的速度席卷全球，成为推动社会进步的重要力量。在当前的大环境中，各行各业都在积极加入数字化转型，教育领域亦紧跟时代步伐，积极融入这一潮流，致力于借助数字化手段优化教育模式，提升教学质量。本文以沪教版小学数学三年级第二学期“长方形、正方形的周长”的教学实践为例，浅谈“三个助手”平台赋能小学数学课堂的教学实践。

【关键词】数字化　小学数学　三个助手

为了适应数字化时代发展的需求，不断提高教育的质量和效益，数字技术与教育要素的深度融合显得十分重要。上海市中小学数字教学系统推出了“三个助手”平台，包含备课助手、教学助手和作业辅导助手，无疑为数字化教学的推行插上了翅膀，起到了强有力的促进作用。该平台在给予强大信息技术支持的同时，为教师提供了大量的教学资源，教师可以利用该平台实时掌握学生的学习进程，并能根据反馈的数据及时调整教学。此外，该平台也为学生提供了更广阔的机会，推动他们思维的发展，为教学模式的进步与创新，推动教育向更具个性化的方向发展奠定了基础。

如何借助数字化平台和工具为小学数学课堂教学服务，从而优化教学效能，已然成为我们一线教师研究的课题。为此，笔者也进行了积极的思考和有效的尝试。本文就以“长方形、正方形的周长”的教学实践为例，浅谈教师借助“三个助手”平台结合希沃白板应用，实现数字赋能课堂教学的探索。

“长方形、正方形的周长”是沪教版三年级第二学期教材中“几何小实践”单元的重要学习内容之一。该内容的教学教师一般会通过直观演示、动手操作、逻辑推

演、变式练习、联系生活等策略，引导学生探索长方形、正方形周长的计算方法。然而，在此过程中会存在呈现方式比较单一、学生参与范围有限、推演过程无法呈现等不足，而借助数字化教学平台可以在内容呈现、学生参与、思维可视和即时评价等方面具有一定的优势，为课堂教学注入活力，同时也为课堂教学带来了新的价值。

一、旧知测评，精准启新

众所周知，小学数学教学中的以旧带新可以有效地帮助学生理解和掌握新知识。因此，在每节新课开始前，教师往往需要了解学生对旧知识的掌握程度，从而为新知识的传授打下基础。但是，要了解学生的学习基础往往需要耗费大量的时间，而借助“三个助手”平台发布的前测任务就能快速解决该困难。在本次课堂教学实践中，笔者考虑到学生已有的知识基础——学生在二年级第一学期已经对长方形和正方形有了初步的认识，并掌握了这两种基本图形的关键特征，借助“备课助手”中的“填空题”功能设计了一份前测任务，旨在检验学生对旧知的掌握程度，为本课教学活动的设计提供精准的参考。

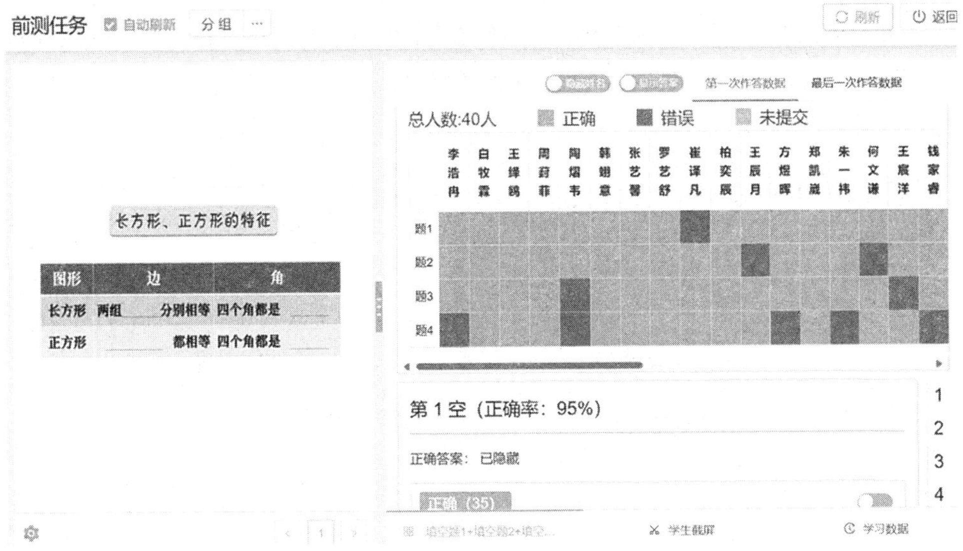

图1　学生前测任务正确率情况

从学生前测任务的完成数据来看（见图1），绝大多数的学生能够较好地回忆起长方形和正方形的相关概念，说明他们的学习基础较为扎实。但是，也有个别学生的错误率偏高，在教学中应注意跟进，及时提供帮助，关注后进生的学习进程。

二、可视学习，深解概念

在教学活动中，采用直观的可视化教学方法可以有效地帮助学生更好地理解和掌握数学的抽象概念。如何将抽象、枯燥的数学知识以一种更加形象生动的方式展现给学生，是教师在进行教学设计时需要重点关注的。所以，在教授长方形的周长这一核心任务的过程中，笔者精心构建了一个具有高度互动性和清晰逻辑的“四步教学法”：一描、二量、三算、四拖。该方法能让学生快速地建立起长方形的特征与周长之间的联系，从而更好地把握知识要点。

首先，在“一描”这一环节中，笔者使用了“三个助手”控件中的“画板”功能，引导学生回顾和实践他们在上一课时已经熟练掌握的技能，即准确地绘制出图形（长方形）一周的长度，以此来加强他们对周长概念的理解。

紧随其后的“二量”学习阶段，鉴于学生在一年级第二学期已有度量基础，笔者抛出了一个问题，以激发他们的好奇心：要计算这个长方形的周长，还需要知道什么信息？学生一边思考教师提出的问题，一边运用“三个助手”工具栏中的“直尺”进行测量操作，从而对长方形的长和宽这两个核心概念了然于胸。

接下来，在“三算”这一环节中，笔者鼓励学生使用他们自己喜欢的方式来计算长方形的周长（见图2—图4），打开了学生的思路。

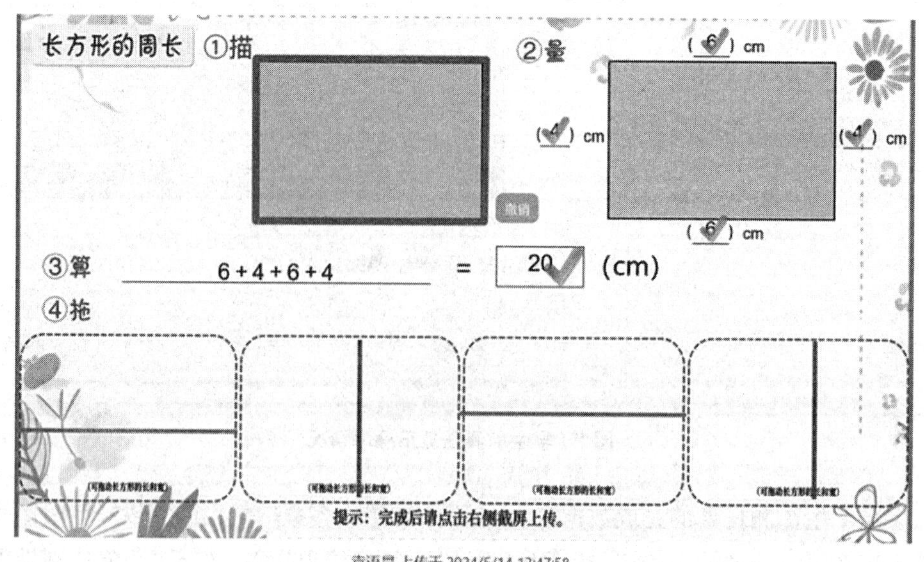

图2 “三算”环节算法一

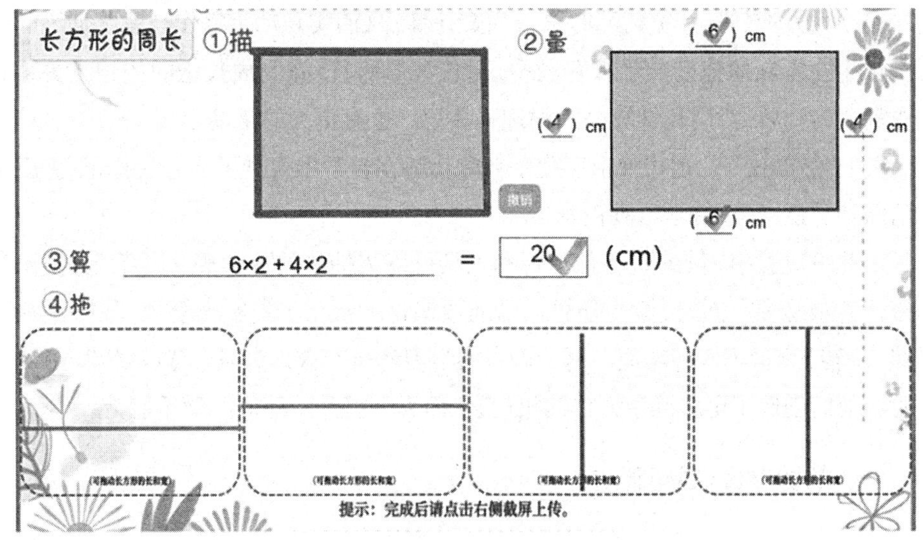

图3 “三算”环节算法二

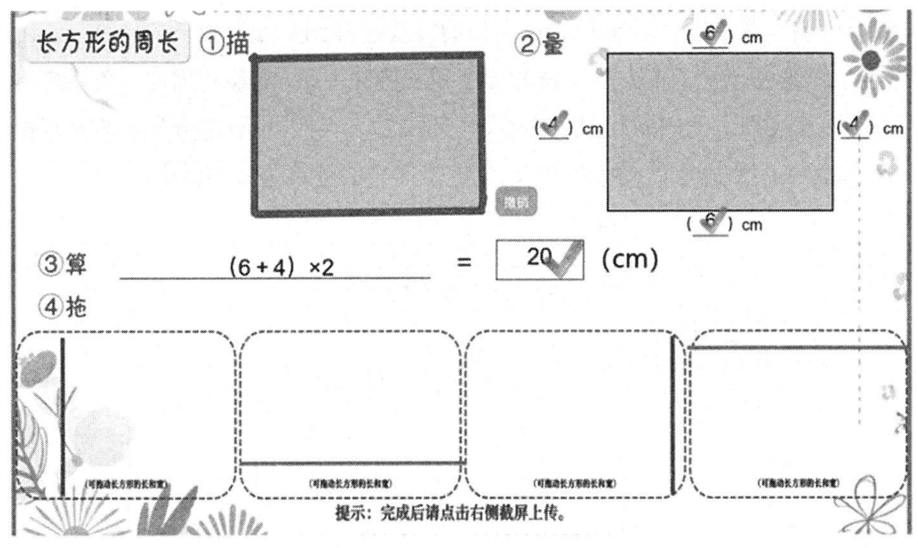

图4 “三算”环节算法三

最后的“四拖”环节，笔者借助“三个助手”平台发布任务，把图形设置成一个可拖动的模式，学生可以将长方形的两条长和宽分别拖动到相应位置，并据此列式计算。这样的设计方式不仅使得学习过程更加直观化和可视化，还能更好地鼓励学生在拖动长方形的长和宽的同时进行列式计算，从而实现动手操作与思维训练的结合。学生在不断的拖动与运算互动中，对长方形的长、宽与周长之间的相互关系有了更深刻的理解，对周长计算公式的理解和记忆也有更大的帮助。

“四步教学法”的运用使数字化平台的优势在教学中得到了充分发挥，学生思维的活跃性明显增强，使学习真正发生。

由此可以看出，借助数字化平台和工具可以将抽象的数学概念具象化，使繁杂的原理直观易懂。同时，学生还可以借助数字化平台和工具实现绘图、裁剪、拼接、平移、旋转、测量等多种功能。这一新奇的学习体验有效地激发了学生的学习兴趣，同时给他们创造了更多动手操作的机会，从而大大提升了他们的动手能力。

三、数智融合，创新解析

在小学数学教学中，提升学生综合能力很重要的一点就是要设计出有效的教学活动。为了测试学生是否具备用所学知识解决新问题的能力，在“计算小超人”活动中，笔者选择了“计算正方形的周长”作为最后的挑战。笔者从学生上传的截屏中了解到，有的学生能将计算长方形周长的方法迁移到正方形周长的计算上。由于学生在二年级已理解了正方形与长方形之间的特殊关系，能够利用这一关系进行推理和计算，这展现了他们的知识迁移能力（见图5）。当然，也有部分学生直接根据正方形的特征——四边等长，快速归纳出正方形周长的计算公式（见图6）。

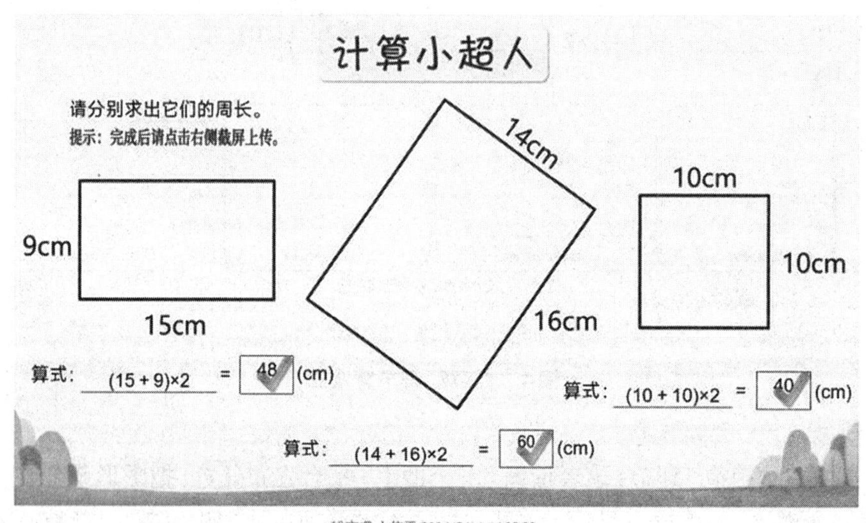

图5　“计算小超人”算法一

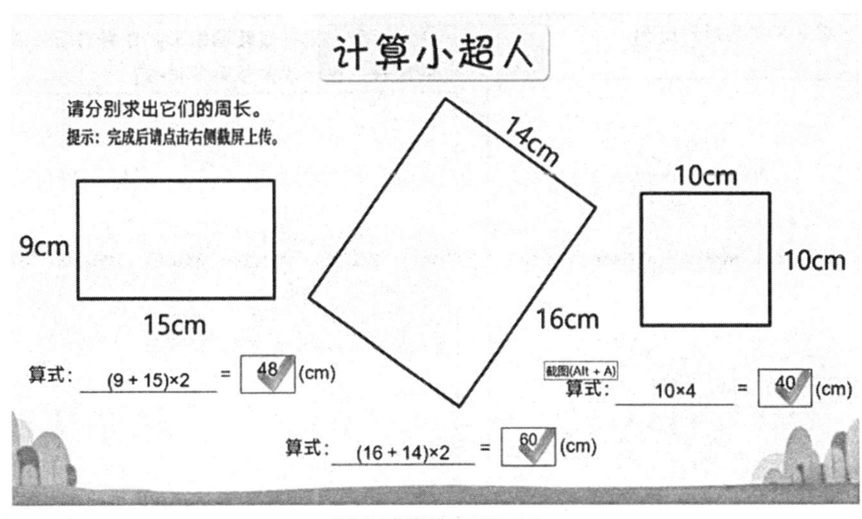

图6 “计算小超人”算法二

在设计该任务时，笔者曾计划借助“备课助手”中的“草稿本”功能，为计算方面有困难的学生提供帮助，但由于显示空间有限，最终调整为允许学生利用工具栏打草稿。然而，工具栏中使用“铅笔”产生的书写痕迹会在关闭工具栏时一并消失，这一调整未能完全满足所有学生的需求，导致少数学生仍出现计算错误。未来，笔者将进一步探索更加稳定且实用的打草稿方案，以更好地支持学生的数学学习过程。

四、互动探索，提升能力

在深入实施单元化教学的框架下，笔者巧妙地将前一课时“周长”的教学中学生的学习成果（能熟练描出长方形与正方形的周长）融入了本课时“设计小达人”的任务设计中。

本节课，教学迈出了新的一步，笔者要求学生利用在前一课时中亲手创造的图形作为素材，计算组合图形的周长（见图7和图8）。这一任务不仅能检测他们对周长概念的理解，还能培养他们运用已有知识解决新问题的能力。

在这一任务的尾声，笔者提出了一个问题来推动思考：想象一下，什么时候图形的周长最大？笔者邀请了几名学生上台，利用希沃白板的“拖动图形”功能使这个数学问题更加直观。他们通过动态调整图形的排列，改变正方形或长方形的位置。

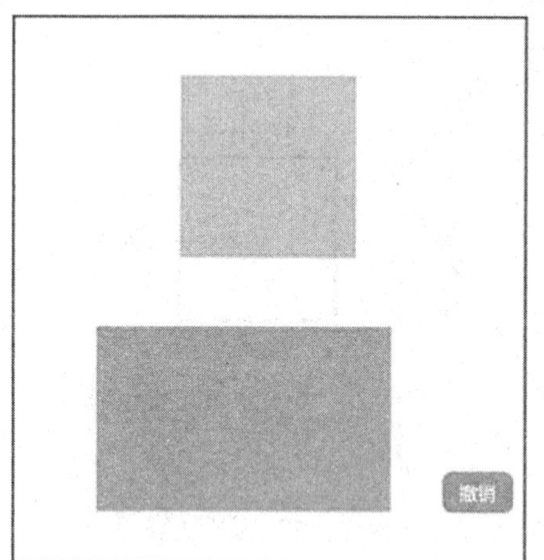
①分别描出下列图形的周长
撤销

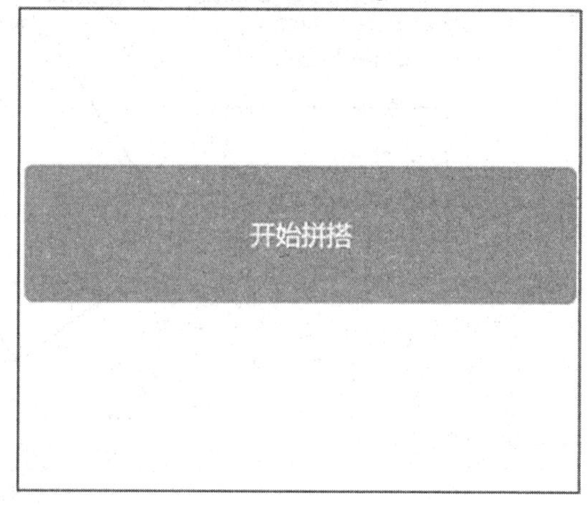
②移动图形拼搭成新的图形，并描出新图形的周长。想一想周长有变化吗？
开始拼搭

【提示】完成后，截屏上传

图7　前一课时任务操作界面

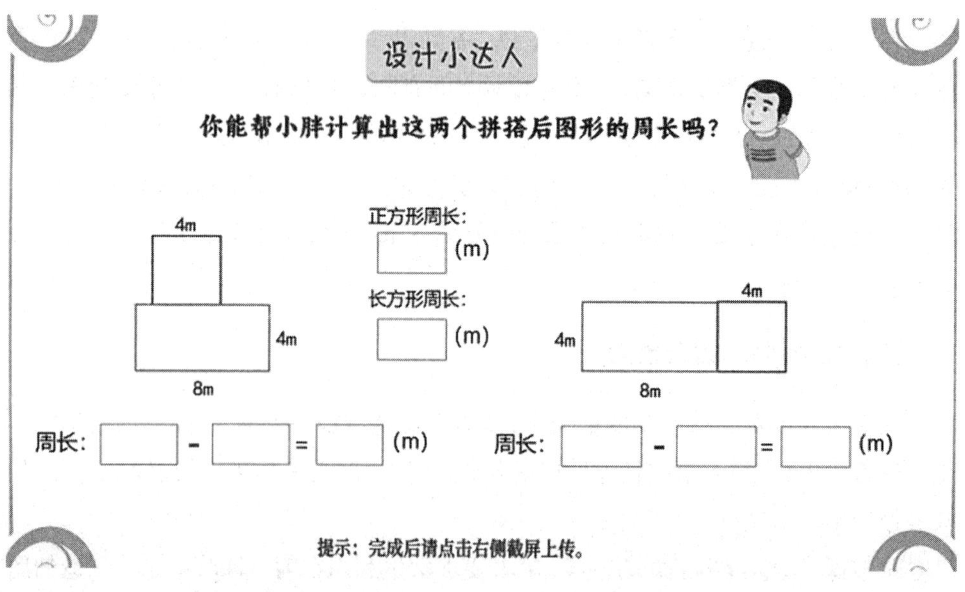
设计小达人
你能帮小胖计算出这两个拼搭后图形的周长吗？
4m
4m
8m
正方形周长：
(m)
长方形周长：
(m)
4m
4m
8m
周长：
-
=
(m)
周长：
-
=
(m)
提示：完成后请点击右侧截屏上传。

图8　本课时“设计小达人”操作界面

坐在台下的学生都能清楚地看到，随着图形位置的变化，图形的总周长随之是如何变化的。这种直观的展示不仅让抽象的数学概念变得更直观具体和更易理解，还让学生得出“重合部分越少，组合图形的周长就越大”这一结论。

在此过程中，笔者借助数字化平台快速地创造出各种几何图形，将学习内容和学习过程动态地展现出来。通过这样的任务设计与实施，学生不仅巩固了对周长的理解，还培养了观察力、思考力及运用现代技术辅助学习的能力，真正实现了单元整体教学下知识的迁移与应用，促进了学生综合素养的整体提高。

五、精准评估，赋能课堂

在教学过程中，笔者希望能实时掌握每一名学生的学习进程，根据学习情况及时调整教学，并对有困难的学生提供精准辅导，而数字化平台在助力精准评估方面体现了其独特的优势。在本节课中，学生在完成“辨析小能手”这一学习任务时，笔者借助数字化平台提供的实时记录数据（见图9），及时了解了每一名学生的学习进度，并据此调整了教学的进度。

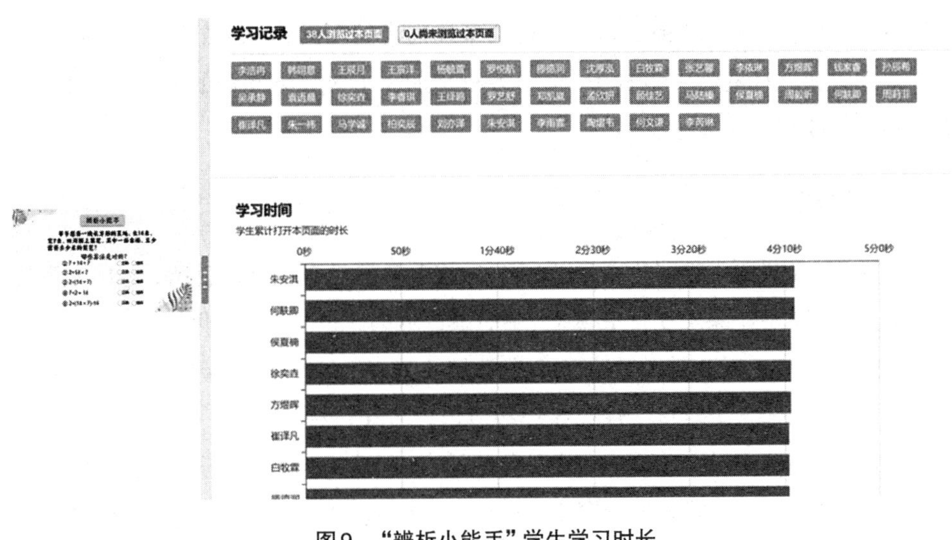

图9 “辨析小能手”学生学习时长

在本节课“计算小超人”的活动中，数字化平台提供的实时数据包括学生的答题速度、正确率和解题方法等（见图10）。利用这些数据，笔者可以分析每一名学生的特长和弱项，并据此提供更精确的指导与实时反馈，从而助力学生及时改正学习中的错误，解决学习过程中出现的问题。

课堂上数字化平台和工具的使用，让学生和教师之间的沟通更加紧密。教师可以借助这些工具与学生进行实时的互动，而学生还可以通过同桌合作、小组研究等方式来完成教学任务。这种交互式的教学方法使教师能够准确地识别和解析学生

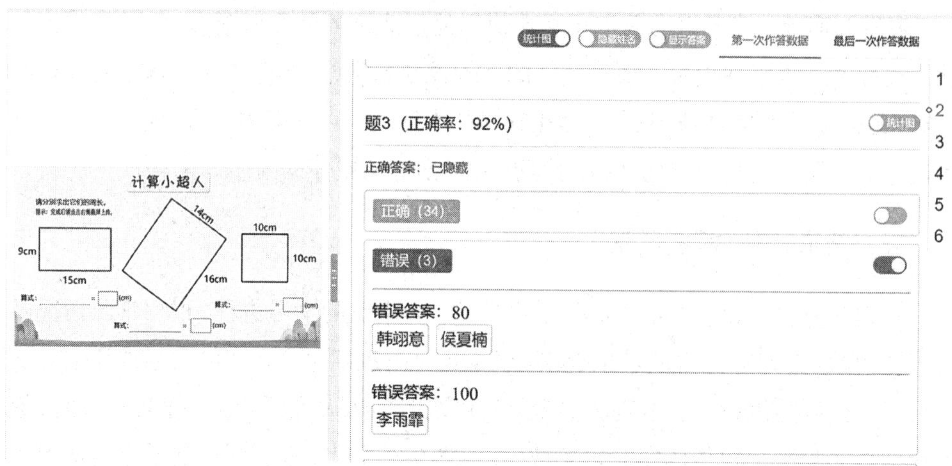

图10 “计算小超人”题3正确率

在学习中遇到的困难，从而及时提供符合个体需求的帮助，增强教学活动的针对性和有效性。在这样的学习过程中，学生不只是加深了对数学知识的掌握，还发展了团队协作精神和团队合作能力。

六、结语

借助“三个助手”数字化平台开展小学数学教学具有一定的优势，它在丰富传统教学手段，以及让课堂变得更生动、更有趣的同时，也通过直观化、互动化的学习方式有效地提高了课堂教学效率和学生学习效率。在感受到数字化平台和工具为课堂教学带来了生机的同时，也存在一些值得思考和关注的问题。结合数字化转型背景下学生发展的特点，教师要完成角色的转变，不断提高数字素养，理性选择和利用数字化资源，努力探索教学新模式，使数字技术与教学更好地融合，为学生带来更优质的服务，真正实现数字赋能小学数学课堂。

参考文献

[1] 中华人民共和国教育部. 义务教育数学课程标准[M]. 2022年版. 北京：北京师范大学出版社，2022.

[2] 张祺. 信息技术与小学数学融合的教学应用研究[D]. 锦州：渤海大学，2017.

[3] 何晶晶. 信息技术在小学数学图形与几何教学中的应用[J]. 求知导刊，2021(31)：75-76.

信息技术在小学数学课堂教学中的创新应用

上海市浦东新区航城实验小学　王佳奕

【摘　要】本文旨在探讨信息技术在小学数学课堂教学中的创新应用，并分析其对提升学生学习积极性、优化课堂教学质量及培育学生数学核心素养的关键作用。通过充分利用信息化手段，教师可以构建高效优质的课堂，提供丰富的学习资源，从而全面提高学生的综合能力、素质水平和核心素养。

【关键词】信息技术　小学数学　创新

一、信息技术的特点和优势

随着科技的不断进步，信息技术逐渐渗透人们的生活。教师在教学中合理运用信息技术并发挥其优势，能使小学数学课堂教学质量得到有效提高。具体而言，信息技术的特点和优势有以下三个方面。

（一）可以为学生营造生动活泼的课堂氛围

将信息技术应用到小学数学课堂教学中，通过电脑和各种多媒体设备、软件，能为学生营造生动活泼的学习氛围，让他们从枯燥的学习环境中走出来。在这样的教学环境中，他们既能感受到数学知识的魅力，又能调动自己对数学知识学习的兴趣。同时，教师借助信息化手段还可以创设丰富多样的教学情境，切实激发学生对数学知识的兴趣。

（二）可以增强学生对数学知识的理解和记忆能力

在学习数学知识的过程中，小学生往往依赖反复记忆来理解和掌握某些知识点。然而，若他们对数学知识的掌握不够扎实、灵活，可能会产生抵触和反感情绪。面对这种情况，教师需要巧妙地运用信息化手段，为学生构建一个既生动有趣又实用性强的学习支架，便于学生形成数学思维，保持深刻、清晰的记忆。

（三）可以促进教师与学生之间的相互交流和合作学习

信息技术在小学数学课堂教学中的灵活运用，能够有效促进师生之间多样化的交流与合作，使教学更具互动性和实效性。例如，教师可以借助信息技术，通过在线游戏、数学竞赛等方式激发学生的学习兴趣和积极性，学生也可以通过互动教学平台进行角色扮演、模拟实验等活动，增强对数学知识的理解和应用。这种教学方式不仅提升了学生的学习效果，还加强了师生之间的交流与合作，使教学过程和谐高效，为打造优质、高效的小学数学课堂奠定了基础。

二、信息技术在小学数学课堂教学中应用的主要问题及其影响因素分析

（一）小学数学教师的信息素养不高

因在教学过程中过于注重信息技术的使用效果，而忽视了信息技术对教师自身专业素养的提升及教学能力的提升，导致一些教师对信息技术的应用较为片面。在现行教育制度下，课堂教学活动的主导力量是教师，课堂教学活动的效能与教师自身的信息素养有着密切关系。目前，很多小学数学教师对信息技术的认知度比较低，很难在实际教学过程中完全应用信息技术。因此，小学数学教师要通过不断学习和积累，逐步提高自己的信息素养，从而为课堂教学活动提供更为丰富的教学资源和教学手段。

（二）小学数学教师对信息技术价值的认同度不够

在当前的小学数学课堂教学活动中，教师对信息技术应用价值的重视程度还不够，对信息技术的认同度低。这主要表现在小学数学课堂教学中，不少教师认为应用信息化手段会使教学质量下降，因而在日常教学课堂上很少使用。这种片面认识导致他们信息技术应用的积极性不足，很多时候只是为用而用。

（三）小学数学教师对信息技术的过度使用

采用新型教学方式的信息化课堂很受小学生的欢迎。部分小学数学教师认为对信息技术使用应多多益善，难免会产生多而杂的问题。例如，过于频繁花哨的展示方式可能会让学生将注意力从知识本身转移到电子屏幕上，从而干扰了他们的思

绪，对实际学习效果产生不利影响。又如，部分小学数学教师没有制定科学的教学目标和合理的教学计划，难以平衡信息技术与传统教学手段的关系，致使信息技术对课堂教学产生了不利影响。

以上问题的存在，既有教师认知、重视程度上的主观原因，也有教学评价、宣传导向方面的客观因素。因此，教师需要深入分析这些问题及其背后的原因，从而推动信息技术与小学数学教学的深度融合，切实为学生创造高效、有趣的学习环境，促进数学教学质量的稳步提升。

三、信息技术在小学数学课堂教学中应用的优化策略

（一）更新教学观念，提高教师信息技术素养

在新课改的大背景下，为了打造科学高效的课堂，小学数学教师不仅需要提高信息技术素养，还应促进师生间的交流沟通。这意味着教师需要积极转变教学理念，以适应信息化社会的发展需求，并改革优化传统的教学模式。为此，教师必须不断学习和掌握如何将信息技术与传统教学模式相结合的前沿教育理念和教学方法。例如，在讲解小学数学知识时，教师可以利用PPT或微课等信息化手段来丰富教学内容，使之更加生动有趣。同时，教师还可以借助信息技术手段来辅助数学知识的讲解，使学生更加直观地理解和掌握。通过这样的方式，教师不仅能够有效地将信息技术和传统教学模式相结合，还能够激发学生的学习兴趣和积极性。

（二）优化教学设计，创新数学教学方式

在小学数学教学过程中，教师应积极运用信息技术手段，以促进学生的自主探究能力为核心目标进行教学设计和课堂组织。以“时间”一课的教学为例，一年级学生在初次接触“几时、几时半”的时间概念时，教师可以巧妙运用多媒体设备，播放引人入胜的时间小故事，迅速吸引学生的注意力。随后，通过大屏幕展示钟面，清晰呈现几时、几时半时针和分针的位置，引导学生观察并归纳出特征，使抽象的时间概念变得直观易懂。同时，结合钟面时间的推移和一整天场景变化的展示，使学生能够身临其境地感受时间的流逝，从而加深对时间概念的理解，并建立起课堂知识与生活实际的紧密联系。二年级学生进一步学习“时、分、秒”时，多媒体演示同样发挥着不可替代的作用。通过动态展示的钟面结构，以及时针、分针和秒针的走动过程，学生能够直观理解时间的计量单位及其关系，如1小时等于60分钟、1分钟等于60秒等。这种直观的教学方式不仅使抽象概念具体化，而且有助于培养学生的空

间想象能力和逻辑思维能力。此外，通过播放时钟和秒表的动画视频，不仅激发了学生的学习兴趣，还让他们深刻体会到时间的宝贵，从而在日常生活中更加懂得要珍惜时间、合理安排时间。

优化教学设计和创新数学教学模式，既要巧妙创设与数学内容紧密相关的情境，又要避免过多的视觉元素和动画效果干扰学生，要引发学生的好奇心和探索欲望，使他们从被动的学习者转变为主动的参与者。这种主动参与的学习态度将促使学生更加努力地思考和探索数学知识，从而培养他们的创新思维和实践能力，提高课堂教学效率。

（三）巧用信息技术，丰富学习资源

教师应巧妙运用多媒体教学手段为学生打开丰富的学习资源宝库。例如，通过动画视频等形式，将抽象的数学概念具象化，有助于学生更好地理解和掌握。以计算模块教学为例，理解算理算法是学生学会计算的重要环节，将抽象的算理通过动画、视频等信息技术手段展示出来就会使之变得更加直观、浅显易懂。一年级学生学习“10以内加减法”时，就可以借助“生日会上发糖”的动画，让他们快速数出分发的糖的数量。将抽象的数字具象为实际的糖果，学生就能快速地反应并理解加减法的含义。一年级学生学习“100以内加减法”时，通过借助“计算条上增减小方块”的动画、“位值图上增减小圆片”的动画、“数射线上向右向左跳”的动画，能将抽象的进位和退位具象为实际的物体增加和减少的过程，让学生明晰算法，并在比较算法中，逐步发展算法思维。二年级学生学习“三位数的加减法”时，可以借助“小正方体组成的板、条、块增减小正方体”的动画、“简图增减”的动画、“数射线上向右向左跳”的动画，并结合一年级知识的迁移，让学生自主探究算法并从交流比较中提高数学理解能力和交流能力。三年级学生学习“用一位数除”时，对于“71÷4=”这个算式的计算，可以借助“分笔”的动画（将71支笔分成7捆加1支，平均分给四个人，每人拿到1捆，还剩3捆。剩余的3捆拆开和原先的1支合在一起，一支一支分，每人拿到7支还剩余3支，剩余的不够分了），这一动画中的“一捆一捆分”对应数学中的“十个十个分”，“一支一支分”对应数学中的“一个一个分”，将“71÷4=”这个抽象的算式具象为分笔的过程，能使其中的算理变得清晰明了。四年级学生学习“分数的加减法计算”时，可以借助“八戒吃西瓜”的动画演示，学生能直观地数出西瓜被平均分成了九份，八戒先吃了这个西瓜的九分之四，再吃了这个西瓜的九分之一，即一共吃了这个西瓜的九分之五。动画演示过程能让学生清晰地感知分数的加法计算和整数的加法计算存在相同之处，从而能快速探究出分数加

法计算的方法，体会数学的逻辑性。

小学生由于年龄较小，理解知识的能力还不够强，对抽象的数学概念、运算法则的理解往往一知半解、浅尝辄止。所以，教师要善于运用信息化手段突破教学难点，提高学生的学习效率。

（四）注重细节处理，促进学生思维发展

在小学数学教学过程中，教师应抓住一些细节问题来帮助学生形成正确的数学思维。此时，信息技术可发挥辅助作用。教师在讲解有关的数学概念和计算方法时，可运用多媒体技术，根据教材内容和学生的实际情况进行针对性展示。例如，在教学四年级“圆的初步认识”一课时，教师可以利用画图软件或者几何作图软件等展示画圆的过程，并让学生自己确定圆心的位置和半径的长度，通过自主操作画出不同位置的圆、不同大小的圆。这不仅能让学生直观了解如何画圆，还能从所画的圆中快速得出“半径决定圆的大小，圆心决定圆的位置”这一结论。

一些复杂的数学概念和思维方法往往难以通过传统的讲解方式让学生完全理解。而信息技术可以在一些细节问题上通过具体形象化的教学手段、虚拟的实验环境、个性化的教学、模拟仿真的教学等，将这些复杂的概念和方法以直观、易懂的形式呈现出来，帮助学生理解和掌握的同时，形成正确的数学思维，提高数学素养。

四、结语

信息技术在小学数学课堂中的合理应用，不仅能够提升教学质量，还能够丰富教学内容，有效激发学生的学习兴趣。为了充分发挥信息技术的优势，教师需要结合小学生的学习特点和数学学科的特点，灵活运用信息技术手段，打造富有成效的数学课堂，帮助学生更好地掌握所学知识，发展数学思维。同时，教师须加强学习，与时俱进，不断优化信息技术在数学教学中的应用，为培育学生的数学核心素养而不懈努力。

参考文献

[1] 王海波. 信息技术与小学数学教学深度融合的应用研究——以“图形面积”单元教学为例[J]. 中小学信息技术教育，2023(10)：87-88.

[2] 汤琰. 浅析信息技术与小学数学教学深度融合的策略[J]. 中小学电教，2022(12)：51-53.

[3] 王国武. 数学学科与信息技术融合的策略研究[J]. 数学大世界（中旬），2022(12)：29-31.

英语篇

数字化转型背景下小学英语课堂教学实践

上海市浦东新区进才实验小学　倪丽梅

【摘　要】在数字化转型背景下，小学英语课堂教学实践呈现出新的特点。通过引入智能设备和在线教学平台，教师能够更加灵活地设计课堂教学，提高学生的学习兴趣和参与度。同时，数字化工具为个性化教学提供了可能，使学生能根据自身水平进行自主学习和巩固。本文探讨了数字化工具在小学英语课堂中的实施策略、取得的成效、典型应用场景和对未来的展望。

【关键字】数字化转型　“三个助手”　英语课堂教学

一、小学英语教学数字化转型的背景

党的二十大报告明确要“推进教育数字化”。课堂是课程教学改革的主阵地，数字化转型的聚焦点是课堂教学。课堂教学的数字化转型，是将课堂中的各种教学要素信息化，将教学信息资源化、数据化，进而促进师生高效地利用信息化资源，实现课堂教学育人方式的转变与教学质量的提升。

作为一线教师，理应积极响应号召，思考探索信息技术与课堂教学的深度融合，合理利用并创新使用数字技术，满足学生个性化学习的需要。

本文以三年级小学英语区级公开展示课“沪牛津3BM3U1第二课时Shape Week（形状周）”为例，从单元视域审视，浅谈数字化转型背景下小学英语课堂教学的改革与实践。

本单元的主题为“Shape Week”，在第二课时的教学中，笔者创设了“Shape Week”的学校生活情境，学生通过学习用图形完成甲壳虫、苹果树的两个对话文本实现预设的教学目标。在此过程中，笔者通过观察预测、留空补白、角色朗读、拼图

阅读、拼搭作品、介绍作品等多种方法逐步推进教学，环环相扣，从扶到放，很好体现了学生从学到用的过程。教师运用“三个助手”发布任务，在确保全员参与学习活动的情况下，利用数据反馈对学生开展针对性指导。学生通过拖拽图形获得鲜活的学习体验，进而充分发挥想象，再通过介绍作品运用所学语言进行表达。

二、小学英语教学数字化转型的实施策略

（一）探究主题意义，挖掘育人价值

本课时的教学内容取材自牛津英语3BM3U1，该模块聚焦“Things around us”，单元主题为“Shapes”，主题语境属于人与自我，子主题是“生活与学习、做人与做事”。

教师通过深度挖掘本单元教材各语篇内容所传递的意义，揭示语篇之间的内在联系，从而确定了本单元的主题意义：学生在了解五种常见形状的基础上，感知生活中的形状组合及其运用，树立探索意识，重视学以致用，学会与他人友好合作。本单元的单元主题框架如下图所示。

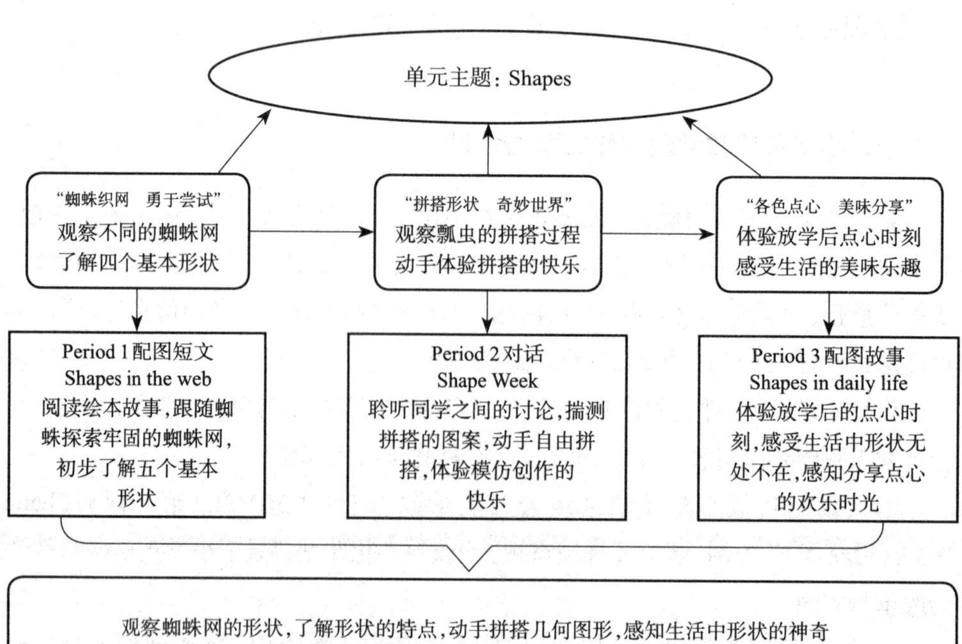

单元主题框架图

在第二课时中，笔者穿插对话、海报、歌曲等多模态语篇，以“形状周”为切入点，聆听两名学生之间的谈论内容，在实践体验中，激发学生的创意拼搭，体验动手模仿并创造的快乐，培养创新思维。

（二）确立教学目标，变革教学方式

教师要立足学情，通过分析学情，重构语篇内容，确立教学目标。为了实现教学目标，笔者借用数字化途径，改进课堂教学方式，运用“三个助手”平台改善学生的课堂体验，借助希沃软件实现板书互动。

1. 立足学情，确立目标，重构语篇

（1）分析学情

三年级学生在日常英语学习中已形成良好的学习习惯，对英语学习有强烈的兴趣。

笔者结合本单元主题内容，分析了相关知识的横向与纵向联系，形成了本单元的学情分析，从语言基础、知识储备、情感积淀和提高空间这四个方面分析了学情。

语言基础：经过两年半的英语学习，学生已经初步具备正确模仿发音、正确拼读单词和朗读句子的能力，并能够朗读和理解一些简单的语段，进行口头或书面反馈。

知识储备：在1AM3U1和2AM3U3中，学生已学过关于数量的词汇，也学过运用特殊疑问句“How many ... ？”“There is/are ...”交流物品数量。在2BM3U3中，学生已学过运用陈述句“I have ...”表达自己拥有的物品。在2BM1U1中，学生已学过颜色类词汇。在3AM4U1和3AM4U3中，学生已学过关于昆虫和植物的词汇，如ladybird、feeler、leg、branch、root、trunk等，但是这些低频词容易被学生遗忘。

情感积淀：学生喜欢创作，并善于表达，热爱生活，善于发现。

提高空间：学生第一次接触形状类偏概念性的词汇，对他们来说有一定难度，并且triangle、circle、rectangle和square的发音较难掌握。

（2）确定教学目标

根据学生对本单元主题的了解情况，笔者确定了第二课时的教学目标（见下表）。

课时	知识与技能	主题与文化	思维与策略
第二课时	1. 复习字母组合“ff”的发音，巩固其读音规则，尝试在语境中朗读感知 2. 在语境中运用“... has ...”说出他人拥有的形状，并能理解和运用“I have ...”进一步描述自己拥有的形状 3. 能结合有关身体部位等旧知用“It/They can be ...”表达拼搭图形的用处 4. 综合运用所学，描述手中的形状和组合图案，加强团队合作	通过学习，感受形状组合的美妙，善于观察和创新实践	1. 通过倾听、跟读、朗读、辨析、归纳等形式学习字母组合“ff”的发音 2. 通过文本视听、跟读模仿、拼读书写等形式学习相关内容 3. 通过对话朗读、问答交流、看图说话、书写运用等形式学习相关句型

（3）重构语篇

笔者基于学情，结合本课时核心内容，将第二课时的语篇内容重整如下：

Boy: Oh, I have a good idea.

Girl: What can you make?

Boy: Oh, look! I have a big circle. It can be the body. And I have some small circles. They can be the spots.

Girl: A button?

Boy: Oh, no! Look! I have two black rectangles. They can be the feelers. And I have some brown rectangles. They can be the legs.

Girl: Wow! It’s a ladybird. How lovely!

Girl: Oh, I have a good idea too. I can make an apple tree.

Girl: Oh, look! I have a brown rectangle. It can be the trunk.

Girl: And I have some rectangles. They can be the roots.

Girl: And I have some red circles. They can be the apples. Yummy!

Girl: Wow! How tall!

有关昆虫和植物的内容，虽然学生在三年级上学期有过学习和了解，但是这些内容出现频率较低，笔者发现学生很容易遗忘。于是，笔者通过跨单元整合学习内容，将低频词融入本单元语篇内容，提高这些低频词的复现率。

2. 围绕目标,增强体验,促进表达

教师可以让学生通过体验图形拼搭,促进语言表达。虽然利用传统的七巧板能够开展学生的体验活动,但是教师和学生无法在短时间内展示所有的作品。虽然传统板书能够实现黑板上的示范,但是制作教具需要花费较多时间。需求促进变革。在探索中,笔者发现“三个助手”平台的数学界面可以很好地满足此次教学的需求:① 学生能体验图片拼搭;② 同一时间可以展示所有学生的作品;③ 可以实时反馈学生的课堂行为。于是,笔者将“三个助手”的应用贯穿了整节课堂:从课前的复习环节到拼搭瓢虫的新授,从拼搭苹果树的“扶”到学生自由拼搭的“放”。在对板书的调整过程中,笔者发现借助希沃白板可以实现图形的拖、拉,并以此实现了教师的拼搭示范和学生的拼搭展示。

三、小学英语教学数字化转型取得的成效

(一)优化活动设计,增强学习体验

教师通过创设图形拼搭的学习情境,以互动任务实施教学,能提高学生的学习兴趣;用技术赋能学生的学习,能促进他们深度学习;利用学习平台互动便捷、反馈快速精准的特点,能提高教学实效,做到课中提供“真”支撑。

在信息技术支撑的课堂教学中,教师可以及时了解学生的反馈。笔者是这样优化活动设计的:课前,为了了解学生上节课的学习理解,运用电子平板上的猜谜环节获取反馈。学生端,学生提交选项后,能够立马知晓自己答对几题,对错分别是哪些题;教师端,教师不仅可以看到学生整体的数据内容,还能够了解错误率较高的题目和相应的错误答案是什么。课中,拼搭瓢虫的新授、拼搭苹果树的巩固,这些互动教学可以帮助培养学生的学习能力。课后巩固环节,学生自由拼搭后,教师端可以呈现所有学生的拼搭作品和口语录音内容。

信息技术提供的真实的实时数据可以即时反馈全班学生的学习情况,让教师了如指掌。

(二)打破学科壁垒,开拓备课思路

鉴于“图形周”的话题可以融合数学、美术和英语的内容,因此,此次课堂教学展示,笔者借助“三个助手”的数学平台,借鉴各学科的特点,比如数学图形的精准、美术颜色的搭配和英语语言的准确表达,尝试融合各学科优势,设计单元教学内容。

（三）亮相区级教研活动，共探智慧课堂

本节课是2024年4月10日举办的浦东新区三年级英语教研活动中的一节展示课，参加本次活动的有区里执教三年级的英语教师、区里的骨干教师及区里的数字化转型实验校的教师代表、安徽芜湖的部分校长、江西于都的教师代表，一共200多位教师。

展示课以“三个助手”为核心，巧妙地将信息技术融入英语教学，实现了教学内容的数字化、教学方式的互动化、教学评价的技术化。课堂上，学生手持智能终端，脸上洋溢着兴奋与好奇。教师借助信息化教学工具，轻松掌控教学节奏，精准指导学生学习，使课堂变得真正高效。这不仅是一次教学创新的尝试，更是一次智慧课堂建设的成功实践，它为我们展示了信息科技在英语教学中的无限可能。

通过此次区级教研活动展示，教师了解到了“三个助手”平台的新用法，探究了在日常教学中更高效地实现数字化转型的途径，为学生带来更丰富、更精准、更有效的英语学习体验。本次活动也进一步推动了我校数学、音乐、自然等学科教师积极使用数字平台，改进课堂教学；推动了本区其他英语教师探索数字平台的隐藏功能，优化课堂教学。

四、小学英语教学数字化转型的典型应用场景

（一）“三个助手”教学平台的应用：探究体验三重奏

1. 实践体验瓢虫的拼搭，口语表达更真实

笔者的教学目标是希望学生能在语境中运用核心句型。通过在电子平板上进行图形拖动，学生实现了动手操作，切身体验了语境中主人公拼搭的小小智慧，体验了拼搭的快乐，促进了语言表达的真实性和生活性。

2. 体验完成苹果树的介绍，学习过程更自主

笔者通过互动工具设计，如迷你小视频、文字拖动题等，为学生提供了自主探究的空间，丰富了学生的学习体验。

可视化工具呈现了学生的过程性思维状态与个性化学习结果，使得教学的推进可以更多地依据学生的学习特征展开，既增强了教学的针对性，也促进了学生对内容的理解与方法的掌握。

多样化呈现学生作答的过程性与结果性信息，可以充分实现学生思维的可视

化，激发比较、分析、评价、反思等高阶思维，还能促进师生之间进行更具深度、更为有效的互动。

3. 发挥想象力，动手自由拼搭，语言表达更精准

教师通过设置实践活动，使得学生可以自己动手拼搭他们喜欢的图形。借助录音功能，学生可以在练习多次后再录音，反复磨炼口语和实践表达，有助于提升表达能力。

课堂的数字化转型，也是努力践行英语课堂学习观的探索实践过程。在探究体验三重奏的过程中，笔者围绕课程六要素，聚焦英语学习活动观，促使学生学习理解、实践体验、构建运用、迁移转换，推动学生学习能力的提升，进而促进核心素养的发展。

（二）希沃电子板书工具的应用：尝试互动板书，促进师生有效互动

教师尝试用电子板书呈现过程性信息，可以实现学生思维的可视化，促进师生有效互动，激发学生的高阶思维。电子板书的拖动、拉伸、旋转等功能，让板书不再是预设的，实现了课堂现场的即时生成和互动。

五、展望未来：践行学科育人，技术赋能课堂教学

通过实践探究，笔者发现数字化转型的课堂优势明显：一是教学内容呈现方式更为多样，学生的学习兴趣盎然，体验更加丰富。二是学生的探究机会得到增加，受到教师关注的学生数量更多，师生互动也更加充分。三是学生在课堂上完成数字化任务时，态度更加积极，完成质量也更高。当然，在常态课堂教学中，教师还应注意以下两点：一是明确课堂教学目标。教学设计要聚焦学生核心能力的培养，数字化工具应服务于教学目标，教师在使用中要避免为了使用技术而使用技术。二是提升自身数字素养。教师需要具备基本的数字技能，能够有效使用和管理数字化设备及平台，保证课堂顺利进行。

教育数字化是教育现代化的显著特征，是建设教育强国的重要动力引擎。英语课堂的数字化转型，不仅限于“三个助手”平台的应用和希沃电子板书的使用。作为一线教师，应挖掘有用、有效的电子教学软件和平台，探索操作路径，熟练实践应用，提炼经验做法，以数字化赋能教师智慧教学、赋能学生个性学习，加速教育教学方式的转变，促进教育教学质量的提升。

参考文献

［1］习近平. 高举中国特色社会主义伟大旗帜　为全面建设社会主义现代化国家而团结奋斗——在中国共产党第二十次全国代表大会上的报告［EB/OL］.［2022-10-25］. http://www.news.cn/politics/2022-10/25/c_1129079429.html.

［2］中国教育报. 聚焦国家教育数字化战略行动：教育数字化转型的内涵与实施路径［EB/OL］.［2022-04-06］. https://www.edu.cn/info/focus/li_lun_yj/202204/t20220406_2219009.shtml.

［3］李怡明. 数字化转型背景下课堂教学范式重构［J］. 中国电化教育，2024（1）：119-124.

基于综合育人的小学英语微项目化学习探索

上海市浦东新区老港小学　陆凤珍

【摘　要】本文基于《义务教育英语课程标准（2022年版）》的要求，探索了基于综合育人的小学英语微项目化学习模式，旨在通过确立贴近学生兴趣和现实生活的微项目主题，设计具有真实性和驱动性的问题，搭建适宜的学习支架，以及提供多元化的展示平台，来激发学生的探索欲望，促进其自主学习、探究学习和合作学习能力的提升，实现英语学科的育人目标。本文结合具体教学案例，分析了微项目化学习在提升学生语言能力、思维能力、创新能力及跨学科综合能力方面的作用，并强调了其在促进学生全面发展中的重要意义。

【关键词】综合育人　小学英语　微项目化学习　核心素养　真实情境　学习支架　展示平台　育人目标

《义务教育英语课程标准（2022年版）》（以下简称“新课标”）指出，教师要把落实立德树人作为英语教学的根本任务，准确理解核心素养内涵，全面把握英语课程育人价值，引导学生逐步树立正确的世界观、人生观和价值观。综合育人涵盖了知识、技能、思维、情感、价值观等多个方面，旨在全面培养学生的个性、能力和素质，使其健康、积极地成长为社会主义事业的合格建设者和接班人。综合育人的目标是培养学生的德、智、体、美、劳全面发展，并注重拓展学生的思维能力、创新能力和跨学科综合能力。英语学科的育人价值观体现在英语学科的核心素养上，渗透在课程内容及日常的教学过程中。

新课标还指出，要引导学生结合个人生活经验和社会生活需要，围绕特定主题，由真实的问题或任务驱动，综合运用其他相关课程的知识自主开展项目化学习。在英语课程中落实育人目标的方法和途径有很多，而在真实问题的解决过程中无痕落

实育人目标是一种更为有效的、很好的育人方式。基于单元或者单课时，甚至课堂内某个环节的项目任务或者课堂外某个实践性项目作业等的微项目化学习，既可以让学生将碎片化学习转变为整体性学习，将学科育人的生硬融合转化为真实问题解决中的自然内化，也可以因其规模小、周期短、聚焦性强的特点而使项目任务更加灵活、实用、易操作。一个个微项目既可独立形成，又可互相关联、互相迭代，形成系列。以下是笔者引导五年级学生开展英语微项目化学习实践与探索的过程和总结。

一、结合兴趣与现实，构建微项目主题，打开探索之门

在基于综合育人的小学英语微项目化学习中，首要任务是激发学生对英语学习的兴趣，并以此作为构建微项目主题的出发点。同时，应注重将学生的兴趣与现实生活紧密结合起来，使学习更加贴近实际、富有意义。通过问卷调查、个别访谈等方式，教师可以了解学生的兴趣爱好、生活经验和已有知识基础，为构建贴近学生实际、符合其兴趣爱好的微项目主题提供重要依据。教师还可以鼓励学生自主探讨并提出项目化学习的主题。

例如，在开展上海牛津英语5BM4U2 "Western Holidays" 的单元教学时，笔者引导学生分步填写问卷调查表，自主选题、自主规划。问卷一中的问题"What Chinese festivals and Western holidays do you know?"放在本单元的第一课时，教师先引导学生复习四年级学过的一些中国传统节日，在此基础上引入西方重要节日感恩节和圣诞节，让学生有初步的了解，并提问：同学们还知道哪些西方节日？这个问题能激发学生获取更多相关信息的兴趣，并能积极主动地开展课后任务：通过查阅资料等方式完成问卷一。在查阅资料完成问卷一的过程中，学生必定会对某个西方节日有着更大的兴趣和探索欲，因此，问卷二中就有这样的问题："What's your favourite Western holiday?"完成问卷二的过程就是学生自主选题的过程，有着同样兴趣爱好的学生便成为后续深入学习的队友。

又如，在教学5B "Revision for the simple past tense" 这堂复习课时，笔者结合了学生的生活实际：6月正值毕业季，对毕业学子来说，五年的小学生涯有着无数美好的时刻，春、秋游、儿童节等都是他们共同经历的快乐时光。真实的情境、真切的回忆、真挚的情感促成了"Happy moments in the primary school"这一微项目化学习主题。

再如，笔者开展5BM3U1 "Signs" 的单元教学时，一开始设定的主题是"Be a civilized little angle"，旨在通过项目化学习为社区不同的场所设计标识并进行宣

传，阻止身边不文明现象发生，创建更加文明和谐的生活环境。在入项阶段，学生经过商讨筛选出“学校”“公园”“文化中心”“超市”“小区”这五个周边场所，分成五组开展项目活动。但是，第一步“实地调查周边场所的现有标识”便宣告失败。由于活动时间和安全因素等的限制，无法开展小组调查活动，即便让学生先独立调查再小组汇总也很难有成果，大部分学生对此项目任务不感兴趣，缺乏行动意愿。恰逢学校正在创建一个劳动基地——航天趣植园，笔者随即改变方向，以“Design signs for our Space Plantation”为项目主题，鼓励学生参与基地建设，依据航天趣植园的设计蓝图，为其不同的功能版块设计标识，如“太空一号温室”“班级菜地”“农具屋”“展示厅”等，学生自主选择感兴趣的功能板块分组合作，参与积极性明显提高了。

可见，确立既符合学生兴趣又贴近现实生活的微项目主题，能为后续的项目实施和成果展示奠定坚实的基础。

二、挖掘真实情境，设计驱动性问题，点燃探索之花

在微项目化学习中，设计具有真实性和驱动性的问题是激发学生探索欲望、促进其主动学习的关键。通过挖掘与学生生活密切相关的真实情境，并设计一系列连贯的驱动性问题链，可以有效激活学生的思维，点燃其探索的热情。学生在解决这些问题的过程中，会不断产生新的疑问和想法，从而推动其主动学习和深入探究。同时，这些问题还能够促进学生的跨学科思考和创新能力的发展，使其在实践中不断拓宽知识视野和思维边界。笔者在教学5B“Revision for the simple past tense”一课中的“Happy moments in the primary school”微项目化学习时，提出的驱动性问题是：马上就要去上海海昌海洋公园参加社会实践活动了，请同学们在游玩的过程中仔细观察、积极探究，活动结束后写一篇日记或制作一份海报，并向学弟学妹们介绍如何在有限的一日游的时间内使游程更优化。这里涉及“如何选择精彩的场馆”“如何设计合理的游玩路线”“游玩的时间节点和注意事项有哪些”“需要做哪些准备工作”等一系列子问题的提出和解决。

在设计驱动性问题时，教师还应充分利用当地的资源优势，如图书馆、博物馆、文化遗址等，为学生提供丰富的学习资源和实践机会。这些在地资源不仅能够帮助学生更深入地了解项目主题，还能够增强其学习的真实感和体验感，进一步激发其探索欲望和学习兴趣。例如，笔者开展5BM3U1“Signs”一课中的“Design signs for our Space Plantation”微项目活动就利用了镇政府为学校新开辟的种植基地这一在

地资源，虽然还在建设中，但精美的效果图给了学生无限的遐想和憧憬，驱动型问题是：请你为我们的航天趣植园设计标识，并在将来能成为一名小小解说员，接待来访的宾客。当学生代入了基地建设参与者这一身份时，那种主人翁的自豪感能激发他们积极主动地投入到项目活动中。

三、搭建学习支架，开展微项目实施，支持探索之旅

在微项目化学习中，为了确保学生能够顺利地进行项目探究并取得预期成果，教师需要搭建适宜的学习支架，以支持学生的探索之旅。学习支架是指在学习过程中为学生提供帮助和支持的工具、资源或策略，旨在降低学习难度、提高学习效率。学生在完成项目的过程中，无疑会面对复杂的情境与挑战，教师可以在项目的不同阶段为学生提供不同类型的学习支架，执行分阶段实施，精准对接学生的学习需求。

在项目的实施阶段，学生往往会面临因缺乏资源而无法推进的情况。教师有必要及时地为学生提供解决问题的学习资源支架。比如，受限于农村家庭的经济状况或者教育意识上的缺乏，很多学生的家庭没有电脑支持他们查阅、整理、打印各类资料，且这些学生家长的文化程度普遍较低，无法为学生的学习提供支持和帮助，因此，在5BM4U2 “Western Holidays” 一课的微项目实施过程中，笔者把本单元的第二课时的学习安排在学校电脑房，指导学生小组合作，依据学习进程查阅、收集相关资料，如节日的日期、由来、食物、活动等，并为他们提供资源与方法的学习支架。又如，在5BM3U1 “Signs” 一课中的 “Design signs for our Space Plantation” 微项目实施过程中，笔者为学生提供了航天趣植园的施工效果图及功能区的划分与介绍，三维立体的图示给学生提供了直观、丰富的资源支架。

在英语项目化学习的实施中，语言的学习和运用是完成项目的骨架，教师须在知识、技能、情感等方面为学生搭建适宜的学习支架，提供与项目主题相关的背景知识、专业术语解释、学习资源链接等，帮助他们建立必要的知识基础。针对学生在项目探究中可能遇到的技能挑战，教师要提供必要的技能辅导和支持，包括信息检索技能、沟通合作技能、交流演示技能等。同时，教师还要介绍并演示项目研究的基本方法和步骤，如问题定义、资料收集、数据分析、结论撰写等，并关注学生的情感需求和心理状态，提供必要的情感支持和鼓励。教师可以定期与学生交流项目的进度和他们的感受，及时给予肯定和鼓励，帮助他们保持积极的学习态度和探索精神。例如，在5B “Revision for the simple past tense” 一课中的 “Happy moments in the primary school” 微项目实施过程中，笔者通过对语篇的推动和语用的推进，为学生

顺利完成项目任务搭建了词、句、篇的学习支架。本课语篇中的主人公Judy和Oscar是班级中的两位真实人物，其他学生跟随他们一起翻看相册追忆往昔，在快乐时光的不断呈现中，一般过去时态的复习、语言知识的运用逐层深入。第一段语篇关于"前小桔农场"秋游的前半部分，笔者通过让学生观察画面引出事情发生的时间和地点，学生通过聆听人物对话回忆所见和所做，通过"Read and complete"复习动词过去式的规则与不规则变化及其在语境中的运用。第二段语篇关于秋游的后半部分，笔者以"Listen and number"听力练习的形式呈现更多动词过去式引导的短语，丰富多彩的活动让美好的记忆更加丰满，继而引导学生复习巩固一般过去时的一般疑问句"Did you ...?""Were you happy?"的问答。第三段语篇关于儿童节上午学校里的活动，笔者引导学生通过"Listen and answer""Read and choose"学习活动复习巩固一般过去时的特殊疑问句"What did you do on Children's Day?""What else did you do?"的问答。第四段语篇关于儿童节下午Judy和朋友参观昆虫博物馆，笔者先引导学生通过"Think and guess"让他们猜一猜Judy下午可能干什么去了。生活经验让学生有无数的猜想，他们在思考的同时，语言知识得以进一步巩固和运用。然后，学生通过"Listen and judge"来印证猜测，同时复习巩固一般过去时的综合运用。最后，在迁移创新的过程中，学生借助课堂所学及思维导图进行语用输出，从"date""festival""place""food""activities""mood"等方面描述小学生活中的某一快乐时光，为完成课后的项目作业做好知识、技能、方法和情感的储备。

通过搭建适宜的学习支架并有序地开展微项目实施，教师可以为学生提供全方位的支持和帮助，使其能够顺利地完成项目探究并取得预期成果。

四、提供多元平台，展示项目成果，收获探索之乐

在微项目化学习的最后阶段，为学生提供多元化的展示平台，让他们充分展示项目成果，不仅是对他们学习成果的认可，更是激发他们学习热情和自信心的关键步骤。通过展示与评价，学生可以体验到探索的乐趣，同时也能在互动交流中相互学习、共同进步。课堂是最常用的展示平台，教师要利用课堂时间，安排学生分组进行项目汇报。每个小组可以通过PPT、视频、实物展示等形式，详细介绍项目的背景、过程、成果及反思。笔者在第一次组织学生进行项目展示前还担心学生不敢上台，没想到每个小组都做好了充足的准备——精美的PPT演示、明确的人员分工、精彩的演讲，他们甚至还不忘结束时进行激情拉票，每个小组都赢得了全场热烈的掌声。课堂展示只是预演，笔者还为学生提供了校园展览和网络平台展示的机会。笔

者在校园内设置了展览区，展示他们的项目成果，这不仅吸引了学校广大师生的关注，还增强了学生的成就感和荣誉感。笔者还利用学校网站、微信公众号等网络平台，发布了学生的报告、视频、图片等项目成果，让更多人了解和欣赏了学生的作品。

五、结语

在微项目化学习中，学生需要自主规划项目、查阅资料、解决问题等，这极大地提升了他们的自主学习能力。他们学会了如何独立思考、如何自主学习新知识。基于综合育人为目标的小学英语微项目化学习，是一个师生共同成长的过程。它打破了传统课堂教学的束缚，让学生在真实的问题情境中学习知识和技能。同时，它也促进了教师的专业成长和教学能力的提升。

参考文献

[1] 中华人民共和国教育部. 义务教育英语课程标准[M]. 2022年版. 北京：北京师范大学出版社，2022.

[2] 夏雪梅. 项目化学习设计：学习素养视角下的国际与本土实践[M]. 2版. 北京：教育科学出版社，2021.

[3] 朱柽瑶. 小学英语项目化学习中"教师如何有效支持学生"的探索[J]. 现代教学，2024(13)：92–93.

例谈项目化小学英语作业的设计与实施

上海市浦东新区老港小学　瞿晨炜

【摘　要】本文以牛津上海版2BM4U2 "Mother's Day" 一课的项目化作业的设计与实施为例，阐述小学英语项目化作业的设计与实施策略，包括：确立项目主题，激发学习兴趣；设计项目步骤，问题驱动探究；实施项目步骤，推动作业进程；多种评价方式，量化作业成果。其旨在促进学生学科核心素养的发展。

【关键词】项目化作业　小学英语　核心素养

针对当下的小学英语作业设计存在着机械化、单一性、重复化、学生主动性低等问题，教师可以尝试项目化作业。项目化作业是一种以项目为载体的综合型小学英语作业模式，也是项目化学习在课后的一种实践方式。在项目化作业中，笔者根据《义务教育英语课程标准（2022年版）》（以下简称 "新课标" ）要求及学生学情，结合课堂教学内容和学生生活实际确立了教学目标，并将作业布置给学生。在项目化作业的具体实施过程中，笔者设计了一些环环相扣的框架问题，驱使学生逐步完成项目中的各个活动环节，最终的 "项目作品" 即为最后的项目成果。项目化作业不同于以往的常规作业，它更侧重于学生综合能力和解决问题能力的提升，以项目的形式提高学生的知识技能和学科核心素养。在本篇文章中，笔者将主要阐述项目化作业的设计与实施策略。

一、确立项目主题，激发学习兴趣

"在学中用，在用中学" 是新课标提出的一个要求，即教师可以将教学内容与学生生活实际相结合，以一种贴合学生生活情境的方式，让他们将所学运用到生活中。教材2BM4U2 "Mother's Day" 一课的主题是学生较为感兴趣的话题，在教学这节课

时，母亲节刚刚过去十天左右。由于母亲节与学生的日常生活息息相关，他们在谈论母亲及赠送母亲的礼物时能够言之有物，因此，笔者决定选这一课来设计项目化作业。基于“Mother’s Day”这一主题，结合本单元教学目标、学生的语言能力和情感基础，笔者确定了“Using your own way to express love for Mum”的项目化作业主题。本次项目化作业的目标如下表所示。

核心素养	作 业 目 标
语言能力	1. 通过作业，能巩固与运用核心词汇，关注其拼读、单复数表达及准确合理的动词搭配等 2. 通过作业，能巩固并运用句型“I can ...”“I love you. Happy Mother’s Day”，并运用提供的语言支架进行表达
文化意识	通过作业，能进一步感受节日礼物的不同，感知母亲节的节日文化，表达对母亲的感恩之情
思维品质	通过作业，提高整理信息的能力，初步形成自己的想法和意见
学习能力	1. 通过作业，提高对英语学习的兴趣，在学中做，在做中学 2. 通过作业，提高对所学知识的整合能力，能够积极思考，提高解决问题的能力 3. 通过作业，提高与小组成员合作互评的能力，能够依据评价标准来进行评价

二、设计项目步骤，问题驱动探究

在分析新课标、教材内容和学生学情的基础上，笔者设计了以下四个项目步骤。在第一个项目步骤中，通过教师讲解及自主查阅资料，引导学生了解母亲节文化，拓展其文化视野。在这个步骤结束之后，笔者会询问学生一个问题：“What do you know about Mother’s Day?”这个步骤旨在让学生了解母亲节的日期、象征花及合适的礼物等。在设计第二个项目步骤时，由于课本上能够提供的文本素材是有限的，因此，教师可以寻找多方面的资源支持。本课面对的对象是低年级的学生，他们更喜欢视频、图片等直观、生动的内容呈现形式。为了增强学习的趣味性，笔者找到了和母亲节相关的两个英文绘本故事。第一个绘本讲述了Grover询问朋友并为妈妈准备母亲节礼物的故事，第二个绘本讲述了一家人陪伴妈妈共度母亲节的故事。欣赏完两个绘本故事后，笔者会询问学生一个问题：“What do you learn from these two stories？”通过阅读和学习以上两个绘本故事，学生不仅能够巩固本单元所学词汇和句型、拓展母亲节相关词汇，还能感知母亲节的节日文化。

鉴于前两个项目步骤的铺垫，在第三个项目步骤中，笔者使用调查表的形式引导学生回想自己与母亲的相处故事。调查表包含三个方面，即“Impressions on mother”“Things that your mother do with you together”“Things that you can do for her”。调查表是一种非常有效的语言支架，能让学生在一个生活化的场景中运用所学知识，萌生对母亲的感恩之情。教师引导学生以小组为单位交流调查表的内容，可以提高学生的说写能力。在第四个项目步骤中，笔者会提出本项目化作业的驱动性问题：“How to express your love for Mum?”项目化学习单元作业成果指向驱动性问题，具有思维的真实性。基于此前各个项目步骤的铺垫，学生已经有了自己的想法，未准备母亲节礼物的学生可以借此机会准备一份迟来的礼物，向母亲表示感谢。同时，笔者也将为学生提供一个手工卡礼物的模板，学生可以进行设计和书写。

三、实施项目步骤，推动作业进程

在项目化作业的实施中，教师作为协助者，要确保学生学习的有序进行，帮助他们掌握、建构、迁移运用知识。在入项活动中，笔者搭建了母亲节的文化支架和情感支架，帮助学生形成对母亲节的初步感知。在探究过程中，笔者创建了生活化的情境让学生能够言之有物。根据学生的语言能力和学习情况，笔者在布置调查表这一作业时，明确了作业要求，并在需要学生书写的位置旁提供了示例词组，基础较差的学生可以参照示例进行书写和表达，基础较好的学生可以在此基础之上进行拓展。在出项阶段，笔者采用了公开报告的形式，根据学生的汇报及时给予肯定，增强他们的获得感和荣誉感。

新课标秉持在体验中学习、在实践中运用、在迁移中创新的学习理念，更加关注学生的学习过程。学生在驱动性问题和子问题的引领下，以小组为单位去打开思维、相互学习、提出问题、交流反思、表达观点，能对问题形成更全面、更系统的认识。在本次项目化实施过程中，笔者充分发挥了学生的主体性，在他们遇到问题时，引导他们先组内分享交流，再去完成具体的步骤，提升了他们的口语交际能力和学科综合素养。

四、多种评价方式，量化作业成果

作业是英语课堂知识的拓展和延伸，而项目化作业更是学生表达表现、探究实践、团队合作的重要平台。因此，评价对于项目化成果的验收和学生的进步至关重要。新课标提出，应当形成过程性评价与终结性评价相结合的多元评价方式。笔者在本次评价中主要采用课堂即时评价和评价记录量表等方式。基于面对的对象是低年级学生，教师对于学生在展示中呈现出的闪光点，要及时给予相应的反馈。比如，一名学生制作的手工卡礼物十分精美，书写准确无误，在展示时也合理地表达了自己的观点，笔者便及时评价："Excellent! I love your expression. You show your love to your mum very well!" 给予学生有针对性的鼓励有助于增强他们的自信心。根据展示型作业的特点，笔者设计了如下评价记录量表，来评价学生最终的作业成果。

2BM4U2 "Mother's Day" 项目化作业评价记录量表

本评价记录量表设定三星评价等级。部分符合评☆，基本符合评☆☆，非常符合评☆☆☆				
小组：	组员姓名：			
评价内容	**评 价 标 准**	**自评**	**组内评**	**师评**
语言能力	能充分掌握所学语言知识，并能正确运用所学词汇及句型进行表达，进行有意义的沟通与交流			
文化意识	了解母亲节文化，萌生对母亲的感恩之情			
思维品质	能够客观地形成自己的观点，并能够有理有据地表达观点			
学习能力	善于倾听，乐于在小组中和同学们互帮互助，交流观点			

笔者在布置作业时，将评价记录量表呈现给学生，让他们知晓评价标准，从而在后期的实践中可以有相应的依据。不同主体在评价时，应当遵循评价标准给出合理的评价。教学评价应充分关注学生的持续发展。项目化作业结束之后，笔者收集了学生的评价表并记录，以便更加综合全面地评价学生，并对他们未掌握好的知识点进行有的放矢的教学。

在本次项目化作业中，笔者先围绕母亲节主题设计了项目作业方案，在教学课本内容的基础上，拓展了母亲节相关的文化知识，运用绘本故事等多种资源让学生更深层次地了解了母亲节。然后，笔者运用调查表的形式引导学生回想与妈妈的相处故事，了解了对母亲表达感恩的多种形式。最后，笔者让学生联系生活实际给母亲送上母亲节礼物，在教师提供的模板基础之上设计专属的手工卡礼物，并在组内、班级内进行展示介绍。本次项目化作业贴合学生生活，为他们提供了在生活中运用所学知识的机会。学生能够在真实情境中将所学语言知识内化，愿意积极参与并且踊跃表达。大多数学生最终交出的手工卡礼物不仅书写美观工整，而且表达流利顺畅。针对手工卡礼物中的留白，学生也充分发挥了创造性，在基本的语言表达基础上，增添了各式各样的设计，培养了审美和构思能力。但在分析学生提交的调查表和项目成果时，笔者发现学生的表达形式不够统一。比如，在手工卡礼物中有一个区域是“We can do this together”，其本意是让学生回顾和妈妈一起经历的幸福时光。大部分学生能够完整表达，如“We can play cards together”“We can skip rope together”，但也有少部分学生只是书写了短语，如“fly a kite”“sing a song”等，还有极个别学生套用了之前调查表中的语言支架，如“fly a kite with me”。这是本次项目化作业存在的不足之处。对低年级学生而言，教师需要提供更多的指导和规范来帮助他们完成作业。

五、结语

选材恰当、流程规范的项目化作业能调动学生对作业的积极性，提高他们对英语学习的兴趣。学生在将所学知识运用到实际生活的过程中，能够巩固所学知识、拓展自身眼界、培养创新思维、提高学习能力。同时，教师在设计和实施项目化作业时需要认真思考，不断夯实理论基础，持续更新教学方法，通过项目化作业提升学生的学科核心素养。

参考文献

[1] 陈晓雯. “双减”背景下小学英语项目化学习单元作业设计初探[J]. 小学教学设计，2023(3): 142-144.

[2] 马冲. 基于学科核心素养的小学英语项目化作业设计探究[J]. 现代教学，2022(Z3): 125-126.

[3] 中华人民共和国教育部. 义务教育英语课程标准[M]. 2022年版. 北京: 北京师范大学出版社，2022.

落实教学基本要求 提升小学英语课堂有效性

上海市浦东新区江镇中心小学 殷玉婷

【摘 要】小学生处于英语学习的起步阶段，由于刚刚接触英语，他们对英语课堂充满了好奇和兴趣。小学阶段英语教学是否有效，对学生接下来的英语学习将产生深远的影响。在现阶段，有的教师教得辛苦，学生学得痛苦，但学生的英语学习没有成效。为了改变这种现状，教师应该思考如何通过有效方式落实教学基本要求，提升学生英语学习的有效性。

【关键词】小学英语 教学基本要求 有效性

随着课程改革的不断深入，教师越来越关注课堂教学的有效性。所谓“有效”，主要是指“通过教师在一段时间内的教学，学生所获得具体的进步和发展”。有效性是课堂教学的生命，影响着学生的终身学习，同时还可以摆脱无效与低效的课堂教学。《上海市小学英语学科教学基本要求（试验本）》指出，要把英语学科教学基本要求，作为英语教材编制、课堂教学、学业评价的依据。它对单元中所需要学习的内容，明确了对应的学习水平和具体要求。教学基本要求就是英语教师手中的宝典，指引着英语教师不断探索实践。所以，只有切实做到落实教学基本要求，才能实现课堂有效性。以下是笔者就如何落实教学基本要求，提升小学阶段英语课堂有效性进行的实践研究。

一、有序安排核心内容，是落实教学基本要求的基本前提

教材是学生学习知识、掌握能力的范本，而非孤本。作为教师，要吃透教材。面对具体的教学情境、学习内容和学生需要，教师要学会进行协调创编，依托教材板块学习内容，重新组织安排学习内容，合理有效地进行语段的编写，确保良好的课堂教

学效果。只有这样做，才能保证学生的学习质量，才能将学生的学习效果真正落到实处。

（一）课前抓好单元整体规划

课本教材是教师设计的基础，但一部分教师对教材的特征和结构认识较模糊，往往只针对每一个项目进行教学，单元的整体规划没有体现。教师应该放眼整个单元，有目的地进行规划，把整个单元串联起来，形成单元知识整体。

以2BM1U2为例，本单元主题是“Touch and feel（触摸与感觉）”。本单元共有六个项目，基于《上海市小学英语学科教学基本要求（试验本）》《小学英语单元教学设计指南》《上海市小学基于课程标准的评价指南》三本宝典，笔者对本单元进行了梳理，设计了单元内容。第一课时侧重字母与核心词汇教学，设计话题为“Buying gifts for the party”，项目活动为“Look and learn”“Listen and enjoy”“Learn the sounds”。第二课时侧重字母与核心句法教学，设计话题为“Sharing gifts at the party”，项目活动为“Look and say”“play a game”“Learn the sounds”。第三课时则是单元核心的复习、巩固与运用，设计话题为“At Kitty’s birthday party”，项目活动为“Say and act”和复习。以上设计能让学生在一个主题、多个关联的话题下进行系统的学习。

（二）课上增趣核心教学内容

在课堂中，教师应将教学内容进行合理安排，优化课堂、优化教学手段，用“趣”“实”“活”来展现课堂，把那些走神的学生重新拉回课堂。

以2AM2U1中的“I can swim”一课为例，本课时主要让学生学习能力类单词，如swim、fly、write、run等。在此基础上，笔者将字母教学安排在准备环节，可以顺利地从开场字母歌过渡到字母复习及教学环节。然后，在教学新单词swim的同时，引入问句“Can you ...?”“Yes, I can./No, I can’t.”的教学。笔者还在Rocky和不同人物的对话中引出其他新单词的学习，从学习的主题内容出发，利用多种不同的形式巩固新授知识，让学生获得学习的成果和快乐。

二、充分利用资源的语境设计，是落实教学基本要求的有力保证

为了使学生获得学习的喜悦与成功，教师应根据不同的教学内容，设计不同的、简单易学的学习情境。同时，在创设情境时，应尽量从具体学习内容出发，从学生的

学习实际和生活经验出发。学生在这样的语境下学习英语，是落实教学基本要求的有力保证。

（一）充分挖掘教材潜力

教师应吃透教材，结合学生的知识结构、年龄特点，充分利用课堂内的真人实物等素材来创设本节课知识点的会话训练情境，使他们能学以致用、学有兴趣、学有效果，从而提高他们的主动参与意识，调动他们的积极性。

以2BM1U2为例，本单元的第三课时，笔者基于"Say and act Kitty's birthday"这一活动，另设情境活动：主人公Kitty的朋友和父母一起为她举办了生日派对，在派对的过程中向她赠送了礼物，通过让学生猜测礼物是什么来开展核心内容的学习。此外，在原课文中，Kitty的父母在Kitty生日这天赠送了Kitty一块手表，笔者在此基础上增加了Kitty介绍这个礼物的一段独白，并对她的父母表达了感恩。这样的改编能够丰富故事情节，使得故事发展更具逻辑性，让学生体验角色的个人情感变化，更能自然流畅地引出核心词汇及核心句型的复习。生日派对这一快乐的话题能引起学生的兴趣，在体验角色的过程中，学生能不断感受到生日派对的欢乐，愉快地学习。

（二）巧妙运用英语绘本

越来越多的教师开始应用英语绘本，结合课本知识将绘本中可爱的人物及精彩纷呈的故事情节引入课堂，让英语课堂更加富有生命力。小学生的年龄特点使得他们对融合了绘本的课堂教学充满兴趣，能更有效地进行学习，从而整体提高英语课堂的教学效果，为他们英语能力的培养打下基础。

以2AM2U3为例，在第一课时，学生学习了人体器官类单词，如head、hair、mouth等。经过反复的资料查找和绘本的对比挑选，笔者为学生选择了适合本课教学内容的绘本故事"Big feet"。对照着绘本中夸张、充满童趣的图片，学生都能听懂教师讲的故事"Come and look at this. Is it a big monster? Is it a big dinosaur? Is it a big giant? No, it is Dad."。在此基础上，笔者融入了本课新授内容——对身体部位的描述。例如，在猜测"Is it a big monster?"时，结合了学生对monster的恐怖猜想"I am a monster. I am short and fat. My hair is green. My feet are big."。这样就能巧妙地结合新授知识，让学生在生动有趣的情境中学习英语，在之后对恐龙及巨人的猜想中继续用"My ... is/are ..."的句型进行操练，使学生能在富有童趣的故事中体会学以致用的乐趣。

三、基于学情的方法运用，是落实教学基本要求的主要手段

《义务教育英语课程标准(2022年版)》明确指出，教师要根据学生的认知特点，设计多感官参与的语言实践活动，让学生在丰富有趣的情境中，围绕主题意义，通过感知、模仿、观察、思考、交流和展示等活动，感受学习英语的乐趣。只有选择了良好的学习方法才能保证学生学习的有效和高效。特别是对小学生，这个年龄段的学生好动、爱玩，对新事物充满好奇心，在学习兴趣、认识能力、记忆能力、思维能力、注意力这五个方面相对初中生和高中生而言有较大差异，教师要更加注重方法的运用，这是英语课堂落实教学基本要求的主要手段。

(一)在快乐体验中掌握语言知识技能

小学生往往对有趣、好玩、新奇的事物感兴趣。所以，在小学阶段课堂中，用有趣的形式让学生在愉快的体验中学习英语，能做到事半功倍。由于小学生英语信息存储量比较少，这就容易导致学生在表达时会心有余而力不足，不能完整、清楚地表达。这就需要教师在平时不断地帮助学生积累词汇、巩固词汇。所以，当学生学完英语歌曲，对旋律熟悉后，可以利用这些旋律整合新学的单词，或是将新授内容编写为一段chant，再配上节奏，就能让学生在轻松愉快的氛围中学习英语。

例如，学生在2BM2U1 “Things I like doing” 一课中学习了常见动作类词汇，如run、skate、hop、skip、ride等，为了改变枯燥单一的机械式学习，笔者将他们学过的歌曲*I can draw*进行了改编，歌词改为 “I can ride. I can ride. I can ride a bicycle. I can ride. I can ride. I can ride a bicycle.”；在教学新单词skip时，笔者对学生熟悉的歌曲《两只老虎》进行了改编，歌词改为 “I can skip well. I can skip well. I can skip. I can skip. I like skipping. I like skipping. How happy, very happy!” 。学生学得轻松，体验到了学习英语的快乐与成功。

(二)在实践体验中掌握语言知识和技能

小学生都有较强的表演欲望，他们希望通过体验实践把自己的优点发挥出来，得到周围同学和老师的肯定与赞扬。学生在尝试体验、演绎故事时，能大胆地说英语，他们的口语能力及语言综合运用能力能得到锻炼和提高。

例如，4AM2U3 “The lion and the mouse” 一课的故事内容有趣饱满、充满戏剧

性。主人公狮子和老鼠在开篇登场自我介绍后，凶猛的狮子抓住了小老鼠，老鼠害怕地求饶："Please let me go. Maybe I can help you." 狮子不屑地回应："Help me? Ha, ha! I am not hungry today. You can go now." 狮子高抬贵手后不久，小老鼠奋不顾身地救下了掉入陷阱的狮子。狮子高高在上的态度和害怕求救的模样形成了鲜明对比，使得整个故事既富有趣味性，也更具表演性。于是，笔者给学生布置了表演任务，学生因为喜爱动物，所以对这个故事相当感兴趣，全部非常踊跃地进行组队并分配角色，对每句台词的情感态度进行了揣摩，并配上夸张丰富的动作。学生的表演都非常活灵活现，连平时害羞内向的学生都能积极主动参与到课堂活动中，让大家刮目相看。

四、联系生活的语用分享，是落实教学基本要求的重要体现

长期以来，小学英语的学习使得学生的语言知识和应用水平有了大幅度提高。可一旦离开了英语课堂，回到现实生活中，学生的英语能力就会显得捉襟见肘。英语和汉语一样，是一种沟通方式，一种语言表达形式。英语作为一门世界通用语言，其重要性不言而喻。我们更多的时候应该把英语当作一种工具，学习英语的目标就是要学以致用。在平时的英语课堂中关注生活、联系生活，把知识应用到生活中，是落实教学基本要求的重要体现。

（一）运用身边生活资源为学习注入新活力

教师要让学生在生活经验下和真实情景中学习与理解语言。因此，在教学中，教师要注意加强书本世界与生活世界的沟通，给教材与学习内容注入新的活力，使学生感受到语言的生动与丰富，产生强烈的学习欲望。

例如，在 1BM3U3 "Clothes" 一课中，学习的内容是服饰类名词，笔者在复习阶段从四季、性别的角度出发，选择学生感兴趣、能表述的内容，结合学生熟悉的大型主题公园——迪士尼，让他们根据自己的实际经验，用句型 "What do you wear in Disneyland in spring/summer/autumn/winter?" "I wear ..." 说一说不同季节去迪士尼应该穿什么衣服。在学生熟悉的真实生活场景中学习、巩固语言，不仅体现了生活的丰富与多姿，也体现了语用的真实性。

（二）设计"两分钟微课程"链接课本之外

"两分钟微课程" 项目也是联系生活的有效途径。英语学科课前两分钟是微主

题演讲时刻。教师可以退一步，把讲台让给学生，让他们忙起来、动起来，跳出课本之外，根据每个模块主题进行微主题演讲，将课本知识联系实际生活进行语言输出。演讲内容为身边所见、所闻、所感，因此，学生自然会积极主动，珍惜表达自己的机会，真正做到学以致用。

例如，3BM2的模块主题是"My favourite things"，笔者制定了微演讲主题为"My favourite ..."，让学生在课前两分钟介绍自己最喜爱的某样东西，可以是玩具，可以是食物、动物等。学生基于课本知识，联系自己的实际情况，编写演讲内容，并为自己的演讲内容配上PPT进行演示说明。在这个过程中，学生既锻炼了各项能力，也深刻体会到了学以致用的愉悦。

五、结语

课堂有效性是一种理念，也是一种追求。要保证小学阶段每一堂英语课的有效性，就要围绕教学基本要求开展各种设计。有序安排的核心内容、充分利用资源的语境设计、基于学情的方法运用、联系生活的语用分享等都与课堂的有效性息息相关。教师应不断努力、不断探索、共同学习，创建更有效的英语课堂。

参考文献

[1] 上海市教育委员会教学研究室. 上海市小学英语学科教学基本要求（试验本）[M]. 上海：上海教育出版社，2023.

[2] 中华人民共和国教育部. 义务教育英语课程标准[M]. 2022年版. 北京：北京师范大学出版社，2022.

基于核心素养培育的小学英语戏剧教学

上海市浦东新区东方小学　盛　旸

【摘　要】《义务教育英语课程标准（2022年版）》倡导素养导向、育人为本的教学理念，要求英语教师将学科核心素养的培育落实在日常教学中。英语戏剧教学是适切儿童身心特点和认知规律的教学方法之一。在小学英语戏剧教学中，教师可以通过丰富文本、巧设提问、角色扮演、优化作业等系列活动，着力培养学生的英语核心素养。

【关键词】核心素养　小学英语　戏剧教学

《义务教育英语课程标准（2022年版）》（以下简称“新课标”）中提出：“英语课程要培养的学生核心素养，包括语言能力、文化意识、思维品质和学习能力等方面，它们相互渗透，融合互动，协同发展。”据此，教师不仅需要对学生进行专业学科知识的传授，更应着力培育学生的核心素养，以此提高学生的综合素养，促进学生全面发展、优质发展。

戏剧教学法是一种融入儿童的学习过程的以表演为主的趣味教学方法，它旨在让儿童通过表演实践、尝试和体验，加深对自身和生活的认识。它是以学生为中心（student-centered）、以过程为重点的（process-centered）一种富有创造性的教学方法。在深化课改的当下，教育戏剧顺应了时代要求，越来越多的教师认识到了戏剧教学法在培育学生核心素养中的意义和价值，将教育戏剧的元素融入英语课堂中，让故事教学迸发出活力洋溢的火花。

现结合教学实际，就小学英语戏剧教学谈点感受。

一、丰富文本,增加角色的体验性

朱浦老师反复强调,语言学习是通过内容来呈现的,从一定意义上来说,一节课中文本至少占了半壁江山。对于故事性戏剧课,更是如此。英语戏剧教学的开展,丰富角色语言是重中之重,这是戏剧教学的基础保证。如,在牛津英语4AM2U3“I have a friend”第三课时“The lion and the mouse”的教学中,笔者为了让学生更好地理解和运用语言,在教材P29“Read a story”板块的语篇基础上,选取了同名动画片进行改编,在丰富故事原有情节的同时,增添了狮子的独白及狮子和老鼠的对话,以扩展故事情境、丰富语言内容。

故事开始时描述狮子的语段是以第三人称做的介绍,经专家指导,笔者将其改为以狮子的第一人称做自我介绍,并加入语气词,一只神兜兜的狮子形象就有了立体感、生动感,学生通过角色扮演更能凸显戏剧教学的效果。当狮子掉入网中求救时,原来的文本是“Ouch! I’m in the net. Help! Help!”,经专家指导,笔者将其调整为“Oops! I’m in the net. Help! Help! Who can help me? Who can help me?”,语气词的调整、重复语言的添加,使文本更富有灵魂,充分凸显了平日骄傲自大的狮子掉入网中的悲剧效果,能帮助学生更好地体会狮子情感的变化。可见,生动有趣的文本能让学生不知不觉地浸润在创编的场景中。同时,故事情境的创编,能帮助学生感悟故事寓意,培养他们的良好品格。当老鼠面对掉入巨网的狮子时,虽然感到害怕,但仍然决定帮助它,原来的文本是“Lion: Mouse, mouse, can you help me? Mouse: But how? You are big. But I’m small. Lion: You can bite the net. You have sharp teeth.”,并不能凸显老鼠的形象,经专家指导,笔者将其调整为“Lion: Little mouse, can you help me? Mouse: Yes, I have small but sharp teeth. I can bite the net. Bite, bite, bite. Go, go, go. Lion: Thank you, little mouse.”,老鼠面对狮子的求救,选择用自己小却锋利的牙齿去解救它,此刻老鼠的形象瞬间高大了,网中的狮子感受到了什么是真正的朋友。这样的设计是为了让学生在模仿演绎的过程中,感知朋友的真谛和怎样成为真正的朋友。

二、巧设提问,激活学生的思维性

对于学生英语核心素养的培育,训练、发展学生的思维能力是重要手段之一。以牛津英语4AM2U3“I have a friend”为例,在教学设计中,笔者从问题入手,利用各种层次的问题来推进学生对故事的学习,既为学生戏剧表演的到位、精准提供了参

考和评价依据,也使学生的思维发展逐级递进,其中不乏批判性、创造性思维。

在“Pre-reading”环节,笔者通过狮子的独白引出故事角色,根据狮子的体型、习性、能力等描述引出“Does the Lion need friends?”这一问题,让学生思考狮子不需要朋友的理由,同时在演绎狮子的独白中,进入故事的学习。

在“While-reading”环节,笔者采用由扶到放的方式,鼓励学生大胆创想,自主表达与表现。学生先想象当老鼠看到狮子时,会有怎样的内心独白。笔者给出填空“I'm ____. Look at his sharp teeth. He's so____.”,学生通过观察故事图片,并借助语言训练,把老鼠的独白补充完整。学生在这样的语境中操练核心词句,能更好地体会老鼠害怕的心情。然后,学生想象当老鼠落入狮子手中,会对狮子说些什么。笔者为学生提供一些选择,学生通过仿照教师给出的例句或大胆创想,体会老鼠的情感。不同的话语、神情、语气所产生的情感体验是不同的,例如,“Please don't eat me. I'm not yummy.”是恳求的口吻,“Lion, lion! Cheese/Rice for you!”是俏皮的口吻。学生再通过想象狮子掉入网中后可能会说什么,能促进开放性的语言表达,感受狮子此刻害怕的心情;通过想象如果自己是老鼠,是否会救狮子,能开启头脑风暴。笔者在反馈中发现,学生对后者有各自不同的观点:有的学生认为老鼠不会救狮子,因为狮子会反过来吃了老鼠;有的学生认为老鼠会救狮子,因为狮子太可怜了。最后,学生自由想象老鼠帮助狮子脱险后的情节,并大胆演绎。学生的答案只要言之有理,能自圆其说,笔者均予肯定,并抓住合理性、创意性等要点,对学生的想象力(Imagination)进行评价。教师在对学生的各种想法给予激励性评价的同时,还应做必要的纠偏和提醒。这样,学生的思维与表达才能在开放的戏剧课堂中发挥得淋漓尽致,课堂教学也就事半功倍了。

在“Post-reading”环节,笔者组织学生讨论开放式问题“Are they friends now? Why?”,不仅加深了学生对故事的理解,更能让他们在交流分享中思辨故事寓意“Little friends may prove great friends”。

笔者在课上鼓励学生展开合理想象,积极表达并尝试表演,体验狮子和老鼠在不同情境下的心情与感受。在此过程中,学生增进了彼此间的交流,一些平时羞于表达的学生也敞开了心扉,敢于表达自己的见解。此时,学生的思辨力被积极调动,合作力也得到和谐发展。

三、角色表演,落实语用的实效性

小学生求知欲强,善于模仿,喜欢听故事、唱儿歌、做游戏、进行肢体表演等活动形式，又有强烈的表现欲。基于小学生的年龄和身心特点，笔者在教学中注入戏剧元素的同时，还用肢体语言带动英语语言学习，为学生提供示范。这样，在角色扮演的过程中，以及在戏剧教学的推进中，学生才能更好地借助肢体语言主动学习故事中的语言，从而切实有效地完成语用任务。

再以牛津英语4AM2U3 "I have a friend" 为例，在演绎狮子的自我介绍环节中，笔者率先入戏，在无形中将学生快速带入戏剧表演的特定情境中。笔者借助夸张的动作、表情和变化的嗓音感染学生，辅以动画和道具，充分调动了学生的积极性，激起了他们的表现欲。然后，笔者让学生尝试模仿演绎神兜兜的狮子，体会其心情，感受到此时骄傲的狮子不屑和任何动物做朋友。戏剧教学的方式，让表演不再是纯粹地读文本，而是消化文本内容后进行情感表达。当狮子掉入网中时，学生扮演的各种小动物纷纷上前围观，并说 "A lion in the net."。让学生尝试各种小动物的朗读语气，辅以不同的动作、感情，并表现出对陷入困境的狮子的反应，最终能呈现更好的效果。有的学生边拍手边欢呼，表现出看到狮子掉入网中的幸灾乐祸；有的学生流露出满脸惊讶、不知所措的神情；还有的学生仿佛自己掉入了网中，与狮子一样害怕。最后，笔者跟进课堂评价，对学生的表现力（Acting）进行评价。

学生在教师创设的语境下，用富有情感的语言，用生动的肢体和表情，用充沛的情感演绎了各种动物，在演中学，在学中演，一堂课算是流畅达意地上了下来。学生通过戏剧的方式表演，体验到了人物的情感变化和故事发展，较好地完成了语用任务，课堂也随之灵动了起来。这也是戏剧教学深受孩子们喜欢的原因吧。

四、优化作业，彰显演绎的差异性

新课标指出："教师设计的小组合作输出活动从课堂延伸至课外，学生可以用一段时间完成作业，进一步优化和完善语言产出。" 课后作业是课堂教学的延展，也是巩固所学、学以致用的必备手段。教师在设计作业时，要关注学生的差异性，重视表演功能的体现。在布置作业时，教师可以适时安排戏剧表演的任务，借助小组合作的方式，确保人人参与、人人进步。

例如，在教完牛津英语4AM3U1 "Sounds" 第四课时 "Animal School" 后，笔者布置的第一项作业为朗读故事。学生所读文本是教师在教材P35 "Read a story" 板块语篇的基础上进行改编的，故事情节更加丰富，读起来更有趣味性。为了适应不同英语水平学生的学习需求，笔者采用了小组合作的形式，将朗读角色分配为Narrator、Rabbit、Mr. Owl、Cat、Monkey、Duck。笔者充分尊重个体之间的差异，要求基础较好的学生可以扮演主角Rabbit或者Mr. Owl，因为这些角色的台词较多，自由发挥的余地较大，学生也可将教师提供的句型进行改编，根据自己的情况增加句型；对基础较弱的学生，则可以让他们扮演发挥余地较小的Narrator，或者台词相对较少的Cat、Monkey、Duck，适当减少表述的语用句型。笔者鼓励基础较好的学生在小组合作中充分发挥其优势，既缓解了弱势学生的焦虑与压力，也在“兵教兵”的宽松情境中，使每一名学生都能积极参与活动，享受朗读的乐趣，提升了学习的自信心。

该课时的第二项作业为试着创作剧本，并演一演。自创剧本充分尊重了学生的个人兴趣和创新意识，是英语作业的创新尝试。在学生学习、掌握了本故事内容后，笔者鼓励他们猜想Rabbit与Mr. Owl的角色语言，并尝试自己创编剧本。学生兴趣倍增，都跃跃欲试。对于小兔子如何学习游泳及朋友、老师如何鼓励、关怀小兔子等情节，学生有着各种各样的想法，最后呈现的个性化作业带给笔者很大的惊喜。在完成作业的过程中，进一步提升了学生的语言表达能力和想象思维能力。之后，笔者将所有收到的作业分享到了班级群，让学生以小组为单位，选出最喜欢的剧本，并在课堂上再次彩排演绎。信息沟的存在让学生渴望知道其他同学的自创剧本，使得语言交流活动真实、有序地开展。通过小组合作时的演一演、说一说，学生不仅能在交流中做到从词到句、从句到段，也能更多地综合运用已学知识，碰撞出更多的思维火花，他们的思维品质不同程度地得到了提升。个别因英语能力欠缺而没有参与创编的学生，也在揣摩、表演他人作品时，促进了自身语言表达能力的提升。

以上作业类型多元丰富，较好地涵盖了听、说、读、写、演的各个方面，且以写、演为主，符合四年级学生的能力水平。作业难度的层层递进，照顾到了各能力层次的学生，他们在各自的“最近发展区”得到了充分发展。而创编剧本这一类开放性作业的设置，对教师来说是一次大胆的尝试。作业的答案不再是唯一的，只要言之有理，就都是正确的。学生根据自己的想法进行演绎，呈现出来的效果是自然、真切的，而非刻意、做作的。同时，这类作业也为教师提供了深化教学的机会。

五、结语

在未来的故事教学中，笔者将在现有基础上，继续通过戏剧元素的渗透，使英语课堂教学更为灵动、作业更加有趣、学生的参与度更高、语言表达更有“用武之地”。为此，面对牛津课本中不同的故事类型，笔者还须多琢磨、多创新，努力为学生英语核心素养的培育和发展做出贡献。

参考文献

[1] 中华人民共和国教育部. 义务教育英语课程标准[M]. 2022年版. 北京：北京师范大学出版社,2022.
[2] 王艳. 运用短剧表演激发小学英语教学的有效性探究[J]. 教育现代化,2020,7(46): 145-149.
[3] 刘恋. 基于核心素养的小学英语戏剧教学研究[J]. 天天爱科学(教学研究),2020,8(11): 135-136.

小学英语单元单课文化意识培养的实践研究

上海市浦东新区东方小学　谈燕盛

【摘　要】文化意识是英语学科核心素养的重要组成部分。本文以牛津英语（上海版）4BM4U2 “Festivals in China（中国的节日）” 第三课时 “the Double Ninth Festival（重阳节）” 的教学实践为例做多维度阐述。教学内容上，通过丰富原有文本，引导学生进一步了解中国传统节日的主要习俗；教学方式上，为学生搭建对标主题、分层推进的阶梯，同时融入思维训练，帮助学生加深对重阳节的认识与理解，渗透尊老敬老的优秀传统文化。

【关键词】小学英语　文化意识

一、引言

文化意识是义务教育阶段英语课程标准中的重要内容之一，也是英语学科核心素养的重要组成部分。《义务教育英语课程标准（2022年版）》（以下简称“新课标”）提出，文化意识指对中外文化的理解和对优秀文化的鉴赏，是学生在新时代背景下表现出的跨文化认知、态度和行为选择。文化意识的培育有助于学生增强家国情怀和人类命运共同体意识，涵养品格，提升文明素养和社会责任感。在小学英语教学中，文化意识的培养不仅是新课标的要求，也是提升学生综合素质、促进其全面发展的有效途径。

然而，在教学实践中，文化意识的培养往往被忽视，教师关注更多的是显性知识技能的传授。一方面是因为应试升学的需要，教师更为关注与应试相关的考核内容，对文化意识的培养则缺乏重视；另一方面是不少教师虽然意识到了文化意识培养的意义和价值，但缺乏合适的渗透方式，处于浅尝辄止的状态。

牛津英语(上海版)4BM4U2的单元主题是“Festivals in China”。该单元的学习内容包含我国的传统节日,如the Spring Festival、the Dragon Boat Festival、the Mid-Autumn Festival、the Double Ninth Festival等。通过本单元的学习,学生能进一步了解中国传统节日的主要习俗,感受传统节日的多样与不同,加深对传统节日的认识与理解,从而喜爱传统节日文化,形成文化认同,坚定文化自信。本文以该单元第三课时“The Double Ninth Festival”的具体教学实践为例,探讨在小学英语教学中如何落实学生文化意识的培养,在课堂中开展文化育人。

二、单元单课文化意识培养的教学实践

4BM4U2“Festivals in China”第三课时的话题为“The Double Ninth Festival”,是一节说演练习型课程,源于教材中的“Say and act”板块。重阳节作为我国历史悠久的传统节日,弘扬了尊老敬老的传统美德,其内涵既与学生的日常生活息息相关,又有很好的育人价值。

本次授课的对象是四年级学生,一个班共35人。大多数学生学习兴趣浓厚,学习习惯较好。他们喜好模仿、听故事、唱儿歌、做游戏、进行肢体表演等课堂活动形式,已经具备了基本的听、说、读、写能力,能运用所学词汇和句型进行简单表达,能就熟悉的话题与他人进行简单对话,也能围绕相关的话题进行简单的书面介绍。该年龄段的学生处于由儿童转变为少年的过渡期,正是形成价值观的初期。因此,除指导学生学习常规语言等知识外,教师还要引导他们传承优秀的中国文化,从小树立尊老敬老的意识,涵养家国情怀,形成文化认同,弘扬传统美德。

本课时以落实文化育人为主要教学目标,在教学内容改编、教学方式推进、教学活动设计上,紧扣文化育人目标,在潜移默化中培养学生的文化意识和英语核心素养。

(一)丰富文本,感知节日文化

笔者结合教材内容,将书本第一场景中的对话划分成三个小板块——Greeting(问候)、Blessing(祝福)和Gifting(赠礼),并基于教材文本,适当扩充了赠礼环节的对话,将课文中两个孩子一起赠礼拆分为Kitty和Alice分别赠送两种不同的礼物——康乃馨与重阳糕。这两种礼物既是符合日常生活经验的合理选择,又引出了重阳糕这一节日特色食品,融入了节日饮食文化。笔者在课文中Grandma Li的回答基础上增加了她收到礼物后的具体评价,使得该场景的对话设置更加贴切、自然,也

使对话语言富有生活气息，为学生更好地感知、理解重阳节的饮食文化创设了生动情境。

第二场景是三人之间的聊天。笔者在课文基础上增加了Kitty得知Grandma Li正在学习绘画后的个人感受，使她们的对话内容更鲜活灵动、更接地气。同时，笔者还在Grandma Li后续介绍照片的话语中增加了本学期教过的频度副词often，既使知识点的学习有了延续性和强化性，又能以学习对话为载体，带领学生走进老年人的日常生活，引导他们关心长者、敬老助老，感受学以致用的愉悦。

（二）分层推进，体验节日氛围

本节课是说演课型，课堂中共有两个说演练习环节。为了让学生准确提取关键信息，理解对话内容，笔者实施了分层、分步骤推进式教学。

在第一场景中，学生先通过"Listen and learn"聆听对话，提取关键信息，学习重阳节的节日祝福，初步了解了节日文化与礼仪；然后，通过"Watch a video"观看视频，回答问题；最后，通过"Read and complete"根据关键信息完成阅读填空，培养了学生的听说能力。

在第二场景中，学生先通过"Think and say"发挥想象，创编对话；然后，通过"Read and choose"阅读思考，完善对话；最后，通过"Listen and check"聆听对话，确认答案。整个教学过程环环相扣、层层递进，达成了引发学生深入思考、培养学生语用能力的预设构想。

此外，两个场景中都有"Rcad in rolcs"和"Say and act"环节。学生通过"Read in roles"分角色朗读、模仿角色语言，体验角色心情，感知节日文化。在此基础上，学生通过"Say and act"开展小组合作，说演对话，进行语言巩固，体验语用交流，在演绎中感受重阳节的节日特点，了解节日文化的内涵。说演环节始终贯穿教学过程中，让学生沉浸式地感受节日氛围，增强尊老敬老的情感体验。

（三）思维训练，渗透节日文化

1. 教学片段1：Eliciting（导入）

导入环节，笔者通过自制的传统节日介绍视频开场，以图文并茂的方式简单梳理了六个中国传统节日。视频以时间为主线，从the Spring Festival、the Lantern Festival、the Qingming Festival、The Dragon Boat Festival、The Mid-Autumn Festival，一直到The Double Ninth Festival。笔者通过简单介绍这些节日的时间、气候特点、节日特色活动和特色食物，帮助学生感受传统节日的含义和代代相传的节日文化。

Ask and answer：

（1）What festival do you like?

（2）When is it?

（3）What do you usually do at/during ...?

（4）What do you usually eat at/during ...?

通过以上系列问题的问答，学生回顾了几个传统节日的信息，随后借助思维导图积极思考，尝试简单表述一个自己喜欢的传统节日，并展示分享。

笔者以festivals为关键词进行话题的导入，通过视频介绍巩固了前两课时所教的传统节日的背景知识，激发了学生进一步了解传统节日的意愿。学生在问答对话和描述节日的过程中列举了不少各自喜欢的传统节日的细节，如春节放烟花、吃团圆饭，端午赛龙舟、吃粽子，中秋赏月、吃月饼等。丰富多彩的传统节日勾起了学生对幼年生活的快乐回忆，在潜移默化中增强了学生的文化意识和文化认同。

2. 教学片段2：Gifting（赠礼）

在第一场景的赠礼环节，笔者先让学生带着问题“What do they take？”观看视频，再引导他们观察Kitty和Alice携带的不同礼物。接着，在“Think and choose”环节，笔者通过出示图片罗列几种鲜花，引导学生选择适合在重阳节赠送给老人的花束，启发他们思考，并通过自主阅读小语段使他们理解选择康乃馨的原因是“Carnations show our concern for the old people”，对康乃馨的介绍中渗透了敬爱老人、关心老人的情愫。然后，笔者引导学生思考“Why does Alice take the Double Ninth cakes？”，从而进入重阳糕这一节日特色食物的讲解环节。在这一过程中，笔者自然地融入了重阳节的文化。通过观看重阳糕的视频介绍，学生拓展了重阳糕相关的文化知识，通过教师的图示讲解，学生了解了重阳糕的外观特点、制作原料及重阳节吃重阳糕的习俗由来。

Think and say：

T: What else can we take to visit the old people? Why?

S: Here is/are ... for you, Grandma Li. Because ...

最后，通过“Think and say”的追问与思考，引导学生关注老人的日常生活需求。学生在思考、交流的过程中想到了不少暖心的礼物：有的学生选择送围巾和手套，理由是重阳节在中秋之后，天气已转凉；有的学生选择送一副棋子，理由是不少老人喜欢下棋……学生通过思考、交流和分享，深化了尊老敬老的意识，培育了中华传统

美德。

（四）问题引导，挖掘文化内涵

本次教学的每个环节都与日常的待人接物有关，分别是Visiting（拜访）、Greeting（问候）、Blessing（祝福）、Gifting（赠礼）和Chatting（聊天）。在最后的环节中，通过问题“How do we visit old people?”帮助学生梳理整堂课的推进脉络，使他们理解在生活中拜访老人时该怎么做。这不仅是生活经验的传授，也是文明礼仪教育的实化。

1. 教学片段3：Discuss and say（小组讨论）

（1）What can we do for the old people in the old people’s home?

（2）What can we do for the old people in our life?

（3）Why?

通过以上三个问题引导学生思考探讨：我们能为养老院的老人做什么？我们能为身边的老人做什么？为什么我们要这么做？问题的设置由浅入深，引导学生思考重阳节尊老敬老的意义，思考尊老敬老这一中华传统美德的内涵。通过这一环节的思考和交流，学生明白了尊老敬老不是只在重阳节这一天，而应落实在日常生活中；由“老吾老以及人之老”使学生明白，我们所推崇的尊老敬老不只是关心和尊敬家中的老人和作为志愿者服务对象的特定敬老院中的老人，而是社会上所有的老年群体，因为他们的现在就是我们的未来，从而升华重阳节这一传统节日的文化内涵，增强学生的家国情怀和社会责任感。

三、启示与反思

在小学英语教学实践中，教师要将文化意识的培养落实到位，就需要在日常教学中关注以下两个方面。

（一）挖掘文本蕴含的文化意识

教材是开展英语教学的重要媒介。目前，小学阶段的牛津教材内容丰富，涉及的主题贴近生活，话题难度螺旋上升，为学生联系生活、学以致用打好了基础。在“双新”背景下，不能局限于教材的文本内容，只关注基础的表层语言知识和一般的学用结合，而应根据单元主题，在认真研读教材的同时，细心挖掘课文中隐藏的文化意识等核心素养要点。教师可以通过适当改编教材内容，将包括文化意识培养等素养要点适时、适切地融入英语课堂教学中，在潜移默化中实现英语学科的育人价值。

（二）加强文化意识的课堂体验

学生的文化意识体现在他们基于文化知识的观念表达和任务完成过程之中，体现在他们面对复杂情景时分析问题和解决问题的态度与方式中。小学的英语课堂教学要特别关注学生的年段特点，在教学设计上要遵从学生成长的规律，选择合适又有效的学习活动。课堂作为学生学习的主阵地和最前线，课堂上各项学习活动中的体验是培养学生文化意识的关键。因此，教师需要设计内容丰富、形式多样的学习活动，比如猜谜、自编对话、片段表演等，让学生在课堂的互动中体验第一手的文化知识，在亲身参与的过程中感受传统文化，促进学生形成文化认同，增强文化意识。

四、结语

文化意识的培养是一个长期的过程，需要在日常教学中循序渐进、日积月累。只有在日常的课堂学习活动中引导学生亲身体验，反复实践，思考感悟，他们的文化意识才能不断增强，形成知行合一的价值观念。在“双新”背景下，教师应对教材文本有深入的研析、整体的把握，积极创设适合学生的学习活动，引导他们在学以致用的体验中感悟文化知识中蕴含的文化意识，将文化知识中的素养内化，进而树立正确的认知、行为和品格。

参考文献

[1] 中华人民共和国教育部. 义务教育英语课程标准[M]. 2022年版. 北京：北京师范大学出版社，2022.

[2] 张运桥，任青果. 聚焦文化意识培养的初中英语Integrated skills板块教学——以译林版《英语》7A Unit 7 “Shopping” 为例[J]. 中小学英语教学与研究，2020(5)：51–55.

跨界与协同

——英语与自然科学跨学科融合实践探究

上海市浦东新区航城实验小学　夏　天

【摘　要】本文以“跨界与协同”为基本理念，围绕“小学英语与自然科学跨学科融合”这一主线进行了理性阐述和案例引证。首先，解释了“教育内容的跨界与协同”的提法，明确了教学内容、过程、评价等方面的跨界融合内涵。其次，以牛津英语（上海版）3AM4U1 “Insects” 为例，阐述英语教学内容与自然科学知识的有机结合对学生德智体美劳全面发展的促进作用。再次，提出了英语与自然科学可开展跨学科教学的若干具体形式。最后，讨论了实施过程中可能面临的挑战，并就推进英语与自然科学跨学科教学提出了建议。

【关键词】英语　自然科学　跨学科　融合

一、基于教育内容的跨界与协同的概念阐释

“跨界”意味着不同领域、范畴内事物的交叉和融合，通常被引申为“跨界合作”。“协同”则指个人、团队或组织之间的力量凝聚，以实现共同的发展目标。这两种理念在当前中小学教育实践中具有深入研究的价值。

在小学教育的育人过程中，教师需要关注学生的全面、和谐发展，培养德智体美劳“五育”并举的核心素养。这需要不同学科、不同教育主体之间的紧密配合、协同发力。这种“跨界与协同”有利于落实立德树人和“五育融合”的总目标，推动教与学方式的转型，促进基础教育优质发展。

英语与自然科学作为小学教育的两门学科，它们之间存在着天然的内在联系与广阔的融合空间。开展英语与自然科学跨学科教学，有助于学生双学科知识的整合吸收，以及核心素养的全面提升。英语与自然科学跨学科教学能够更好地发挥学科

优势，使学生在积累科学知识和锻炼科学思维的同时，获得丰富的语言输入，活学活用语言知识。这样既拓宽了学生的知识面，又提高了语言运用能力，实现了立德树人的根本目标。因此，英语与自然科学跨学科教学是小学阶段有效体现课程育人价值，推动学生核心素养持续发展的重要途径。

二、小学英语与自然科学跨学科融合的背景分析

《义务教育英语课程标准（2022年版）》（以下简称“新课标”）最大的转变是将学习主动权交给学生，从教的视角转变为学的视角，从怎么教转变为怎么学，把教师的教学经验转换为学生的学习经历。新课标倡导将课堂还给学生，让学生成为课堂的主人，着力体现学生学习的积极性和主动性。从学习者的角度出发，教师要做三件事：把握结构、精心设计、有效设施，分别体现在课前设计、课中实施、课后延续中。教师需要全面地整合教材，连贯地理解目标，关注前后内容，突出学科知识的系统性和教学的方向性。单元教学强调在单元设计中把每个知识点都放到完整的学科体系中让学生去学习和理解，为学得简单、轻松提供可能。教师进行单元教学内容的整合时要考虑与单元目标的一致性、与话题的一致性、与内容的适切性、与学生水平的匹配性、语言量的合理性、与单元的联系性等。

课程核心素养发展的关键要素是学生学习能力的培养，而学习能力的培养主要立足于英语学习策略的运用和英语学习渠道的拓展，从而不断增强学生提升英语学习效率的意识和能力。新课标指出，英语课程由主题、语篇、语言知识、文化知识、语言技能和学习策略等要素构成。教师要围绕这六要素，通过学习理解、应用实践、迁移创新等活动，推动核心素养在小学英语教学中的持续发展。

牛津英语三年级上册第四模块“The Natural World（自然世界）”第一单元以昆虫为主题，笔者设置了“昆虫日活动”“参观昆虫馆”“了解更多昆虫知识”和“我们周围的昆虫”这四个课时，让学生系统地学习有关昆虫的英语词汇和句型。与此同时，笔者根据课本内容改编了教学文本，并安排学生欣赏不同昆虫的图片和视频，了解它们的外形、颜色和行为特征，结合唱歌、跳舞、表演昆虫的故事，培养学生对自然界中小生命的欣赏与热爱。

从内容设置上看，这就是典型的英语与自然科学学科的有机融合。英语作为语言表达的工具，自然科学知识和方法作为载体，两者相互促进，实现了跨学科的有效教学。这不仅巩固了学生的英语语言知识，而且拓展了他们的科学认知，培养了科学探究精神，达到了立德树人的目的。

此外，从昆虫日活动，到昆虫馆参观，到最后围绕我们身边的昆虫，笔者全程借助改编文本开展综合运用，体现了知识迁移和协同的理念。来自不同场景（绘本故事、学校活动、专题馆参观等）的知识点和技能按照一定的顺序与逻辑重组，从被动理解到主动运用，逐步深入，使学生在乐趣与挑战中得到全面成长。这也是跨界协同教学的实际体现。

核心素养的提出推动了学生学习方式的变革，也促进和发展了学生的深度学习。教师只有充分发挥主观能动性，才能帮助学生自觉自主地深度学习。无论教师的“教”，还是学生的“学”，都要走向更深的层面。综上所述，“双新”背景下的教学改革，为小学英语和自然科学的跨学科融合提供了广阔天地。

三、小学英语与自然科学跨学科融合的基本策略

教师在教学设计与实施过程中，要将英语与自然科学两门学科有机结合，采取适宜的教学策略，让学生在知识吸收和能力培养的过程中，全面提高个人的核心素养。主要可采取以下策略。

（一）明确教学目标，促进学生德智体美劳协调发展

教师要聚焦于学生的语言能力、科学精神、合作素养等多维提升，使之与道德态度、审美情感等价值观培养有机衔接。如，笔者在第三课时介绍蚂蚁的习性时，强调了它们虽体型小但凝聚力强，团结一心，齐心协力，完成了看似不可能完成的事情，体现了众人拾柴火焰高的育人价值。

英语课程是立德树人的载体，培养学生的核心素养是课程的基本要求和实践路径。教师要在充分挖掘教材中与学生生活息息相关的德育因素的基础上，以课堂教学为主要形式，采用一定的教学方法和策略，潜移默化地将德育与课堂教学内容恰当地紧密结合，最终落实英语教学中预设的情感态度价值观的培育目标，培养学生的良好品格。

（二）选取生活化教学内容，激发学生学习兴趣

教师要选择贴近学生生活经验的语言材料和科学知识点，这样容易激发他们的兴趣，有利于他们主动合作探究。如，在第三课时中，学生在昆虫馆通过阅读告示栏的形式，了解了可以依据瓢虫的星数判断其是益虫还是害虫，并通过图片介绍了解了瓢虫的习性。这个活动点燃了学生的兴趣，激起了他们探索知识的欲望。

（三）设计丰富的互动活动，拓展学习途径

教师可以通过开展角色扮演、小组讨论、互评互学等，拓宽学生语言实践的舞台，培养他们的合作精神。如，在第二课时中，笔者让学生说一说自己喜欢的昆虫，感知自然界中的其他昆虫。学生通过介绍自己喜爱的昆虫、聆听同学的介绍，拥有了更丰富的自然科学知识，收获了分享的快乐。

（四）应用多媒体手段，创建身临其境的环境

教师可以利用图像、音频、视频等多媒体资源，加深学生的科学体验，优化语言输入，提高学习效果。

（五）进行多维度评价，支持个性发展

教师在开展评价时要强调过程性评价，及时发现学生的困难，提供个性化帮助，让每个学生都有取得进步的机会。

四、英语与自然科学跨学科教学的具体形式

基于上述理论分析和案例呈现，英语与自然科学跨学科教学可采取如下七种形式。

（一）在英语课堂中渗透自然科学知识

在本单元的教学中，教师可以通过图片、视频等让学生了解昆虫的特征，并让他们用英语描述表达，实现语言知识学习和科学知识学习的双丰收。如，在第二课时中，笔者让学生运用课堂所学句型“Look at ... It’s ... It has ... It can ... How ...! I like ...(plural form).”描述昆虫的特征，介绍不同昆虫的体型、颜色和能力等。

（二）在自然科学课堂中，融入英语知识和技能训练

教师可以组织昆虫采集、标本制作等科学实践活动，让学生用英语记录并汇报成果，实现科学探究与英语沟通能力的融合培养。如，学生可以用英语写昆虫采集日志，记录观察到的昆虫种类、采集地点、采集方法等，然后用英语口头汇报昆虫标本制作的步骤和心得体会。

（三）设计专题的英语＋自然科学综合实践课

教师可以开展“昆虫专题英语日”，包括英语微视频拍摄、英语科普展板制作、英语讲解员带队等活动，使英语成为学生探索和展示科学成果的工具。例如，学生可以分组制作关于不同昆虫的英语科普展板，然后互相讲解，这能提高学生的英语科普表达能力和交流能力。

（四）联合开展英语＋科学系列活动

教师可以在科技周、环境日等重要活动主题节日举办英语科技作品展、英语科普讲座、英语环保公益等活动，使英语学习与科学实践和社会实践结合起来，拓宽学生的视野。如，学生可以研究空气污染、水质污染等环境问题，用英语设计解决方案并录制宣传视频。这既能锻炼学生的英语技能，也能培养他们的环境意识和社会责任感。我校还可以充分利用“航航农庄”，在劳动教育中推动“五育”并举，让学生在有趣的农耕劳动中收获成长。通过用英语写植物名牌和种植要点等活动，学生不仅能掌握简单的种植技能和知识，还能体验劳动的艰辛与收获的快乐，懂得珍惜粮食、身体力行、互相合作的道理。

（五）开设综合实践类英语选修课

在校本课程中，学校可以开设“科学探索英语”“环保小英雄英语”“动手做英语”等选修课，引入项目化学习理念，支持学生进行自主探究，并用英语进行问题定义、过程记录、成果展示和交流发表。这些课程可以围绕一个科学或环保议题，让学生通过英语探究、交流和展示，实现知识内化。

（六）搭建英语＋科学知识问答、展示平台

教师可以在学校英语学习网站或公众号开设“Ask Me About Science”英语科学问答栏目，由教师或者学生用英语解答来自大家的科学疑问。教师也可以开展“My Science Story”英语科学成果展示活动，鼓励学生用英语介绍自己的科学实践和小发明。这可以拓展学生英语科普表达的舞台，使他们获得更加真实的语言交流体验。

（七）开展线上线下结合的英语与科学实践课程

教师可以选取适宜的在家小实验，指导学生通过视频讲解、PPT展示等形式用

英语讲解实验原理、示范操作流程，然后组织学生线上线下同步开展实验，使他们在取得科学学习成果的同时，锻炼英语科普表达能力。例如，学生可以通过观看教师制作的英语科学实验教学视频，学习实验原理和步骤，然后在家完成实验。这能实现英语学习和科学探究的深度融合。

五、实现小学英语与自然科学跨学科教学的保障措施

为推进指向核心素养的英语与自然科学跨学科教学，可以建立以下保障措施。

（一）更新教育理念，将核心素养作为训练目标

教师要在日常教学中，落实立德树人根本任务，以提高学生素养为归宿。例如，教师在设计单元教学方案时，要明确体现培养学生语言能力、科学探究能力、合作精神等方面的目标。

（二）积极组织教师学习，提升跨学科教学能力

学校要加强师资培训，拓展教师的视野和教学方法，使他们胜任新形势下的教学要求。例如，学校可以定期或不定期举办英语教师和自然科学教师的联合培训，交流跨学科教学心得。

（三）丰富教学模式，支持个性发展

学校要鼓励教师开展教学创新，设计独特的教学模块，让所有学生都有充分展现的机会。例如，教师可以采用小组合作式、探究式、讨论式等教学模式开展英语与科学的项目化学习，让擅长不同学习方式的学生都能发挥所长。

（四）加大资源投入，完善实践条件

学校要营造良好的语言环境，配置适宜的实验设备，为学生的语言交流和科学探究提供坚实支持。例如，学校可以配备相应的语言实验室、科学实验室，购买更多相关的教学设备、模型，提供基本的活动经费保障。

（五）推行科学考评，检查教育效果

教师要注重学生的全面成长，及时检查核心素养的培养结果，推动英语与自然科学跨学科教学的深入发展。例如，教师可以根据学生的英语与科学项目学习研究

报告、作品展示、提问环节的表现等，评价学生的英语表达能力和科学思维是否得到提高。

六、英语与自然科学跨学科教学的注意点

要进行有效的英语与自然科学跨学科教学，教师需要处理好以下四个关键问题。

（一）目标定位问题

教师要明确跨学科教学活动的主要受益对象是学生，要聚焦于提高学生的核心素养和关键能力，特别是语言能力、科学精神、创新意识和实践水平等方面。这是衡量教学效果的根本标准。

（二）内容选择问题

教师要选择语言内容和科学内容的交集部分，既要符合语言课程标准，又要链接科学概念和知识体系，实现知识的有机融合。

（三）方法路径问题

教师要明确英语在整个教学活动中的主导作用，它是工具，也是载体，要发挥"语境中学习，运用中取得"的特点，让学生在各类语言实践和体验中提高科学素养。

（四）效果评价问题

教师要设计科学的评价方案，可以针对英语科学作品展示、英语科普汇报、英语科学问答等形式开展不同的、适切的评价，以此从整体上评价学生在教学活动中的语言技能和科学素养表现。

以上都是需要教学团队共同研究和实践的重要问题。只有解决好这些问题，英语与自然科学跨学科教学才能行稳致远，取得预期效果。

七、结语

英语与自然科学作为基础教育的两大重要学科，它们之间存在着天然的内在联系与广阔的融合空间。本文通过分析英语与自然科学跨学科教学的意义、英语课本案例、可行的教学形式、实施路径、面临的挑战等，认为跨学科教学是提高英语与自

然科学教学质量，实现立德树人和核心素养培养目标的有效途径。在此，笔者提出以下五点建议：

1. 加强对英语与自然科学跨学科教学的理论研究，进一步厘清其内涵特点、实现途径等，为教学实践提供指导。可以建立跨学科教学理论和案例库，收集国内外成功案例，为教师提供参考。

2. 积极探索适合不同学段、不同学科开展跨学科教学的具体方式方法，形成可推广的范例。可以设立示范基地，鼓励教师开展积极探索，总结适合本校本土的教学模式。

3. 加大师资队伍培训力度，广泛组织教师学习先进理念和成功经验，全面提升跨学科教学能力。可以定期举办培训班，邀请专家进行理论指导，促进教师理念更新。

4. 调动社会各界力量，搭建英语+科学实践平台，为学生创设良好的语言环境和科学实践条件。可以联合科研院所、高校、科技企业等，共建开放式实验室，提供硬件支持。

5. 深化教学改革，持续加大资源投入力度，使英语与自然科学跨学科教学走深走实，取得丰硕成果。要保障教改经费，鼓励教师开展创新实践，并奖励优秀成果。

教师要针对学生的年龄特点，合理地、有计划地引导和鼓励他们进行创造性学习与创造性实践活动，提高动手、动脑操作能力，多层次、多角度地培养学生的核心素养。教师还要深度研读新课标，深耕课堂，增强学生的学习动机，让培养学生核心素养的目标落地生花。

英语与自然科学作为基础教育的两大关键学科，两者在当代社会发展中有着日益重要的地位和密不可分的内在联系。让我们携手努力，为学生的成长提供更广阔的跨学科学习平台，开启多姿多彩的英语与自然科学学习生活。上述探索尝试，有助于学科的有效融合与协同推进，让我们的教育之舟在跨界的海洋中不断取得新突破！

展望未来，英语与自然科学跨学科教学改革刚刚起步，路漫漫其修远兮，吾将上下而求索。我们要善于总结经验教训，勇于改进创新，使教育实践的阳光照进更多校园，让更多学子受益。此外，英语跨学科教学还可以拓展到其他学科，如与信息技术结合，或与人文、历史、地理等领域融合。我们要为学生提供立体式、综合性的学习平台。在这个教学改革的大潮中，让我们砥砺奋进，争做先锋，为孩子们打开通向未来的大门！

参考文献

[1] David R. Hill. 国际基础教育领域的跨学科研究[J]. 基础教育研究，2021(6)：3-7.

[2] 张晓萌. 基于STEAM理念的英语与科学跨学科教学实践[J]. 英文文学，2021(17)：271.

[3] 吕思明. 基于虚拟仿真的初中英语与科学跨学科教学模式研究[J]. 中小学信息技术教育，2020(4)：17-20.

[4] 黄河清. 直观性教学模式在中学英语与生物学跨学科教学中的应用[J]. 黑龙江教育学院学报，2019，30(7)：106-109.

艺术篇

小学美术大单元视域下的融合教育探索

——以“我们的自画像故事”为例

上海市浦东新区进才实验小学　陆　瑛

【摘　要】本文探讨了小学美术大单元视域下的融合教育，以“我们的自画像故事”大单元课程为例，阐析了如何通过艺术教育与心理健康教育的有机融合，实现艺术与心灵的深度对话，促进学生的全面发展。本文从内容融合、活动融合、跨学科融合及评价融合四个方面展开，通过一系列实践探索，展示了综合性艺术实践活动在提升学生艺术素养、创新能力和心理素质方面的积极作用，具有以美育德、以美启智、以美润心、以美促劳等功效。

【关键词】小学美术大单元　自画像　融合教育

艺术以其独特的魅力，承载着情感，映照着灵魂。在儿童的成长过程中，艺术表现不仅是表达自我、认识世界的途径，更是展现个性、抒发情感的舞台。其中，作为一种特殊艺术形式的自画像，很能激发孩子们认识自我的意趣、萌发他们艺术创作的灵感、展现他们的成长印记。每一幅自画像都是孩子们内心深处的独白，是他们童真情感与烂漫个性的真实写照。

在当今社会，随着教育强国建设的深入推进和“五育”并举的强力实施，融合教育成了立德树人的重要议题。作为美育范畴的艺术教育，与德智体美劳诸育的逻辑呼应日益凸显。特别是在艺术教育与心理健康教育领域，如何实现两者的有机融合，以更有效地促进学生身心的和谐发展，成了新时代以美润心的热点。本文以小学美术“我们的自画像故事”大单元课程为例，就如何通过融合教育来提升学生的综合素养，实现艺术与心灵的深度对话，谈几点基本做法。

一、内容融合：艺术与心灵的交响乐章

《义务教育艺术课程标准（2022年版）》（以下简称“新课标”）指出，要围绕情境化主题的真实性学习任务展开，以学科大概念深化理解，将原本零碎的课程根据大单元的思路进行重组。大单元教学强调以国家课程和教材为本源，精心选择且尽力优化其他教育教学资源，在主辅融合、相得益彰的课程立意中丰富、具化新课标。在小学美术教材中，有学习人物造型基础的“侧面的头像”“正面的头像”“画画坐着的人”“站立的人物”等，还有模仿艺术家风格的“学毕加索画‘多视角的脸’”“学梵高用‘旋转短线’画‘有特征的头像’”等。这些内容所涉及的人物造型知识较为分散，缺乏系统性，且深度不够。为了应对我校学生见多识广、思维活跃的学习现状，笔者以教材中的人物画内容为基点，开展了以“我们的自画像故事”为背景的大单元视域下的自画像创作课程。该课程抓住“身份”这一大概念，将“如何认同自己”作为基本问题，以“如何用自画像表达自己”为任务驱动，构建了以“我为自己画个像”“我跟大师学画像”“我绘成长故事书”为主题单元的学习框架和探究内容（见图1）。

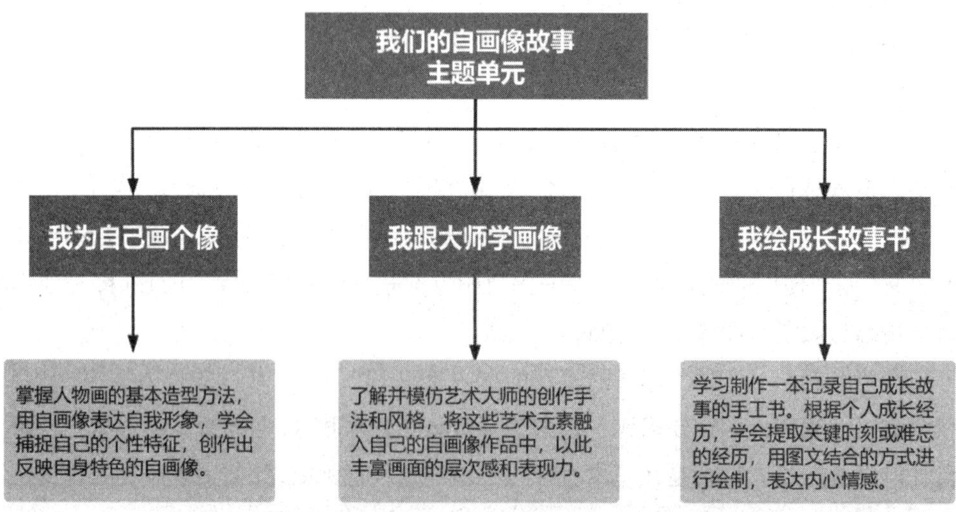

图1 “我们的自画像故事”大单元课程学习框架和探究内容

笔者期望通过上述大单元课程的实施，帮助学生准确深入地理解“身份”这一概念，并通过自画像这一艺术形式实现自我表达与认同。在课程的“课堂实践”“场馆学习”“主题创作比赛”等多样化的活动中，笔者以任务型、项目化学习的方式开

展美术教学，旨在实现学生的深度学习和学科理解，培育他们的艺术核心素养。在操作上，笔者将校内与校外、课堂与展馆、线上与线下的教学资源有机融合，为学生提供多主题、多样态、多场景的艺术学习体验。以“我跟大师学画像”主题单元为例，笔者编制了主题单元教学系列内容（见图2）。

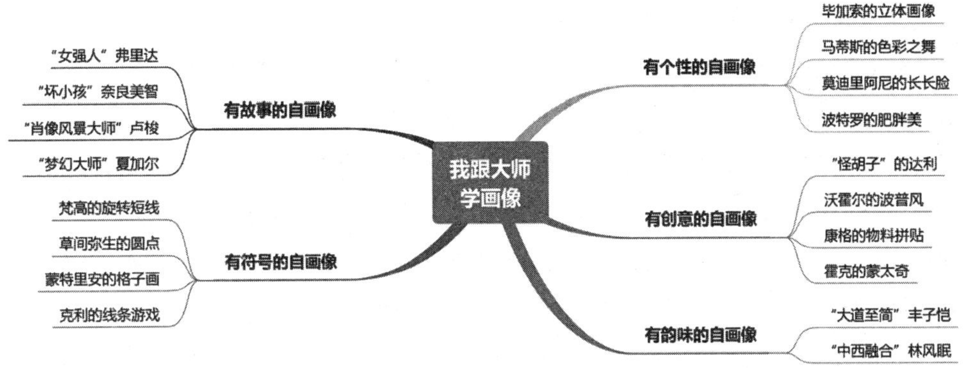

图2 “我跟大师学画像”主题单元教学系列内容

由上图可知，在“我跟大师学画像”主题单元的教学中，笔者将课内教材内容与课外拓展内容有机融合，对大师的自画像（包括肖像画）进行分析、整合、重组和开发，形成了“有故事的自画像”“有个性的自画像”“有符号的自画像”“有创意的自画像”和“有韵味的自画像”五个各自独立又相互融通的教学系列。通过借力大师的经典艺术作品，赋能学生的自主探究，旨在实现以下五个目标：

一是陶冶学生的鉴赏品位。通过赏析不同文化背景下的大师自画像作品，不仅有助于学生了解不同自画像的历史背景和艺术风格，还能帮助他们掌握自画像的基本构图、比例、色彩等技法。更重要的是，学生在学习、体验过程中能较好地习得大师的艺术表现方法及思考方式，并进行有效的学理迁移和艺术实践，以此来展示自己的艺术技能，表达自己的情感和个性。

二是提升学生的自我认知能力。通过自画像的创作过程，引导学生主动地认识、探索自我：认识自我的外表、个性、喜好、情感及成长经历，探究自我个性特点、情感表现、成长体验的外显状态和内在原因。在此过程中，学生不仅能够由表及里、由浅入深地认识、了解自己，还能学会用艺术的方式描绘自己的音容笑貌，尽力表达自己的内心世界。

三是培育学生的审美素养。通过欣赏和分析优秀的大师自画像作品，能培养学生的审美鉴赏能力，陶冶审美情趣，使他们在经典作品的濡染中学会感受美、鉴赏美、塑造美。理论和实践反复证明：艺术实践和反思不仅能够让学生在创作中找到自我、认识自我、表达自我，更能让他们在艺术的世界里得到心灵的寄托和慰藉。这种以美育德、以美润心、以美启智的主题活动，既能引领学生在逸趣横生的审美实践中感知、体验、品悟艺术之美，还能使他们在日积月累、持之以恒的艺术润泽中将其内化为自我的审美素养，根植于个体的生命发展之中。

四是锻炼学生的创新实践能力。鼓励学生放飞思维、发挥想象力，运用所学艺术技能创作具有个性的自画像作品，是值得倡导的教学策略。在创作过程中，学生需要借鉴大师作品，结合教师指导，在融会贯通的悟道中，借助画笔表达内心情感和思想。这一过程要求学生在深入认识自己的个性、特点和情感表现等的基础上，充分发挥想象力和创造力，以描绘出既形似又神似的“自我”。因此，自画像创作不仅能锻炼学生的艺术才能，还能培养他们的创新思维和实践能力。

五是促进学生的心理健康。自画像创作是学生自我表达的一种方式。完成自画像作品后，学生能够看到自己的创作成果，从而增强自信心和成就感。这种正向的心理暗示有助于学生在其他方面表现出自信、进取和勇于接受挑战的风貌。通过参与“我的自画像故事”大单元课程及后续进行内省反思，能让学生较好地开展艺术与心灵的和谐对话。这种鉴赏美、体验美的对话有助于学生缓解面临的心理压力，训练心理素质，促进心理健康。

“我们的自画像故事”大单元课程中教学内容的融合，仿佛在学生心中奏响了一曲艺术与心灵和谐共融的交响乐。在这首动人的交响乐曲中，学生如同欢快的音符，在现实与想象、模仿与创作的旋律间自由穿梭。他们用艺术的语言来表达自己的内心世界，这种表达是独特的、发乎内心且充满童趣的。在艺术世界中，学生找到了属于自己的天地。

二、活动融合：创作与情感的共鸣舞台

为了构建积极向上的校园教育生态并切实提高学生的艺术素养和心理健康意识，笔者结合“学校心理季”，精心策划并实施了“我们的自画像故事”主题创作活动。这一活动将艺术教育与心理健康教育紧密融合，旨在通过丰富多彩的艺术实践活动，探索以美育德、以美启智、以美润心的新路径。

“我们的自画像故事”主题创作活动把自画像作为核心载体，鼓励学生仔细观察，深入挖掘自身特点并结合自己的成长故事进行创作，期望他们踊跃参与，创作出

既令自己满意，又能得到他人赞赏的作品。为了做到“学赛融合”，笔者围绕主题开展了一系列艺术实践活动，包括绘画、演讲、制作、表演、仿妆等形式，旨在帮助学生更全面地认识自我、更自由地表达自我（见图3）。

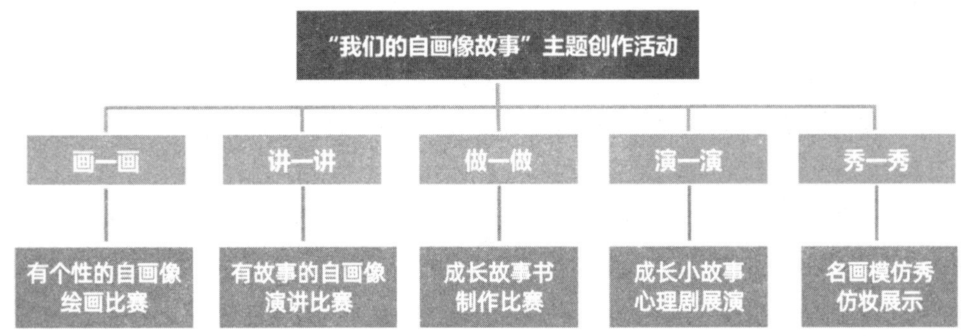

图3 “我们的自画像故事”主题创作活动

在“有个性的自画像”绘画比赛中，笔者鼓励学生大胆创新，用画笔捕捉自我的外在特征和内在个性。学生在比赛中展现了超乎想象的热情和创造力，他们有的用夸张的表情和别具一格的造型展现自己，有的将喜爱的服饰、心爱之物等元素融入画中，有的尝试描绘内心的自己或理想中的自己。每一幅作品都展现了独特的个性和丰富的内心世界。不仅如此，他们还积极模仿各位艺术大师的风格进行创作，从梵高的旋转短线到毕加索的立体主义，从安迪·沃霍尔的波普艺术到达利的超现实主义，各种艺术风格都在他们的作品中得到了生动的体现。此外，有的学生还巧妙运用彩泥、纸浆、版画、沙画等材料进行创作，甚至制成现成品艺术和能互动的装置作品。可以说，学生的每一幅作品都独具个性，充满了童趣和创意。

在“有故事的自画像”演讲比赛中，笔者利用“课前两分钟”，开展了自画像故事演讲活动，要求学生对自己喜欢的艺术家自画像作品进行深入研究，不仅要提前收集信息、制作PPT、撰写讲稿，更鼓励他们在演讲中融入自己的理解和感悟。通过专题演讲，驱使学生更深入地了解了不同作品的创作背景、艺术手法及作品背后的故事，并在分享与交流中丰富自己的艺术素养和人文情怀。在演讲比赛中，学生热情高涨、互动频繁，讲述墨西哥女画家弗里达的自画像《破裂的脊柱》的学生，向大家传递了自强不息的力量；喜欢波普艺术的学生，讲述了安迪·沃霍尔“15分钟的名人”的故事；走进美术馆的学生，现场演说了独爱梵高自画像的理由……凡此种种，不仅锻炼了学生的信息归纳能力和表达能力，还使学生加深了对艺术作品的理

解和鉴赏力。

为了进一步激发学生的创造力和实践能力，笔者开展了“我的成长故事书”制作比赛。这一活动要求学生以自己的成长经历为素材，结合生活中的重要事件进行创意设计，用插图讲述各自的成长故事，用文字抒发内心的真实情感。在制作过程中，学生须对故事书的开本大小、形状与样式、材料的运用、封面的设计及装帧方法等做综合的考量和草图设计。这种手脑并用、放飞思维的操作活动，不仅点燃了学生跃跃欲试的创作激情，还使他们真切地习得了手工书制作的主要环节和完整过程，从而培养了设计意识、实践能力和珍爱书籍的美好情感。

在美育活动中，笔者始终注重融入心理健康教育的要素。除积极引导学生在自画像主题创作和演讲分享、故事书制作的过程中认识自己的情感变化和心理状态外，还鼓励他们用艺术的方式自由地表达自己的思想、心理和情感需求。同时，笔者还结合心理健康讲座、心理咨询等形式的心理健康教育活动，为学生提供全方位的心理支持和帮助。心理健康教育与艺术实践活动的和谐融合、相辅相成，常能在无声无痕中产生“1+1>2”的育人成效。

三、跨学科融合：艺术与多学科的融会贯通

在当今的大科学时代，科学发展呈群体突破的趋势，学科交叉融合加快，新兴学科不断涌现。因而，跨学科融合已是教育改革创新的主要标识之一。在小学美术教育领域，潜藏着美术与诸多学科交叉融合的优势。我们深知，这种融合不仅能有效地拓宽学生的知识视野，更能在跨学科知识、技能潜移默化的传授中培养他们的综合素养和创新能力。

镜头1：在“我跟大师学画像”主题单元中，实现了美术与心理学、语文、历史、社会学、信息技术及场馆教育等学科领域的有机融合。笔者设计了跨学科课程教学活动：美术课上，学习人物画的绘画技巧和色彩运用；语文课上，通过阅读相关文学作品，感受人物的性格和情感表达；心理健康课上，通过涂鸦和房树人来探索自我与表达情感；场馆教育中，美术馆的参观、中外经典作品的观赏，使学生大开眼界，受益良多……

镜头2：在“我和AI有画说”活动中，笔者引入了先进的AI技术，将大师的自画像作品还原成真人照片，让学生更直观地感受大师的风采。不少学生也利用AI技术，将自己的照片转化成具有艺术家风格的自画像。这大大激发了学生的学习兴趣和创新思维，丰富、革新了他们的学习方式，训练、培养了他们的科学素养和创新精

神,对后续以美术为主干的跨学科项目化学习来说,意义深远。

镜头3:在“有故事的自画像”演讲活动中,学生需要深入挖掘画作背后的故事和情感,并将它们生动地讲述出来。这不仅锻炼了学生的信息处理能力和表达能力,更重要的是,他们在讲述过程中更深刻地理解了画作所蕴含的文化内涵和历史背景。

镜头4:为了帮助学生更深入地理解自画像背后的故事和情感,笔者特别设计了“我的成长小故事”心理剧展演活动,引导学生根据自己的成长经历创作相关的故事或场景,并通过表演将其生动地呈现出来。学生会在角色扮演的过程中注重对自我进行深层剖析,特别是对自己的思想行为和心理情感进行反思。角色的演绎较好地锻炼了学生的心理素养和人际交往能力。

此外,笔者还充分利用场馆教育资源,组织学生去美术馆实地参观艺术家的肖像画展。通过实地参观,学生能够近距离地感受艺术作品的魅力,进一步加深对自画像的理解和认识。这种学用结合的场馆教育不仅丰富了学生的艺术体验,还拓宽了他们的艺术视野,丰沛了他们的人文情怀。

跨学科融合教育是项目化学习的主要实施类型。本文呈现的跨学科融合性教学,在一定程度上体现了此种学习类型的特别成效。

四、评价融合:多元与个性的全景画卷

评价作为衡量和提升教育教学质量的关键环节,其重要性不言而喻。为了更好地对学生做出全面、客观且具个性化的评价,笔者对多元评价方式的融合做了积极的探索。

教师应鼓励学生进行自我评价。这不仅能为学生提供自我检测与反思的机会,更是学生进行自我认知、自我教育、自我发展的动力。通过自评,学生能够审视自己在各类活动中的具体表现与成长轨迹,从而更好地认识自己,并找到扬长避短、改进发展的方向。同时,教师还应引入互评机制,让学生从同伴的视角收获别样的反馈,促进学生之间的交流与合作,拓宽评价的阈度。

在评价过程中,教师还应坚持过程与结果并重的原则,不仅要关注学生的最终作品,更要关注他们在艺术创作过程中所展现的学习态度、合作精神和解决问题的能力。这种评价方式能更全面地反映学生的综合素质,并有助于教师发现学生的潜力和特长。我们深知每个学生都是独一无二的个体,因而在评价时,教师应特别注重个性化的差异评价,要鼓励学生发挥自身特长,展现各自的独特个性,并在评价中

给予他们充分的认可和有针对性的建议。

为了让学生的个性和潜能得到充分展现，笔者精心组织了“我的自画像故事”学生作品展。在这一平台上，学生不仅有机会展示自己的艺术实践成果，还能通过参与策展的实践，提升团队协作能力。在展览中，学生的自画像作品与成长故事书生动地呈现了他们的艺术追求和成长轨迹，让每一位参观者都能感受到学生的不同个性、独特创意和发展潜能。此次展览，笔者还特别邀请了专业人士、其他美术教师和家长代表担任评委，从专业视角给予学生作品更为精准的评价和指导。这种跨界融合的评价方式，不仅让学生作品得到了广泛的认可，也为他们指明了未来艺术创作的方向。其中的优秀自画像作品还荣登《少年日报》，甚至远赴德国参展，这为学生提供了多元文化融合、交流的发展空间和机缘。展览的成功举办，得到了学生、家长及专业人士的高度评价。学生在观展过程中，不仅提升了自身的艺术鉴赏能力，也找到了进一步发展提升的空间。家长更是真切地感受到了学校对艺术教育的倾心投入和孩子们在艺术领域的蓬勃成长。通过学生自评、同伴互评、教师点评、专家和家长参评等多元化、多维度的综合评价，笔者成功构建了一个全方位、多角度的综合融通的评价体系。这一体系不仅激发了学生的艺术潜能，展现了他们的个性魅力，也促进了学校艺术教育和心理健康教育的发展与提升。

五、结语

小学美术大单元视域下的融合教育探索，为培育学生的艺术核心素养和心理健康素养奠定了坚实基础，同时也对他们的长远发展产生了深远影响。如果说美术教育与心理教育的和谐融合催开了艺术与心灵深度对话之花，那么“五育融合，相辅相成”必将开拓全面育人、和谐育人的胜景。

参考文献

[1] 中华人民共和国教育部. 义务教育艺术课程标准[M]. 2022年版. 北京：北京师范大学出版社，2022.

[2] 王艳. 融合教育理念下的小学美术教育创新实践研究[J]. 中国教育学刊，2021(S1)：65-67.

[3] 李明. 小学美术教育与心理健康教育融合的策略研究[D]. 上海：华东师范大学，2020.

[4] 王大根. 中小学美术教学论[M]. 2版. 南京：南京师范大学出版社，2021.

[5] Claire Golomb. 儿童绘画心理学[M]. 李甦，译. 北京：中国轻工业出版社，2008.

小学美术图像识读教学的探索与思考

上海市浦东新区进才实验小学　汪未雄

【摘　要】“素养导向”是实现新时代美育目标的重要教学理念，即教育教学的根本目标应是培育学生的关键能力和必备品格。图像识读作为美术学科教学活动的基本形式和载体，教学内容、媒介、方式都应与时俱进，发挥其在促进学生美术能力和艺术素养方面的作用，以顺应教育现代化与学生核心素养发展的要求。

【关键词】图像识读　核心素养　素养型教学

“图像识读”是指对美术作品、图形、影像及其他视觉符号的观看、识别和解读。对图像信息的“看”是所有视觉艺术传达的前提，就如同音乐欣赏中的“听”，而美术课的实质就是一种基于视觉形象的艺术交流与创造活动。因此，图像识读是开展美术教学的起点和基本形式，贯穿整个教学活动中。同时，图像识读素养亦是美术学科五大核心素养之一。

随着新课改理念的不断深入，培育学生的核心素养成为当今教育教学的首要目标，它指向的是学生应具备的关键能力和必备品格。本文针对核心素养导向下，如何在小学美术教学中开展图像识读活动，叙述笔者的探索与思考。

一、素养型教学的基本特征

回顾传统教学，我们会发现其弊端和不足，比如，以讲授为主的教学方式导致学生习惯于被动学习，偏重于知识技能的学习而忽略了情感、态度和价值观的引导，关注了学习结果却忽视了学习过程。而素养型教学强调的是“以学为中心”，更注重学习的过程，以探究式的教学方式激发学生的学习兴趣和主动性，以培养能力、形成良好品格作为教学核心目标，从而实现学生素养的发展。

对图像识读教学而言，传统教学由于缺少了“素养本位”的意识，教师往往急于追求识读结果，而忽略了识读过程中对学生美术能力和思维的培养，加之图像资源和识读形式也比较单一，难以激发学生的学习兴趣，“为读而读”“被动识读”等现象普遍存在。

二、核心素养导向下的图像识读教学

“素养导向”是实现新时代美育目标的重要教学理念。图像识读作为美术学科教学活动的基本途径和载体，其内容、媒介、方式都应与时俱进，以顺应教育现代化与学生核心素养发展的要求。

（一）注入生活情境，激发审美感知

生活是最佳的学习素材和学习场域，创设生活化的学习情境在素养本位的教学中有着重要意义，一般包括用生活事物举例、布置生活化环境或者直接将生活场景作为教学空间。它能加强艺术与自然、科技、社会等领域的联系，使教学鲜活起来，让学生获得真实、丰富的审美体验。

引用生活事物举例是最广泛、实用的教学方法。比如，初学美术的孩子对于造型元素点、线、面的理解还比较狭隘，或者局限于他们绘画作品中简单的点、线、面形象。其实，生活中的点、线、面就有着千变万化的形态，我们可将万物造型概括为点、线、面：从高空俯视地面，建筑和人就都变成了点；风吹过水面，就有了波浪线；广场上拥挤的人群形成了自由变化的面……引导学生联系生活去寻找点、线、面，既有趣味，又能开阔思路，学生在“生活识读”中能加深对美术知识的理解，发觉身边万物之美。

而营造生活化的教学空间，则要将学习与生活深度融合。以写生课为例，“画树”是美术写生课常见的题材，日常教学中，教师往往采用展示图片加示范的教学模式，学生作业也基本是照片写生或临摹范画。然而，我们会发现不少学生的作品显得线条僵硬，缺少生气，还容易画出错误的结构和透视，而且一旦脱离了范画，很多学生便不知如何下笔了。反思教学，学生对绘画对象缺少深入、充分的观察和感知是主因。“大自然是最好的老师”，我们不妨打破课堂时空局限，利用校园、社区的绿化空间开展教学，让学生到大自然中去“识读”树木（见图1）。可以让学生先自主观察并记录树木的形态特点，包括造型、颜色、肌理等，再根据名家作品去对比真实的树木，进而探究绘画表现技法。其间，学生不仅可以认识更多种类的树木，还能通

过触摸、嗅闻等方式，发现树木的各种细节特征，甚至可以通过亲自种植来观察树木的生长过程，感悟生命成长之美。这样的教学方式能打通书本世界与生活世界的界限，学生在与大自然的亲密交互中，在真实的识读体验中能构建审美认知，为下阶段的绘画表现打下重要的基础。这是学习空间生活化转换带来的效应，同时也能提升学生的跨学科学习能力和多学科素养。

我们还可以充分利用社会场馆资源，带领学生走进美术馆、博物馆、展览馆，尽可能地去欣赏和识读艺术真迹。相比观看书上的印刷图片，当学生面对真实作品时，这种观感会带来完全不同的视觉和审美感受，甚至在与一些现代艺术作品的互动中，学生能有机会“参与”作品创作，获得别样的艺术体验（见图2）。

图1　学生在校园中“识读”树木

图2　学生在现代艺术展上与作品互动

（二）加强经典阅读，关注文化理解

《义务教育艺术课程标准（2022年版）》（以下简称“新课标”）在课程理念中指出，要引导学生学习和领会中华民族艺术精髓，增强中华民族自信心与自豪感，了解世界文化的多样性，开阔艺术视野。新课标还首次在学业质量描述中给出了具体的评价要求，如知道4位中外著名美术家及代表作、能说出2～3种中国民间美术的类别、能表达对中国美术艺术魅力的体会等。这些变化和要求都指向了“培养怎样的人”这一问题，即我们应培养既有坚定的民族文化自信，又能尊重世界文化多样性，且具有广阔艺术视野的人，这也是美术学科的育人目标之一。据此，笔者认为在日常美术教学中，教师应增加学生阅读中外经典名作的比重，创设更多的识读机会，并且注重引导学生结合文化情境赏析作品，提高文化理解能力。

如，现行上教版小学美术教材中专门设有“走近名作”教学单元，让学生认识名家名作。教师可以将其内容归类整理，作为教学资源引入其他教学单元中进行“拆分式”欣赏。笔者就常在水墨画教学单元以外的线描写生、创意设计等专题课程中，向学生展示吴冠中、林风眠等名家的水墨画作品。这些名家作品无论是水墨表现技法，还是绘画语言的创新，都具有极高的艺术造诣，可以针对不同教学目标，分别从构图布局、点线面组织、空间表现等角度进行专题赏析，让学生全面感知中华水墨艺术的魅力，也能增加学生接触我国优秀传统文化的机会。又如欧洲印象派、立体主义、野兽派等绘画作品，它们独特鲜明的风格在世界艺术中具有标志性意义和重要价值。但在日常教学中，教师常以临习绘画技法作为教学重点，对于这些画派的产生原因、时代背景、艺术特色等，则很少引导学生去探究，以致学生上完课还是不会欣赏和评价这些作品。因此，结合作品的人文内涵进行识读欣赏就显得尤其重要，这不但可以加深学生对各画派艺术特色的了解，还能帮助他们深入理解作者的思想和创作意涵，在与画家的“思维同步”中感悟作品的艺术价值。

此外，培育文化理解往往寓于教学的细节之处。比如，在引导学生欣赏中国的水墨画和西方的油画时，可以采用不同的作品观看方式使他们感悟中西方文化差异。西方绘画讲究透视和光影效果，一般直接展示作品全貌，让学生进行整体观看，可以感受扑面而来的视觉冲击，就如同西方人的热烈奔放；而中国水墨画往往采用卷轴的形式，尤其是长卷画，让学生随着卷轴徐徐打开慢慢观看，从局部到整体，最后通观全局，可以体会东方人含蓄、神秘的特质。学生跟随作者的“眼睛”阅览作品，能在潜移默化中感悟不同文化背景下迥异的艺术创作风格和审美观念。

是否具备文化理解和艺术眼界是艺术素养的重要体现，其前提是拥有对本民族文化和世界文化的广泛了解与认知。这就需要教师通过不同方式的教学渗透，引导学生博览中外艺术经典，与大师对话，并从人文视角去品读作品，从而不断增强学生对中华民族艺术的认同和对世界艺术多样性的认识，进而树立文化自信，形成开阔的艺术视野和兼容并蓄的艺术态度。

（三）渗透探究活动，让识读“动”起来

学生素养的形成与发展需要相适应的教学方式来支持，探究性教学应是主旋律。它是在教师的指导下，学生通过自主、合作、探究的活动方式，获取知识和技能的一种教学方式，其重要特征是能激发学生的学习兴趣和主动性，开拓思维，提升能力。开展探究性教学是发展学生素养的有效途径。如果将图像识读与探究活动结合起来，则可以改变以往学生在美术学习时“视而不见、看而不思”的被动看图现

象，变静为动，在动态识读中促进主动识图，使学生的美术思维和美术能力得以同步发展，并能逐步养成善于思考、乐于探究的学习态度。

在教学中，根据小学生的身心和认知特点，教师可以开展玩一玩、猜一猜或者模仿、表演等游戏化的探究活动让他们进行识读图像。比如，在“字母的联想”一课中，笔者设计了“猜字母”游戏，让学生用身体模仿摆出英文字母，请其他同学猜一猜，以此观察和了解字母的造型特征（见图3）；在“巧妙的编织”一课中，学生通过把玩和拆解各种编织物品，发现了穿编工艺的原理和技巧，并感受到了编织图案独特的艺术美感。这些游戏活动寓教于乐，有效调动起学生的学习兴趣，还培养了形象思维和创意思维。而针对一些具有深刻寓意或比较抽象的美术作品，如讽刺漫画、抽象绘画、装置艺术等，教师可以设计一些探究问题或探究任务作为学习支架，让学生通过实验观察、资料阅读、对比欣赏等学习活动开展作品分析研究，帮助他们读懂作品，学会欣赏（见图4）。

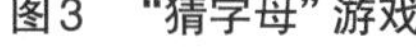

图3 “猜字母”游戏

图4 合作探究作品表现主题

需要注意的是，在开展探究性识读活动时，教师应鼓励学生充分表达自己的识读发现与感受，而不应只追求统一或标准的答案。因为素养型教学的根本目标并非知识本身，而是指向素养，即借助探究过程，促识读，育素养。

（四）借力信息技术，点亮图像之美

图像素材是美术教学最基本和最重要的学习资源。在以往的教学中，教材上的图片是主要甚至唯一的识读素材，具有针对性和典型性的特点。但随着如今生活中各类新型视觉媒体的涌现，仅依靠课本识图的单一形式，已无法满足当代学生多元

的审美需求，加之清晰度和篇幅的局限，也很难引起学生的学习兴趣。而现代化信息技术的加持，使图像素材的获取途径与呈现方式变得更丰富和多样化，由此为图像识读教学增添了新的活力。比如，通过互联网，我们可以随时上网搜索到大量的图片素材和相关信息；一些高清、动态的多媒体图像也可以作为教学素材的极佳补充。这些都有助于学生全面、深入地赏析作品，拓宽眼界，从而提升审美能力和创意思维。

动态版《清明上河图》就是一个很好的例证。用数字科技打造的这幅名作，画中人物、动物、景物都“活”了起来，还配有人声鼎沸、车马喧闹、流水潺潺等场景音效，视觉、听觉同时激发，将作品演绎得栩栩如生，给观众带来了身临其境的视听体验。观众还可以随时点击放大画中人物、动物、船只、建筑等事物的任何一处细节，观察他们的生动造型，感悟画家笔墨的精妙。通过互联网，观众还能随时阅读更多的作品信息，如画家生平、创作背景、各种评论等。这种立体、互动式的作品识读方式，提供了更丰富、生动、翔实的作品观赏资源，能充分激发学生的探究欲望，并让他们更深刻地感悟画家张择端对北宋都城汴京繁荣景象的赞颂之情（见图5）。

图5　动态版《清明上河图》

近年来，人工智能的兴起和发展超乎我们的预料。ChatGPT、Sora等AI软件的问世，可以让我们轻松地把想象转化为逼真的影像。蒙娜丽莎穿越到现代会是怎样的？乌龟会比兔子跑得还快吗？在外星球生活会是什么样的？……这些天马行空的问题或念头，如今都可以利用AI生成各种具体的图像和影像。而我们需要思考的是：如何充分利用相关软件和技术，发挥人工智能在促进图像识读教学中的作用，以激发学生越来越多的想象力和创意。

现代信息技术的飞快更迭，为教学提供了各种可能性。在未来的教学中，我们将极可能与人工智能等先进技术为伴，我们将可以创设更为丰富的图像资源和图像识读方式，促进学生审美、创意等艺术素养的发展。

三、寻素养发展，以识读为介

在强调培育学生核心素养的今天，教师应在美术教学中树立生活化、多样性的大美术观，充分运用现代教育理念和技术转变传统课堂样态，激发学生的美术学习兴趣，提升他们的审美实践体验。通过对图像识读教学活动的优化改进，在深度学习中促进学生美术思维、能力的发展和艺术素养的培养，以素养为导向实现学生终身发展这一根本目标。

参考文献

[1] 中华人民共和国教育部. 义务教育艺术课程标准[M]. 2022年版. 北京：北京师范大学出版社，2022.

[2] 尹少淳. 新版课程标准解析与教学指导：美术[M]. 北京：北京师范大学出版社，2022.

[3] 尹少淳. 小学美术教学策略[M]. 北京：北京师范大学出版社，2010.

[4] 尹少淳. 核心素养大家谈[M]. 长沙：湖南美术出版社，2018.

[5] 邢进. 中小学美术教学关键问题指导[M]. 北京：高等教育出版社，2016.

指向创意实践素养的小学美术项目化学习

——以“字画装饰贺新春”为例

上海市浦东新区江镇中心小学　施娴辰

【摘　要】本文依托美术项目化学习，对小学生创意实践核心素养的养成进行了实践研究。笔者在“字画装饰贺新春”活动中开展了项目化学习，通过“创设任务驱动，实现创意启发”“借助思维导图，开拓创意思维”“探索文创材料，形成创意实践”“营造开放氛围，促进创意表达”等策略有效增强了学生的创意实践能力。

【关键词】小学美术　项目化学习　创意实践素养　创意思维　创意表达

项目化学习在学习、培训领域已被推广运用。作为学校教育的组成部分，项目化学习也正逐步走向校本化。项目化学习校本化的基本含义为：以问题为导向，以小组或个人方式进行一定周期的开放性探究活动，完成设计、计划、问题解决、作品创建及结果交流等学习任务，达到知识建构与能力提升。

创意实践素养作为美术学科核心素养中的一点，是指综合运用多学科知识，紧密联系现实生活，进行艺术创新和提高实际应用的能力。创意实践包括营造氛围、激发灵感、对创作的过程和方法进行探究与实验，生成独特的想法并转化为艺术成果。创意实践的培育，有助于学生形成创新意识，提高艺术实践能力和创造能力，增强团队精神。

就小学美术教学而言，在指导学生进行项目化学习的过程中，可实现对学生批判性思维、问题解决能力、美术技能的综合培养，有助于学生美术创意实践能力的提高。

一、以项目化学习为指引，启发学生开展创意实践活动

随着教育改革的不断深入，美术教育在小学生综合素质培养中的地位日益凸显，创意实践素养的培养已成为教育领域的研究热点。《义务教育艺术课程标准（2022年版）》指出，当前教育教学要关注学生创新性思维的培养，为培育新世纪复合型人才奠定坚实的基础。

基于当前教育改革的要求和美术教学的实际需求，本文针对小学美术教育中创意实践素养的培养展开研究，以项目化学习实践为途径，探讨如何有效地启发学生参与创意实践活动，从而促进学生创意实践素养的提高。

二、以项目化学习为框架，培养学生创意实践素养

（一）创设任务驱动，实现创意启发

小学生心智还未成熟，持续专注力不够，但他们容易产生好奇心。所以，对小学生来说，有趣的任务和新颖的形式能够在激发兴趣的同时，进一步促进他们的探究与学习热情。

如今，文创商品作为传统文化与创新思想相结合的新型产物，深受人们的喜爱，也具有良好的文化传播力量。笔者以春节文化为背景，以学校的迎新集市活动为依托，结合美术学科特点，在三年级的教学中开展了美术项目化学习活动。

1. 创设情境，明确任务

通过真实情境的创设，可以帮助学生更清晰地理解任务的目标和要求。

笔者创设了布置新春文创集市摊位的任务情境，以驱动问题“临近春节，在学校大队部即将开展的辞旧迎新义卖活动中，你们会怎样布置一个新春主题的文创作品义卖摊位呢？”开启探究活动。学生在接到这个任务后，表现出极大的兴趣，同时也出现不少困惑。比如：春节为什么要逛集市？现在的春节还会逛集市吗？文创作品是怎样的？可以用哪些新春文化元素来设计文创义卖商品？……学生根据义卖的真实情境，在提出的问题引导下，顺理成章地开启了探究、反思、改进、解决问题的学习过程。

2. 问题导向，开启探究

教师作为项目化学习中的“引导者”和“辅助者”，要为学生提供一定的学习支架，并以学生提出的问题为导向，梳理重点，形成项目子任务，指导他们开展探究学习。在设计任务时，教师也可提出一些引导性问题，启发学生从不同角度思考和探

索，激发更多的创意想法。

活动一：春节习俗我知道。

活动初期，学生通过欣赏视频“春节庙会”，知道了春节有逛庙会、去赶集等文化习俗。在“春节习俗我知道”子任务中，学生对主题词“集市”进行了资料搜集。在此过程中，他们不仅查找到了集市在古代百姓生活中的重要作用，也发现了集市在当今社会生活中的身影。有的学生从北宋画家张择端创作的《清明上河图》中找到了集市的形态，知道了集市诞生于市井生活，多以在热闹街道上摆地摊的形式出现；有的学生发现，如今集市也在城市中被开辟和推广，作为春节庆典的重要元素融入了中国人民的生活。

活动二：习俗演变我知晓。

随着市场经济和社会的不断发展，集市的形式和内容也相应发生了变化，给人们带来了丰富的体验。在“习俗演变我知晓”子任务中，学生以小组为单位找到了许多不同主题的集市图片，比如传统节日主题、水果主题、宠物主题、国风主题、书法文创主题等。学生通过资料收集，发现传统与创新相融合的文创主题近年来广受人们的喜爱。

（二）借助思维导图，开拓创意思维

当学生领取任务后，针对“可以用哪些新春文化元素来设计文创义卖商品？”这一问题，他们展开了头脑风暴，激发了创意思维，促进了团队合作。思维导图能帮助他们将讨论的结果进行有效归纳与整理。

活动三：春节祝福语创想。

在春节期间，送祝福是最常见的一种方式，说一些美好的四字词语就能给人带来快乐。经过小组讨论，学生决定选择春节祝福语作为文化元素来设计义卖商品。根据他们的决定，笔者设计了“春节祝福语创想”子任务，让学生以思维导图形式梳理更多的四字祝福语，开拓思维，筛选词语。小组成员们一开始脱口而出的都是一些常用祝福语，在笔者的启发下，大家朝更有创意的方向进行了联想创编。最后，小组展示思维导图式成果（图1）时，真是令人眼前一亮，除了常用祝福语外，学生还针对不同的赠送对象设计了祝福语，以及龙年专属祝福语、谐音改编祝福语等。

思维导图的运用，使学生创意想法的组合、分类、对比更清晰，也更有利于团队的合作交流。

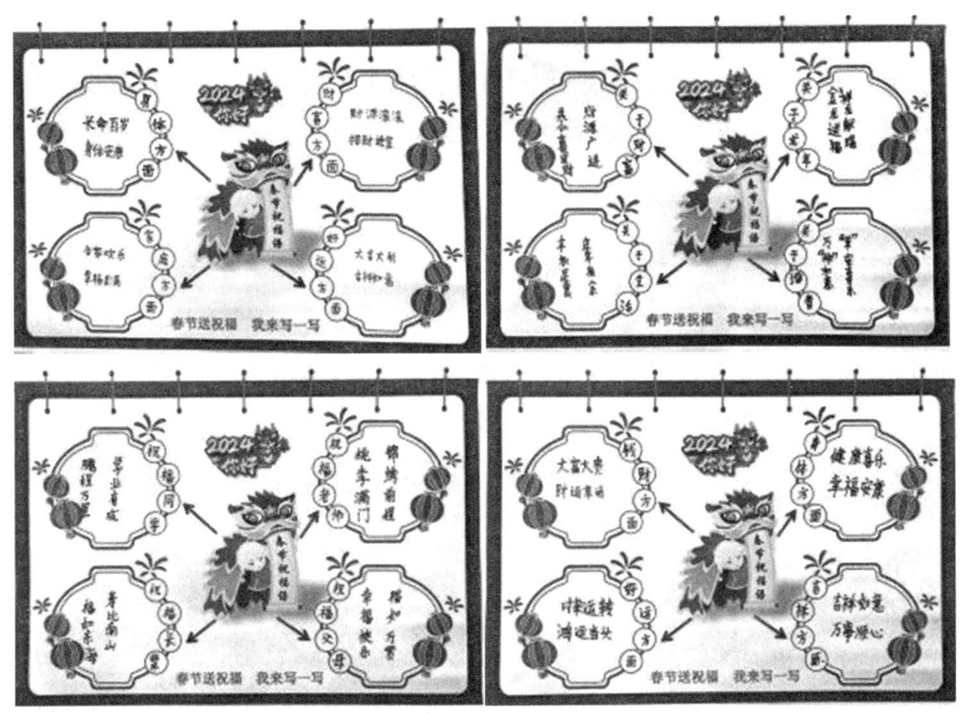

图1

（三）探索文创材料，形成创意实践

活动四：文创商品我来选。

探究学习中，学生通过小组讨论—设计问卷—调查统计，最终确定了商品。而作为引导者，笔者将关键问题强化："什么是文创？摊位里可以有哪些文创商品？"以此来帮助学生理清学习的路径。

接下来，学生通过自学材料包（网络资料、视频资料、图片资料、文字资料），明白了什么是文创，通过问卷调查，了解了消费者喜爱的文创商品。在探究过程中，他们也发现虽然文创商品种类众多，但受条件影响，有些商品创作起来需要花费更多时间和特殊材料。经过对各种因素的分析与取舍，各小组确定了适合在课堂中进行创作的文创商品。然后，各小组协商对这些需要创作的商品（字画作品、拎袋、扇子、台历和灯笼）进行分配。

在创作过程中，学生也开展了美术与其他学科的融合学习。如计算材料的尺寸和比例（数学）、了解材料的历史和文化意义（历史）、探究每种材料的特质（自然科学）……教师鼓励学生尝试将不同材料结合使用，进行实验性的创作。在此过程中，学生在选择和使用不同材料时展现了自己的个性与情感，在评估每种材料的优缺点时展现了他们的批判性思维能力，在和其他小组交换材料的过程中促进了团队之间的沟通与协作。可见，美术项目化学习不仅能丰富学生的学习体验，还能促进创意思维的发展和解决问题能力的提升。

（四）营造开放氛围，促进创意表达

在项目化学习过程中，教师要明确角色定位，在营造开放的学习氛围时应扮演好引导者和支持者，而不是单纯的知识传授者，应鼓励学生自主学习和探索。

1. 自由选择，鼓励创新

学生探究学习的氛围是轻松自由的，问题的答案是开放的，他们需要不断地反思改进，力求更好的结果。而创意表达不单是作品的创意表现，更是思想的表达、语言的表达、团队合作中改进建议的表达。

活动五：字画创意表现。

笔者先抛出关键问题“如何将汉字变成画？”，让学生进行思考，再给出样品（图2）启发学生进行创作，并寻找合适的装饰方法。通过观察、联系旧知，学生很快确定了创作方法：用不同元素替换笔画。同时，从作品中也不难发现他们装饰画面的方法：采用点、线、面相结合的样式用深浅不一的色彩来装饰。

图2

然后，笔者根据问题链引导学生思考关键问题“在不同文创物品上，文字该如何布局？怎样的布局更具形式美感？”。学生随即开展探究学习活动，通过搜索、观察、分析，讨论得出了合理的布局方法：① 根据物品的尺寸合理选择构图方式；② 确定祝福语文字的布局，制订各自的创作方案。他们在探究文字布局美感的同时，提出了不同方案，如满格设计、居中设计、对角设计、黄金分割设计等。在此过程中，学生也感受到了汉字的魅力。教师应鼓励学生根据自己的兴趣和想法进行创作，而不仅仅是模仿或遵循固定的模式。

在创作过程中，教师营造开放的学习氛围十分重要。只有这样，学生才能在无压力的环境下，尽情尝试和探索各种商品的创作方法，更有助于建立学生的创作自信心,激发更多的创意灵感。

2. 提供展示,激发表达

活动六:展示评价,反思改进。

在这个活动中,学生根据各自制订的方案实施创意设计,让春节祝福语跃然其上,把汉字笔画进行创意变化,运用点、线、面元素进行色彩装饰。在展示环节中(图3),以点亮集市、摊位开张的形式开展活动。学生踊跃地进行商品推销,其中一名学生说:"我来介绍一下我设计的商品,我们小组选择的商品是纸拎袋,而我选择的祝福语是送给同学的,我希望同学能够学业有成。我选择满格设计,是因为构图饱满能给人带来很强的视觉冲击力。"学生的表达充分展现了她的创意和实践能力。教师应鼓励学生进行个性化的表达。

图3

通过小组合作,学生学会了交流想法、分享资源和协作解决问题,这有助于培养他们的团队精神和社交技能。在作品展示过程中,教师应鼓励学生相互评价和讨论,以获得不同的视角和启发。同时,教师还应当引导学生在活动过程中不断地进行自我反思,思考自己创作的过程、选择的材料、最终的作品,以及如何表达自己的

想法和情感。此外，教师要多使用正面和鼓励性的语言，即使是在指出学生需要改进的地方时，也要以建设性的方式提出。通过这些方法，可以在小学美术项目化学习中有效营造一个开放和包容的学习氛围，让学生在自由探索和表达中发展自己的创造力，提升美术技能。

三、以项目化学习为依据，聚焦学生创意实践能力养成

评价是检验、提升项目化学习成效的重要手段。在美术项目化学习的最后，教师要充分利用评价的诊断和激励功能，促进学生创意实践素养的养成。多元化评价可以使学习目标、过程和结果变得更清晰、更具体，从而更好地落实培养学生美术核心素养的目标。多元化评价也能帮助教师从不同视角以发展的眼光看待学生的成长。过程性评价、表现性评价和总结性评价能帮助教师更好地检验学生的创意实践能力。

（一）学生的思维更有创意

通过将美术与其他学科相结合，能促进学生综合思维能力的提升。头脑风暴、思维导图等方式能激发学生的创意思维，引导他们提出新颖的想法。小组合作的开展使学生学会了如何与他人协作、交流想法，并从不同视角看待问题。不同艺术形式和材料的运用，拓宽了学生的视野，促进了他们对文化的理解和尊重。

（二）学生的作品更多元化

通过项目化学习的实施，学生的作品成果和以往不同，有了新的突破和收获。项目成果不再以传统单一的形式展示，并能从不同的维度检验学生的创意实践能力。在整个项目过程中提供持续的、建设性的反馈，能帮助学生不断改进和完善他们的作品，学生学会了反思自己的想法和作品，并不断进行改进和迭代。通过这种反思性的学习过程，学生能不断提高创意水平、美术技能和美术实践能力。

四、结语

在本次项目化学习中，笔者引导学生在真实的情境中展开学习。他们在了解春节习俗的过程中产生了设计兴趣，主动探究设计思路和设计方法；在分工合作的实践中相互交流、彼此促进、碰撞思维，拓展了创意路径；在多维展示和多元评价中获得了有效反馈，加深了自我认知和对设计的理解，明确了改进方向；在有序推进学习

的过程中增强了创意实践能力，为他们今后的学习和发展奠定了坚实的基础。

参考文献

[1] 尹少淳. 新版课程标准解析与教学指导：美术[M]. 北京：北京师范大学出版社，2022.
[2] 中华人民共和国教育部. 义务教育艺术课程标准[M]. 2022年版. 北京：北京师范大学出版社，2022.
[3] 王怀熹. 培养学生美术创意思维的实践探索[J]. 教学管理与教育研究，2023(24)：118-120.
[4] 王名锃. 小学美术设计应用课程培养学生创意实践素养的方法探究[J]. 考试周刊，2020(29)：153-154.
[5] 申传伟. 培养学生创意实践素养策略——以小学美术设计应用课程为例[J]. 新课程教学（电子版），2021(11)：93-94.

小学低年级唱游项目化活动设计

——以《草原就是我的家》为例

上海市浦东新区罗山小学　王子佳

【摘　要】唱游项目化活动是提高小学生音乐学习兴趣和学习能力的重要教学形式。在《草原就是我的家》项目化活动中，学生能体验歌曲的文化背景，感受到音高和节奏的变化。同时，在情景模拟与多元探索的基础上，学生能体验到音乐的乐趣，真正发展音乐素养和综合能力。

【关键词】低年级　唱游　项目化活动

基于项目化活动的教学是一种以学生为主体的教育方式，旨在使学生在实践中掌握并运用所学知识。项目化活动以探究、合作、实践为核心，致力于提高学生的批判性思维、问题解决能力和独立学习能力。随着教学改革的不断深化，项目化活动被广泛地运用于音乐教学中。《义务教育艺术课程标准（2022年版）》明确指出，要以丰富多彩的音乐实践来提高学生的音乐敏感度、表现力和创造力，注意提高学生的综合素质。

教师将项目化活动融入小学低年级唱游课程中，可以让音乐学习更加有趣、更具互动性，切实提高学生的学习兴趣与潜力。为此，教师有必要基于项目化活动创新低年级唱游课的教学内容及方法。

一、以“歌”定向，在任务中明确目标

项目化活动指以清晰的任务、目标为导向，让学生在“项目”中对知识、技能进行理解和掌握。在小学低年级音乐教学中，开展项目化活动是一种有效的方法，能把音乐理论和生活经验有机地结合起来，提高学生的音乐素养。在小学低年级唱游课程中，项目化活动能让学生在实践中加深对音乐知识的了解与掌握，教师基于任

务来确定学习目标，可以有效地提升学生的音乐素养。在内蒙古短调民歌《草原就是我的家》的教学中，笔者就设计了项目化活动，让学生在完成项目任务的过程中实现学习目标。教师可以把《草原就是我的家》这一课的教学内容整合成一套完整的项目教学内容，让学生围绕《草原就是我的家》进行一系列活动。如，笔者组织了小组合作活动，先明确任务目标，然后引导学生发掘蒙古族的民俗风情、编排草原生活情景剧、设计一些与草原题材有关的手工制品，这些都有助于学生了解歌曲中所蕴含的感情和文化内涵。当然，教师也可以设置一些具体的阶段性目标，如，让学生用唱歌、表演等方式来展现自己对草原生活的认知或参加有关草原主题的项目活动，从而提高对音乐韵律、旋律的掌控能力，加深对音乐学习内容的理解，逐渐实现学习目标，将所学的知识内化于心。

案例片段1

师：同学们，今天我们要学《草原就是我的家》，这是一首很有趣的歌曲，你们知道大草原在哪里吗？

生1：在北边！

生2：我听说那里有许多的马匹和绵羊。

师：是啊，蒙古族孩子们的故乡就是大草原，他们很爱自己的故乡。下面，就请大家跟着老师一起做“骑马”的律动，听一听这首歌的旋律，好吗？

生：好！

教师先为学生放一遍《草原就是我的家》，让学生跟着音乐一起律动。

师：你们对这首曲子有什么看法？

生3：这首曲子很欢快，我感觉自己就像是在草原上驰骋！

师：看来大家现在身临其境了！下面，我们一起来朗诵一首小诗，这首诗也讲了草原的美丽。大家跟着我读：“草原广阔天蓝蓝，牛羊成群在草原，小马小羊跑得欢，草原就是我的家。”

教师与学生一起朗读单元诗，营造了良好的音乐学习氛围。

师：现在大家来试着唱一唱这首歌，同时做“骑马”的律动。注意听音乐的节奏噢！

学生一边唱歌，一边做“骑马”的律动，加深了对这首歌旋律和节奏的理解。

在这个教学片段中，笔者设置了明确的任务——学习《草原就是我的家》这首歌曲，采用了多种教学策略以确保学生明确学习目标。本课通过做“骑马”的律动导入内容，使学生对音乐产生了浓厚的兴趣，并对音乐旋律、节奏有了初步认知。同时，朗读单元诗这一活动，增加了课堂的趣味性，营造了良好的音乐学习氛围，帮助学生对作品内容及情感表达有了深刻理解。在师生互动的基础上，学生边唱边学，在练习中逐渐把握了歌曲的旋律与节奏。此种以任务为导向的项目化学习，充分考虑了学生的实际需求及兴趣点，有效地提升了学生的学习参与度和音乐素养。在日后的音乐教学中，笔者仍将采取这种方法，设计有挑战性的学习任务、活动，指引学生在完成项目的过程中深入探索，取得进步。

二、以“游”领航，在计划中优化路径

在小学低年级唱游教学中，“游”是一个非常重要的环节，能使学生在“游”中学会音乐知识与技能。通过以“游”为载体，用“玩”的方式让学生在互动、体验中学习，能提高他们的学习效率。在《草原就是我的家》的教学中，笔者就采用了项目化教学的方法，把“游”的观念与课程内容结合起来，通过一系列探究活动，使学生在“游”的过程中探究歌曲中所蕴含的人文情怀。笔者让学生小组合作，进行与草原生活有关的活动，如搭建小小蒙古包、参加“草原文化”游戏等。在“游”的过程中，学生感知了歌曲的旋律和韵律，基于情境体验加深了对歌曲的理解。此外，项目化教学中教师持续性的教学，让学生在各阶段逐渐加深了对音乐的认知和理解，通过引导他们将自己的学习成果呈现给大家，使他们获得了最佳的学习效果，提高了音乐技能与文化认知能力。

案例片段2

师：同学们，我们刚刚观看了内蒙古大草原的美丽景象，你们都看见了什么？

生1：我看见好多马、羊。

生2：我看见蒙古族的毡房，还有草原上的摔跤比赛。

师：是的，大草原上的景色很美。除此之外，蒙古族还举行一年一度的那达慕盛会。你们知道其中有些什么项目吗？

生3：好像有射箭、骑马、摔跤等项目。

师：是的，那达慕节是我们蒙古族每年一度的节日，内容丰富多彩。那么，让我们运用音乐课堂上所学到的一些技巧，来体会一下吧！

教师示范骑马、射箭和摔跤的动作。

师：你们有没有想要学的动作？

学生纷纷学着教师的样子，做骑马、射箭和摔跤的动作。

师：很好，下面让我们来表演一些动作，看看谁能创编出有趣的声音效果。

生1："嗒嗒嗒嗒"，这就是骑马的声音。

生2：射出的箭是"嗖……啪……"的声音。

生3：摔跤的声音是"嘿——"。

师：大家真的是太棒了！现在请大家一起配合音乐做这些动作，感受一下节奏！

在教学中，教师以"游"为主线，设计了一系列活动，使学生对蒙古族的文化、音乐有了更多的了解。教师以"问题"为线索，引导学生对"草原"的景物进行观察、思考，激起了他们对"草原"的好奇，并对其进行探究。同时，教师以"那达慕大会"为背景，让学生通过模仿、编排等方式，了解了各种运动和韵律的特点。此种教学方式能满足小学生的认知特征，促使其在体验性学习中加深对歌曲旋律与节奏的把握，提升他们的音乐学习素养和综合能力。

三、以"乐"促动，在决策中激发创意

在小学低年级唱游项目化活动中，音乐教育并非只需要向学生传授知识，还要基于实践经验与创新活动来激发学生的学习兴趣与创新能力。在音乐项目化教学中，学生可以发现问题、解决问题，在充满乐趣的学习中发展创意，并在完成项目活动、项目任务的基础上提高自身的音乐素养，确保学习的有效性。同时，教师要根据实际情况，适时地调整教学策略，调动学生的创造力和积极性。在《草原就是我的家》的教学中，笔者运用模唱、律动、创编等多种形式的音乐活动，使学生更好地把握了歌曲的旋律与节奏，锻炼了他们的音乐表达能力与创新能力。

案例片段3

师：同学们，让我们看一看大屏幕上播放的歌曲视频。我来读一遍歌词，你们就举起自己的小手跟着节奏拍一拍！

师：下面请大家跟着老师一起朗读歌词，注意发音部位，吐字要清楚。

学生在教师引导下，跟读歌词。

师：现在，请大家用“la”的发音，唱出这首歌的旋律。需要注意的是，请用较低的音量模仿，不要高声呼喊。

教师弹琴进行伴奏，学生轻声模唱旋律。

师：刚才大家已经唱过这首歌曲了，你们觉得哪个句子最难唱？

生1：我感觉最后一段很有难度。

生2：对，我也感觉这一节比较复杂。

师：很好，看来每个人都发现了问题所在。那大家看一看每一段的结尾部分，你能给这一小节画出一条旋律线来吗？

教师一边唱这首歌，一边指导学生画出旋律线，并把旋律线写在黑板上。

师：现在，请你们把所学的骑马、射箭、摔跤的动作和所学的旋律结合起来，一边唱歌，一边表演，感受不同的音调和节奏！

师：现在请大家伸出小手做一做动作，跟老师一起来唱一唱第三乐句的第一小节。

学生通过教师的动作指导，不断地进行练习。

在项目化教学中，教师让学生自己去寻找和解决问题，能让其逐步克服困难，激发他们的学习热情。在教学过程中，笔者运用绘制旋律线条、动作韵律等方法，使学生对音高、节奏的变化有了直观的认知，提高了学习效率。同时，在教学时，通过多种形式的音乐活动，可以有效地培养学生的创新能力，提高其音乐表达能力，切实实现项目化教学目标。

四、以“音”导学，在实施中多元探索

小学低年级唱游项目化教学，以“音”为中心，鼓励学生对音高、节奏等音乐元素进行多种探究。在教学实践中，教师可以采用多种形式的教学活动，如唱歌、打节

拍、编排动作等，让学生在学习中感受音乐的魅力，这样可以提高学生的学习兴趣，使其更好地掌握音乐技巧，在学习中得到进一步的提高。

案例片段4

师：同学们，现在我们要感受蒙古音乐的风格特点。请大家跟着老师有节奏地朗读歌词，先拍手，再拍肩，感受歌曲的强弱规律。

学生跟着教师有节奏地朗读歌词，并且做拍手和拍肩的动作。

师：很好！现在请大家一句一句跟着钢琴学唱旋律。不识谱的同学可以用“啦”来哼唱，注意音准和节奏，把握八度大跳和大附点节奏。

学生跟着钢琴一句一句学唱，遇到第三乐句时会特别注意一下。

师：大家唱得很好！现在我们把四句连起来用“啦”哼唱旋律。请用你们的食指跟着图谱画旋律线，注意图谱上的点和线。

学生在教师的指导下用“啦”哼唱旋律，并用食指跟着图谱画旋律线。

在实践中，学生能体会到蒙古音乐的艺术特色。通过教师对重点、难点的分析，尤其是第三乐句的八度跳跃和大附点节奏，学生逐步把握了歌曲的旋律与节奏，增强了对乐曲的理解。

五、以“创”促改，在反馈中不断提升

在唱游项目化教学中，教师要注重对学生进行评价与反馈，以促进学生学习能力的提高。教师可以运用多种形式的创新活动，及时了解学生的学习表现，从而促进他们的自我反省与进步。

案例片段5

师：《草原就是我的家》的教学活动马上要结束了，让我们来看一看每个人的表演。我希望每个小组都能选出一名代表，谈一谈在创意与表现上有什么困难。

生1：我们组发现唱高音有些困难。

生2：我们这一组发现在做骑马的动作时，节奏好像不太对。

师：很好，你们都很认真地找出了这个问题。下面，让我们来看一下评审小组的意见。各位评委，你们认为哪一组表演得最好？为什么？

生3：我们认为骑手组是最棒的，音高、节奏都很准。

师：太棒了，看来评委们都很细心。下面，让我们来听一听来自听众的反馈。各位，你们认为哪一组的节目最有意思？

生4：我们也认为表演骑手的小组很有趣，他们的动作、神态都很形象。

师：请各小组在课后思考一下，如何改进自己的表现？在下一次的演出中，我们应该注意什么？期待大家的进步哟！

在教学过程中，笔者设计了项目化活动评价表（见表1），指导学生发现问题，并开展自评和互评，使他们意识到了自己的不足，在不断反思与改进的过程中提升音乐表现力和团队合作能力。

表1 《草原就是我的家》评价表

评价内容	三星标准	二星标准	一星标准	自评	互评
音高和节奏的准确性	音准和节奏完全正确	音准或节奏有少量错误	音准和节奏错误较多		
动作和表情的创意性	动作和表情非常有创意	动作和表情较有创意	动作和表情较为平淡		
团队合作和参与度	全组成员积极参与，合作默契	大部分成员积极参与，合作较好	仅少数成员参与，合作欠佳		
自我反思和改进建议	能明确发现问题并提出有效改进建议	能发现问题但改进建议一般	不太能发现问题或提出改进建议		

六、结语

《草原就是我的家》项目化活动充分凸显了项目化学习的优势。教师通过设计丰富的项目化活动，让学生在实践中学习，在体验中成长。学生参与不同的项目活动，掌握了歌曲的旋律和节奏，深入体验了蒙古族文化，循序渐进地发展了他们的音乐表现力和团队合作能力。在日后的小学音乐教学中，教师还需要进一步创新，如更多地凸显学生的主体地位，从而达到改进项目化活动在小学音乐教学中的应用现状的目的，切实实现创新音乐教学及强化音乐教学效果的目标，真正培养学生的综合素质与创新能力。

参考文献

[1] 余娜. 小学音乐唱游教学策略研究[J]. 教育界，2024(7): 74-76.
[2] 吴思成. 小学音乐低年级唱游课中劳动教育的有效渗透[J]. 安徽教育科研，2023(22): 61-63.
[3] 王雅君. 试论小学音乐唱游课教学活动有效开展途径[J]. 北方音乐，2018(22): 184-185.

小学唱游教学中核心素养的渗透与评价策略的应用

——以《萤火虫》为案例

上海市浦东新区进才实验小学西校　周丽琼

【摘　要】本文较深入地探讨了在一、二年级唱游教学中，如何有效渗透核心素养，以及如何构建科学的评价策略这两个命题，并以上音版音乐二年级下册第四单元《萤火虫》一课的教学为案例，展示了在唱游教学中对学生音乐核心素养的培养和评价策略的应用，旨在为小学唱游教学提供新的思路和方法。

【关键词】小学音乐　唱游教学　核心素养　评价策略　《萤火虫》教学

一、引言

随着新课程改革的持续推进，小学唱游教学已逐渐从传统的歌唱和乐器演奏教学中解放出来，转向更加注重学生核心素养的培育。核心素养，广义地说，是学生适应未来社会发展的关键能力；狭义地说，是每门学科独具的学科核心素养。因此，其在小学唱游教学中的渗透极为重要。然而，当前小学唱游教学在核心素养培养方面仍存在诸多不足，如评价方式单一、教学内容与核心素养培养脱节等。鉴于此，本文将深入剖析上音版音乐二年级下册第四单元《萤火虫》一课的教学案例，旨在探讨如何在一、二年级唱游教学中有效渗透核心素养，并构建科学的评价策略，以全面、公正地评估学生的学习成果。

通过本文，笔者期望为小学唱游教学提供新的思路和方法，以更好地培育学生的音乐素养，促进学生的全面发展。

二、核心素养在小学唱游教学中的渗透

核心素养培育这一教育理念已逐渐成为当前教育改革的热点。它强调的是学

生在接受教育的过程中应逐步形成的、对未来生活和工作都至关重要的能力和品质。在小学唱游教学中,核心素养的渗透不仅关乎学生的音乐技能提升,更是对他们未来全面发展的有益投资。

以《萤火虫》一课的教学为例,基于实践应用的展示,我们可以从多个维度探讨核心素养在唱游教学中的渗透,深入分析这堂课的教学实践,探讨如何在唱游教学中有效渗透核心素养,并通过科学的评价策略,全面、公正地评估学生的学习成果。

(一)音乐感知能力的培养

音乐感知能力的培养是音乐核心素养渗透的重要一环。在《萤火虫》一课的教学中,笔者不是简单地教学生唱歌,而是通过引导学生模仿节奏口令学习八分音符和八分休止的正确运用,并通过走路下台阶的亲身模拟感受旋律的下行规律,让他们真切地感受歌曲的韵律和节奏。这样的教学方式,不仅让学生学会了歌曲,更重要的是,使他们在实践中培养了对音乐的基本感知能力,这是他们未来欣赏、理解和创作音乐的基础。

笔者以拍打节奏、模仿旋律的方式引入新课,引导学生亲身参与。这不仅迅速吸引了学生的注意力,而且通过身体动作与音乐节奏的结合,有效地培养了他们的音乐感知能力。学生在跟随节奏拍打的过程中,逐渐感受到了音乐的韵律和节奏变化,从而加深了对音乐的理解。

(二)音乐审美与情感体验的提升

音乐审美与情感体验的培养也是音乐核心素养的题中之义。在《萤火虫》一课的教学中,笔者通过播放《萤火虫》的优美旋律,引导学生静听并感受音乐中的情感。笔者通过选一选与歌曲相符的背景画面、画一画小小萤火虫、说一说自己的感受等活动,引导学生体会音乐背后的情感,去感受那份宁静、温馨与美好。在教师的引导下,学生开始尝试用语言表达自己对音乐的理解和感受。这一过程不仅锻炼了学生的语言表达能力,更重要的是,他们在音乐的熏陶中丰富了自己的心灵世界。

(三)音乐创造力与想象力的激发

本课程的亮点之一是鼓励学生自由创编歌词和动作。在《萤火虫》一课的教学中,基于二年级学生的创编能力和生活经历,笔者用换词(小蜻蜓、小蝴蝶等)的方式鼓励学生根据主题自由创编歌词并设计相应的动作,这不仅锻炼了学生的创新思维，也让他们在创作过程中体验到了成功的喜悦。这样的教学方式，使学生的想象力和创造力得到了充分、自由的放飞，让他们在音乐的海洋中自由翱翔，这也是他们未来成为创新型人才的重要铺垫。音乐创造力与想象力的激发是核心素养在唱游教学中的高级体现。

综上所述，核心素养在小学唱游教学中的渗透是多方面的，它不仅注重音乐技能的传授，更是对学生音乐素养全面发展的培育。通过《萤火虫》一课的教学案例，我们可以看到，只要教学方法得当，唱游教学就能成为培养学生核心素养的重要阵地。

三、基于核心素养的小学唱游教学评价策略

在小学唱游教学中，评价策略的制定与实施，对于激发学生的学习兴趣、培养学生的核心素养、提高唱游教学的质量至关重要。传统的唱游教学评价模式往往过于注重对歌唱技巧和乐器演奏水平的考核，这种单一的评价方式已经无法满足当代教育对于全面发展学生核心素养的要求。因此，教师需要构建一套基于核心素养的唱游教学评价策略，以科学、全面地评估学生的学习成果和个人发展。

（一）过程性评价与终结性评价的结合

在这堂课中，笔者不仅关注学生的最终表演效果，还特别注重学生在学习过程中所付出的努力、展现的态度及取得的进步。这种评价方式能够更真实地反映学生的学习轨迹和成长历程。如，笔者在课堂上运用情景化、拟人化的语言引导学生学习："请你们数一数班级里面有多少只萤火虫加入了演唱和表演。让老师看到你们都是会发光发亮又会唱出动听歌声的萤火虫。"旨在激励全体学生融入歌曲的演唱和表演。通过观察学生在课堂上的参与度、与同伴的合作情况及创作过程中的表现，笔者对学生做出了全面、客观、公正的评价。这种过程性评价与终结性评价的结合，更真实地反映了学生的学习情况和进步程度，有助于激发学生的学习动力，培养他们的自主学习能力和团队协作精神。

（二）多元化评价与个性化评价的结合

每个学生都是独一无二的个体，他们拥有不同的音乐基础、才能和潜力，以及不同的兴趣爱好和学习风格。因此，笔者尊重学生的个性差异，在这堂课中采用了多元化的评价方式，除了传统的教师评价外，还引入了同伴互评和自我评价，以更全面

地反映学生的学习情况和需求，并做出公允评价。笔者主要针对学生的学习结果尽可能给出正向的评价并指出需要改进的细节。在同伴互评中，笔者积极引导学生养成聆听、尊重同伴发言和发现同伴优点的习惯，让每个孩子都能被同伴看见和听见。针对自我评价，笔者让学生采用“我给自己画笑脸”的方式，给自己一个美美的笑脸，使得他们在学到知识的同时，更感受到了唱游课堂带来的美好和快乐。这种评价方式不仅让学生更全面地了解了自己的优点和不足，还培养了他们的自主评价能力和团队协作精神。同时，笔者根据学生的个性特点进行了差异化评价，给予他们积极的反馈和建议，使他们更好地认识自己、发掘潜力、提升自信心，并乐于展示自己的特长和风格。

（三）及时性评价与有效性评价的结合

及时性评价意味着教师应在学习过程中给予学生即时的反馈，帮助他们及时调整学习策略和方法。有效性评价则要求教师的评价应具体、明确且有针对性，以便学生能够清晰地了解自己的优点和不足，从而制订更有效的学习计划。

在教学过程中，教师要以主导性、激励性评价为主，在动态的教学中不断给予学生自主学习、合作探索的支持和动力。同时，还要能及时发现问题，进行纠偏，保障课堂教学向健康、正确的方向推进。在这堂课的教学中，学生在刚开始演唱歌曲时，会用大声演唱的方式来表达对歌曲的喜欢。据此，笔者创设了“夜晚降临，萤火虫打着小灯笼巡逻森林”的任务场景，让学生学会了控制演唱的音量，同时也明白了演唱歌曲的音量对于表现歌曲的音乐情境和音乐形象有着非常重要的作用。

此外，教师还应与家长保持密切沟通，共同关注学生的学习状态和成长变化。家长也是学生学习的主要关心者和支持者，他们的参与和关注对于学生的学习与发展具有重要意义。

四、成效与反思

通过《萤火虫》一课的教学实践可以看出，核心素养在唱游教学中的有效渗透和科学评价策略的应用都取得了良好的成效。学生在音乐感知、审美、情感体验及创造力等方面都得到了明显的提升。同时，科学的评价策略也让教师更全面地了解了学生的学习情况，为后续的教学提供了有力的依据。

然而，反思这堂课的教学过程，笔者也发现了一些可以改进的地方。例如，在引导学生进行歌词创编和动作设计时，教师可以提供更多的指导和支持，以帮助学生

更好地完成创作任务。此外，在评价过程中，教师还可以进一步完善评价标准和方法，以确保评价的公正性和有效性。

五、结论与展望

经过对在一、二年级唱游教学中如何有效渗透核心素养和如何构建科学的评价策略的深入分析与探讨，笔者得出了几点重要结论。核心素养在小学唱游教学中确实占据着举足轻重的地位，它不仅关乎学生音乐技能的习得，更有利于音乐对学生心灵世界的熏陶与丰富。学生通过对音乐的感知、审美、情感体验和创造力的激发，使核心素养得到了有效的提升。

笔者在教学中通过多种方式，如感知音乐节奏与旋律、深化音乐审美与情感体验、鼓励自由创编等，不仅让学生感受到了音乐的魅力，更在无形中培养了他们的核心素养，为他们的未来发展打下了坚实的基础。

科学的评价策略是确保教学质量和全面评估学生发展的关键环节。教师只有将过程性评价与终结性评价相结合，将多元化评价与个性化评价相结合，将及时性评价与有效性评价相结合，才能更准确地把握学生的学习状况，并为他们提供更有针对性的指导。

展望未来，我们深知小学唱游教学在培养学生核心素养方面的巨大潜力。因此，笔者将持续深入地探索与实践，不断优化教学方法与评价策略，力求为每一名学生提供更加精准、个性化的音乐教育。同时，笔者也诚挚地希望更多的教育工作者能加入这一研究，共同为小学唱游教学的创新与发展贡献力量，让音乐真正成为孩子们成长道路上的良师益友。

参考文献

[1] 周美玲. 借助教学评价提升小学生音乐核心素养[J]. 教育，2024(13): 122-124.
[2] 贡惠娟. 新课标下音乐学科多元化评价探索[J]. 教书育人，2024(13): 33-35.
[3] 陈亚玖. 借课堂评价　促教学相长[J]. 小学教学参考，2024(6): 34-36.

其他篇

以劳动养成教育促进班级自主发展

上海市浦东新区晨阳小学　谈　冰

【摘　要】本文以劳动教育为载体，关注学生习惯的培养及综合能力的提升，通过让学生树立自我管理、自我发展、自我成长的意识，从而实现班级自主发展。笔者分析了各年段劳动教育的特点及需求，梳理了各年段劳动教育的内容及类型，并在此基础上，充分发挥劳动教育的优势，开展劳动养成教育活动，增强学生的主体意识，培养学生的协作能力，推动学生的个性发展，提高班级管理的效能，以此促进班级自主发展。

【关键词】劳动养成教育　班级自主发展

劳动教育是新时代党对教育的要求，也是促进学生全面发展的重要组成部分。作为班主任，笔者要在班级建设和日常管理中积极开展劳动教育，探索劳动教育的育人价值，以劳育人，以劳建班，以此推动学生成长，带动班级发展。然而，在实际教育中，笔者发现自己缺少对劳动教育与班级自主发展的系统思考。因此，笔者拟通过开展劳动养成教育系列活动，创设生活场景及教学情境，让学生切身观察、体验、思考、感悟，激发他们参与劳动的热情与激情，在树立劳动意识、养成劳动习惯的同时，更好地发挥他们的自我潜能，以及主动为班级服务的意识和能力，从而发掘班级自主发展的新动能。

一、深入研究分析各年段劳动教育的特点及需求

劳动教育的范围和内容是比较宽泛的，对不同年段的学生，需要根据他们的实际需求和能力有选择地开展，才能使他们在劳动中有所收获，在劳动中得到成长。

（一）各年段学生劳动教育的现状及特点

在研究不同年段学生的成长需求后，笔者发现低年级学生年龄小，生活中的劳动实践较少，大多不具备基本的劳动技能，更没有劳动意识；中年级学生已经基本适应小学的集体生活，并且具备基本的劳动技能和自理能力，他们能积极做事，愿意主动参加集体活动，求知欲旺盛，但缺乏耐心；高年级学生已有一定的生活经验，有较强的生活自理能力，能选择和使用恰当的劳动技能解决劳动中遇到的问题，且他们的集体生活意识在和同学、老师的相处中已逐渐形成并得到发展。

（二）梳理各年段劳动教育的类型及内容

以此为依据，笔者结合基本的三种劳动类型——日常自理劳动、生产创造劳动和社会服务劳动，对劳动教育的活动内容进行了梳理（见表1）。

表1　各年段劳动教育的类型及内容

年段	劳动类型	劳动类别	劳 动 内 容
低年级	日常自理劳动	整理类	理书包、理桌肚、理穿戴
		清洁类	擦桌子、垃圾分类
		清扫类	扫地、拖地板、倒垃圾、排桌椅
		自理类	系鞋带、穿衣服
中年级	生产创造劳动	养护类	班级植物角
		美化类	黑板报、成长园地布置
		整理类	图书角、讲台
		管理类	整队、午餐、课间活动
高年级	社会服务劳动	校园劳动	包干区打扫、校园环境维护、责任田种植
		志愿服务	红领巾传帮带、分发报纸等物品

二、开展劳动养成教育活动，促进班级自主发展

围绕“共同劳动价值观”“对自我认识清晰”“有独立判断能力”“有较强人际关系协调能力”这四个要素，笔者开展了一系列劳动养成教育活动，以改变劳动教育和

班级自主发展之间相互割裂、不成系统的现状。

(一)以劳动养成教育增强学生的主体意识,促进班级自主发展

在传统的班级管理中,学生的角色多是被约束者、被管理者。在这样的班级管理模式下,学生的个性发展和各项管理能力被严重限制。通过开展班级劳动,能将学生从单纯被管理的角色中解放出来,积极承担相应的班级义务,主动做班级的主人,实现班级的自主发展。如,很多低年级的班级午餐需要教师来管理,为此,笔者设计了“我们的午餐我们来”活动,将午餐管理的任务交给学生,从分发饭盒、收拾餐桌到整理餐具等,学生各司其职,在一次次的劳动实践中感受到自身的价值,明白了自己对班级的重要性,培养了自信心和意志力(见表2)。

表2 “我们的午餐我们来”自主管理岗位分工表

职位名称	人 数	具 体 任 务
盛舀小天使	2人	为同学盛饭、舀汤
抬抬大力士	4人(男生)	抬饭桶、汤桶
分勺小使者	1人	分发勺子
营养小博士	1人	根据每周的菜谱,向全班同学介绍各种食物的营养和相关的科普知识
节水小卫士	1人	提醒同学节约用水,随时保持水池四周的干净
午餐小管家	1人	监督就餐情况,提醒同学尽量避免剩菜剩饭
餐后保洁员	1人	和值日生一起完成餐后的卫生打扫
午餐班长	1人	协调管理每日午餐前、中、后的一切情况

(二)以劳动养成教育培养学生的协作能力,促进班级自主发展

在当下的学校教育中,有很多学生难以独立完成的项目和任务,这就需要学生互相合作。班级劳动养成教育不是指向某一个人的劳动教育,而是对全体学生开展的劳动教育。通过劳动任务的分配,推动学生协作分工、互相配合,从而提高班集体的凝聚力,进一步推动学生融入团队、提高协作能力。如,在“小小图书管理员”活动中,当学生出现图书分类摆放有错、借书或还书登记不及时、损坏图书等情况时,同组的其他学生就会提供帮助,一起解决问题。在此过程中,有效促进了班级的自

主发展。

又如，在“班级整理收纳”活动中，笔者采用“团队招募”的形式开展活动，分项目组织学生进行合作，有“桌椅摆放管理团队”“劳动工具整理团队”“教室整理团队”“用品归纳团队”，每个团队六人，其中一人为队长，队内自主讨论，排出值日表，并设计评价表。学生根据评价情况，对队长和队员实行聘任制。这样做，使得每个学生都能参与其中，在活动中得到发展，激发主动意识。

（三）以劳动养成教育推动学生的个性发展，促进班级自主发展

小学阶段是学生发展个性和共性的关键时期。传统的班级教育更注重学生共性的发展，对学生个性发展的促进作用有限。劳动养成教育能够让学生在发展共性的同时，更好地发展个性。

如，在“种植伴我成长”活动中，笔者鼓励学生在集体项目中进行自我实践与探索，促进了学生个性的培育和发展。活动主要分为以下三个环节：

1. 学劳动：“三周种出一棵大生菜”之挑选植物种植。在学校的水培区，笔者邀请课外辅导员进课堂，带领学生了解水培植物知识，确定种植的水培植物，并实践种植。

2. 思劳动：“三周种出一棵大生菜”之观察植物生长。学生在组内进行分工，认领劳动小岗位，观察生菜成长，把观察过程中遇到的问题进行组内讨论并找出解决方法，完成观察表。

3. 会劳动：“三周种出一棵大生菜”之评价种植能手。学生在组内分工养护植物生长，在劳动中得到成长，在自评和互评中进一步促进学会劳动，并评选出“种植小能手”。

通过这个活动，笔者发现：每个学生在面临同样的问题时，会有不同的处理方式，而选择的过程就是思考的过程、个性发展的过程。从自己和同伴的视角审视并了解自己的活动表现，能够让学生从中发现自身优势，树立自信心，激发创造力，个性得到发展，班级也能实现自主发展。

（四）以劳动养成教育提高班级管理的效能，促进班级自主发展

在劳动养成教育实施过程中，教师要注重引导学生自觉能动地发挥自己的力量，尤其当发现自己或他人的能力有所欠缺时，能够进行自我调整与改善，在同伴互助中发挥主观能动性。

如，在“小岗位，大作为”活动中，全班学生依据小岗位制度，将班级值日工作定岗定责，促使各岗位关心值日工作，保证事事有人做、人人有事做，真正实现全员劳动，在培养学生劳动意识的同时，调动了他们参与班级管理的积极性，增强了其主人翁意识。通过这样的班级劳动，每个学生都成了班级的管理者、维护者，以及自主管理的受益者，同时也提高了班级管理的效能，使班级向着自主、自律的方向发展。

又如，在“扫出一片新天地”活动中，笔者注重清扫能力的培养，先引导学生自主研发清扫工具，并介绍清扫方法。然后，组织学生采用小组分工合作的形式开展值日工作，既锻炼了他们的动手能力，也培养了他们的团队意识。此外，通过活动评价，进一步激发了学生参与活动的兴趣和动力。对于能主动参与劳动的学生，笔者颁发了“踏实肯干小‘劳’虎”铜牌；对在此基础上，能创新劳动方法、提高工作效率的学生，笔者颁发了“智慧巧干小‘劳’虎”银牌；对于热爱劳动，并能做出特色的突出学生，笔者颁发了最高奖项“爱岗敬业小‘劳’虎”金牌（见表3）。

表3 “扫出一片新天地”活动评价表

班级________ 姓名________ 学号________

评价标准	自评	互评	教师评	家长评
1. 我能积极参与到“各种各样的扫把”活动中，了解其用途和特点				
2. 我能通过多种途径来获得信息，认识了班级中常用的劳动工具				
3. 我熟练掌握了扫把的使用方法，并能运用到平时的班级劳动中				
4. 我能积极参加小组讨论，分享收获				
5. 我能在讨论中表达自己的观点，接受并融合其他小组成员的意见，形成决定				
6. 今后，我会主动参与劳动，养成自觉、自愿、热爱劳动的好习惯				

续　表

评价标准	自　评	互　评	教师评	家长评
7. 今后,我能把学到的本领用到更多的地方				
*表现优秀,获得三个虎头;表现良好,获得两个虎头;表现合格,获得一个虎头				
我共获得了________	爱岗敬业小“劳”虎 智慧巧干小“劳”虎 踏实肯干小“劳”虎	热爱劳动 做出特色 创新劳动方法 提高工作效率 主动参与劳动		
我获得了________奖章				

三、开发劳动养成教育系列微课

在实践过程中,笔者根据劳动教育的不同形式,集聚了教育资源,并进行了整合与开发,最终形成了11节劳动养成教育系列微课。这些微课主要聚焦班级劳动中存在的问题,通过归因分析直面潜在问题,系列举措提供解决策略,确立了以“呈现问题—分析原因—实践建议”为框架的微课设计。通过生动形象的情境演绎与细致的分析讲解、深入研究劳动养成教育与班级自主管理之间的有效勾连、解决在实施劳动养成教育过程中的实际问题,提高了学生的自我管理能力,促进了班级的自主发展。这些微课全部经由“浦东德育”微信公众号进行推送,受到了广泛关注(见表4)。

表4　劳动养成教育系列微课

序号	主　　题	微课二维码
1	面对劳动的摆拍现象,怎么办?	略
2	面对自理能力薄弱的“宝宝”,怎么办?	略
3	面对小岗位中的“懈怠”现象,怎么办?	略
4	面对值日工作中的“缺位”现象,怎么办?	略
5	面对教室歪七扭八的课桌,怎么办?	略
6	“大花脸”课桌美容记	略

续 表

序号	主　　题	微课二维码
7	地面卫生守护行动	略
8	争做有心小护卫,劳动工具送回家	略
9	图书角的管理学问	略
10	常青植物角,护绿小使者	略
11	玩转黑板报	略

四、反思

班级的发展与学生的成长相辅相成,只有当学生的自主能力得到激发与发展,班级的管理才能更趋于自主化。反之,若班级管理形成了一定的自主性,便能对学生的个人发展具有激励作用。因此,教师需要对这方面进行进一步的研究。

教师要注重从"以劳树德"的角度出发,研究如何促进学生的品德发展和价值观培养。在活动设计与实施过程中,要增强活动的可操作性,使整个活动具有整体性、连贯性。同时,要关注学生的创新意识,并激发他们参与活动的积极性和主动性,努力做到全员参与、全程参与、全面参与。

劳动教育的形式和内容多种多样,学生的年龄段也不尽相同,教师要在《义务教育劳动课程标准(2022年版)》的指导下,参考学段目标制定相应的活动目标,以符合学生的年龄特点和认知能力。

“优优”主题曲之“三乐章”

——从学校吉祥物的创意、设计与应用谈起

上海市浦东新区进才实验小学　王振华

【摘　要】本文以学校吉祥物“优优”（学校原名“由由”之谐音）的创意、设计与应用为主旋律，以“一条失败的小丑鱼”“一组‘会说话’的活宝”“一份创意新颖的提案”为“三乐章”，以少先队干部和“小画家”们为“乐队”主角，演绎了一首体现新时代少儿不畏失败、知难而进、善于学习、勇于创新的“交响曲”，彰显了“五育”并举的教学理念，展示了学生健康成长的精神风貌。当萌趣可爱、灵动自强的一个大“优优”和五个小“优优”（分别是“德优优”“智优优”“体优优”“美优优”“劳优优”）和谐坐落于校园的醒目之处，有机融入学校的立德树人活动之中，不时生发着“‘优优’伴我成长”的正能量时，蕴含育人目标和学校文化的“优优”吉祥物与同学们会心地笑了。

【关键词】优优　吉祥物　三乐章

古诗云：“不经一番寒彻骨，怎得梅花扑鼻香？”流传至今的经典名句道出了“扑鼻梅香”源自“彻骨寒炼”的道理。诸如“历经天华成此景，人间万事出艰辛”等名言和范例散见于人类发展、时代进步的历史长河中，更映现于我国波澜壮阔的改革开放史卷中。继往开来既烦又难，不是浪漫的诗与远方，而是接受失败和挑战的磨砺、坚守与突破。

因而，对于“失败是成功之母”和“创新源于失败”的解读不仅体现在知难而进、败中取胜的一般意义上，更蕴含于“破字当头，立在其中”的改革创新中。在新时代的教育改革大潮中，激荡着此起彼伏的失败孕育创新的浪花。我校开展的校园吉祥物设计与应用活动，在微观实践的意义上解读了“失败与创新”的辩证关系，由此演绎了吉祥物“优优”主题曲之“三乐章”。

乐章Ⅰ：一条失败的小丑鱼

影视欣赏课上，学生聚精会神地看着影片《海底总动员》。片中的小主角尼莫是一条黄色带条纹的小丑鱼，它调皮顽强、乐观勇敢、自由奔放，深得大家的喜欢。小A同学是一名言语不多、性格沉静的小男孩，被别具风姿的小丑鱼尼莫深深吸引。于是在课间，他拿起画笔，凭着对影片的记忆，将心中的小丑鱼画了下来。他并不擅长画画，但却努力地勾勒小丑鱼的外形，描绘小丑鱼的色彩，表现小丑鱼的神态。此时此刻，他心中只有蔚蓝的大海、珍奇的珊瑚、勇敢自由的小丑鱼……他完全沉浸在自己的海洋世界中。经过他身边的小B同学说道："你画的是小丑鱼吗？一点也不像！"小C同学也脱口而出："这条鱼的颜色太难看了，怎么会是可爱的小丑鱼呢？"周围的学生你一句，我一句，指出这幅画的不足之处……小A听到同学们的议论，难过地低下了头，神情黯然，怅然若失……

班主任陈老师看到这一幕，便走到小A同学身旁，拿起他的画纸仔细端详起来。此时，班会课的铃声响起，学生都迅即回到自己的座位上。"今天的班会课，我们先共同来欣赏小A同学画的小丑鱼。刚才不少同学都觉得他画得不真切、有缺憾，大家都认为他的画失败了。"班主任陈老师随机应变，及时更改了班会课主题。她接着说："心理学家卡普尔曾经提出过'有效失败'的概念，把失败分为有效失败和无效失败，有效失败可以让人从失败中得到启示、学会思考、善于总结，进而以失败为阶梯，奋力攀登，走向成功。这种失败，常常能使'坏事变好事'。所以，大家可以试着从有效失败的角度看待小A同学的这幅画。请大家再次仔细观察，用心感受，做出真实评价。"

大屏幕上展示着小A同学画的小丑鱼，学生开展了热烈的小组讨论乃至辩论。在各组的交流中，肯定意见居多。

小组1：虽然小丑鱼的线条感不清晰，但是从它伸展的鱼鳍和摇动的尾巴，能让我们感受到小丑鱼的生机与活力。

小组2：虽然小A同学画的小丑鱼不像影片中的尼莫，但这幅画中的小丑鱼还是展现了不怕困难、敢闯敢拼、破浪前行的精神。

小组3：海洋就像我们进才实验小学由由校区这个大家庭，我们就像海洋中的小丑鱼，自由、热情、勇敢。

……

小A同学听完大家的发言，一改往日沉静腼腆的性格，勇敢地站了起来。他抬起头，眼中闪着泪花，难抑激动地说："谢谢同学们对我的鼓励。我爱小丑鱼，我想把这条小丑鱼起名为'优优'，因为'优优'是'由由'的谐音，让我们在由由校区这片海域中，自由遨游，勇敢前行！"话音刚落，掌声四起。"我再做点补充！"中队长小D紧接着说道，"我有个想法，既然我们都很喜欢小丑鱼，为什么不能将'优优'卡通鱼作为我们进才实验小学由由校区的吉祥物呢？那样，我们就都是可爱自由的小'优优'啦！"掌声热烈，群情振奋，大家一致赞同这个好点子，班主任也露出了舒心的笑容。

由此，"优优"这条小丑鱼成了我们由由校区吉祥物的雏形。可见，及时妥善地处理好一次细微的、不经意的失败，可使一名内向沉静的学生燃起开朗、自信的火花，更能使学生在讨论、辨析中汲取失败画作中蕴含的有效养分，机智地转化为突破、创新的源头活水，可谓一石二鸟，益处多多。试想，倘若我们以传统的观念和惯常的思维审视与处理这件微不足道的小事，那么小A同学热爱海洋动物的兴趣将被否定的口水吞没，本就腼腆的性格会被套上沉重的枷锁，这对小A同学的成长和对班集体的建设都是不利的。而"有效失败"中蕴含的成功元素，乃至创新机遇也将轻易失去。班主任陈老师的育人智慧、小A同学的创意表达、中队长小D的敏锐判断，以及同学们的群策群力，化出了"柳暗花明又一村"的意境。"一条失败的小丑鱼"出人意料地演绎了学校吉祥物"优优"主题曲之"第Ⅰ乐章"。

乐章Ⅱ：一组"会说话"的活宝

学校吉祥物的构思设计被提到了议事日程。在以"校园吉祥物设计"为主题的少先队队干部培训中，队干部们一致认为，学校吉祥物不只是洋溢童趣、人见人爱的萌动活宝，更应是新时代好少年和学校精神的象征。为此，学生处、大队部负责老师带领队干部们收集、赏析了一些学校各具特色、灵动可爱的校园吉祥物，还领略了近几届奥运会的吉祥物。队干部们露出了羡慕的神情，跃跃欲试之情溢于言表。基于我校以小"优优"卡通鱼为吉祥物的雏形，要用拟人化或卡通化的艺术表现设计出具有学校特点的校园"形象代言人"，是吉祥物设计的重难点所在。于是，由大队委员们牵头，组建了校园吉祥物设计小队，由少先队员中的"小画家"们自主设计学校吉祥物"优优"。

经过一个多月的努力，设计小队拿出了几份吉祥物草案。不难看出，"小画家"们热情高、干劲足，绘画技能良好，也不乏创意，草案的设计是下了一番苦功的。由于对吉祥物的特征、内涵，特别是吉祥物与学校精神的内在联系上，"小画家"们还缺乏深入的理性认知和精准把握，加上小学生的阅历、技能毕竟有限，“优优”吉祥物的人格化、艺术化设计难尽如人意。如，“优优”的结构造型显得繁杂、色彩搭配欠合理、表情动作缺乏亲和力等。主要问题是，设计草案的内涵意义与设计主题的融合性、契合度尚有较大差距。显然，这是一次失败的尝试。面对失败，是正视现实、寻找对策、越挫越勇，还是灰心丧气、互相埋怨、知难而退？在学生处、大队部负责老师情理兼具的引导下，设计小队的“小画家”们又踏上了吉祥物设计的反思、改进之旅。在做了心绪调整和相互鼓劲打气后，设计小队的“小画家”们加深了对“失败是成功之母”“创新源于失败”的认识，他们怀揣着对失败的敬畏之心，从失败中分析原因、寻找对策，进而激活思维、全力攻关。于是，设计小队围绕以下主要问题，开展了热烈讨论、深入探究。

主要问题是：吉祥物是当代好少年和学校精神的具象化表达，如何将“四有”好少年和“乐、健、和、实”的学校精神借助直观、形象的吉祥物表达出来呢？

针对之前设计中出现的种种问题，学生通过类比、借鉴、翻阅相关资料等途径，梳理出了吉祥物设计应遵循的三条原则：一是切题性原则，即所设计的吉祥物必须切合所要表达的主题，给人以形神兼备、传情达意之感。二是简洁性原则，即吉祥物的造型、色彩等应简约、清晰，同时富有动态感和张力。三是可爱性原则，即吉祥物是学校的“形象代言人”，可以运用一些夸张的手法展现吉祥物可爱萌动的造型，增强趣味性和亲和力。

在上述设计原则的引领下，设计小队的“小画家”们分工合作，各施技艺。为使吉祥物设计契合以“乐、健、和、实”的校训和“为每名学生的卓越发展服务”的办学理念为核心内涵的学校精神，同时兼顾学校地理文化的特征，他们通过翻阅学校历史、采访身边的老师、开展调查等方式，加深了对吉祥物名称“优优”所含意义的理解。“优优”是“由由”的谐音，不仅与学校的原名“由由小学”和学校所在的“由由社区”一脉相承，而且与“由由”的寓意（种田人出了头）和“由由社区”的地标（耸立于“由由公园”的硕大“农夫犁耕”塑像）紧密呼应，更与进才实验小学的校训、办学理念、育人目标等学校精神和新时代背景下“五育并举、全面育人”“优质办学、追求卓越”的时代潮流相契合融通。对于学校吉祥物名称和所含主题思想的全新理解，大大激发了“小画家”们知难而进、不负重托的信心和决心。

为使设计的吉祥物简洁、可爱，“小画家”们再次将在网上搜集到的诸如奥运会、亚运会、重大庆典活动等优秀吉祥物设计作品摆放在一起，就造型、色彩、线条、神态等关键要素和细节处理，反复琢磨，共同研析，常常争得面红耳赤、欲罢不能。正是在一稿又一稿的否定之否定的螺旋形渐进中，设计方案终于露出了体现“设计三原则”的“优优”吉祥物真容。

为广泛征询师生意见，学生处以展板形式公示了设计原则和学校吉祥物组合草案。学生争相观看、热烈议论，教师也积极参与、各抒己见。从反馈意见看，在充分肯定了设计作品的同时，不少师生也提出了若干意见与建议。设计小队在集思广益、认真辨析、合理取舍的基础上，对吉祥物做了进一步的打磨。我校吉祥物“优优”终于与师生见面了（见下图）。

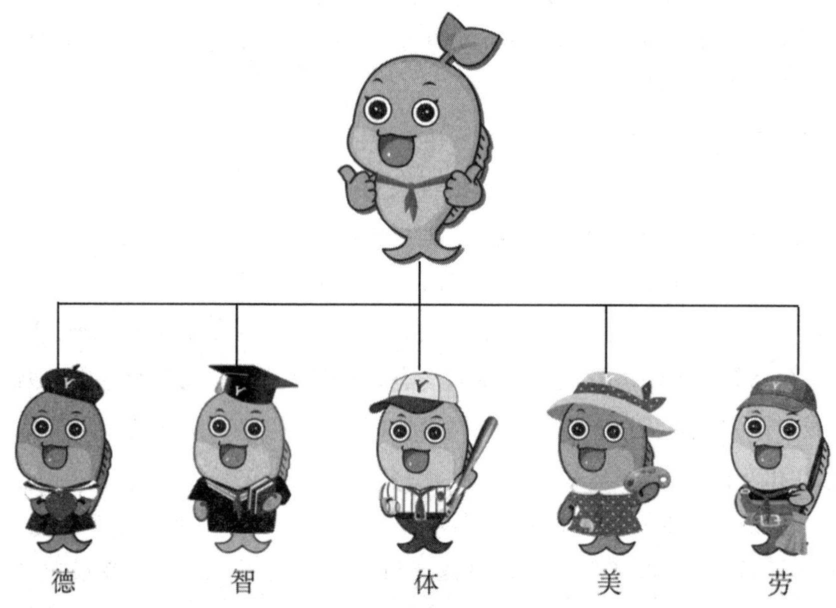

吉祥物“优优”组合，以大“优优”为统领，分别对标“五育”的五个小“优优”，昭示了进才实验小学的办学理念。因“由由”的谐音，故在不同帽式的帽子上均标示了“Y”，整体造型仿如小鱼，源自乐章Ⅰ中的原始创意。大“优优”颈中系着红领巾，乃是少先队员的标志，头顶两片绿叶，象征着少先队员们如茁壮成长的幼苗。大“优优”两手竖起大拇指，那是在夸赞我们的同学们是最棒的；头顶绿叶的“Y”造型和鱼尾的“Y”造型相呼应，“由由”的两个首字母“YY”自然显现。而象征“五育”并举的五个小“优优”，寄寓了党的殷切期望：新时代的广大少年儿童应争做德、智、体、美、劳全面发展的社会主义建设者和接班人。

在一次升旗仪式上，正式定型的学校吉祥物“优优”活宝们在群情激扬的喜庆氛围中闪亮登场，设计小队的大队干部们和“小画家”们也走上司令台，接受校长授予的优秀设计奖。苦尽甘来的愉悦、众所瞩目的荣耀，润泽心田、荡漾脸庞。至此，“优优”吉祥物主题曲之“第Ⅱ乐章”圆满收音。

乐章Ⅲ：一份创意新颖的提案

在学校少先队代表大会召开期间，一份提案引起了学校提案评审老师们的关注。这是一份来自三年级A班的有关校园吉祥物“优优”的应用提案。提案大致内容如下：“优优”是我们喜爱的学校吉祥物，是学校精神文明的形象展示，为了更好地宣传、弘扬学校文化，建议在校园主要景观处分别摆放五个“优优”吉祥物，在校门口摆放大“优优”吉祥物，以迎接来校的师生、家长和访客，展现学校积极健康向上的精神风貌，同时也可供同学们观赏、留影，让可爱的“优优”们陪伴我们快乐成长。显然，这份提案的立意、构思俱佳，荣获了唯一的“优秀提案”奖。

于是乎，一场以“‘优优’吉祥物伴我成长”为主题的大讨论和实际行动蓬勃兴起，以“优优”吉祥物为主题曲的“第Ⅲ乐章”奏响了激越的旋律。“如何让‘优优’吉祥物点缀校园的美丽环境？”“如何让‘优优’吉祥物融入育人活动？”“如何让‘优优’吉祥物促进班集体建设？”等课题投到了“校长信箱”和学生处、大队部“金点子信箱”。经汇总、梳理，在党支部、校长室的指导下，由学生处和大队部具体负责，组织开展了为时一月的主题活动。

针对“如何让‘优优’吉祥物点缀校园的美丽环境？”这一课题，以大队部生活委员为组长的学生课题小组经过实地考察，认为“优优”吉祥物不能随心所欲地泛化、滥用，而应恰到好处地出现在校园的主要宣传位置，如校园宣传栏、校园指示牌、各类温馨提示牌、学校景观小花园、学校绿化介绍牌等处，使绿意盎然、鲜花盛开的校园增强童趣活力和文化感染力，洋溢无声育人的气息。而班级的环境布置，则由各班结合温馨班级建设融入“优优”元素，呈现班级的个性特点。

“如何让‘优优’吉祥物融入育人活动？”这一课题由学生处和大队部负责老师牵头，召开了由大队委员、中队长和部分教师参加的座谈会，就该课题进行探讨。大家认为，课堂上某些枯燥的知识，可以让吉祥物“优优”以富有童趣的形象和语言来讲解，在和谐、轻松、快乐的课堂氛围中使学生集中注意、学有所得。对于体现“五育并举、全面育人”教育理念的学校吉祥物组合——六个萌动的活宝，学生处和大队部分别做了校本化的意义解读，并与争章活动相结合，提出了各育评比和奖励（以“优优”吉祥物纸质标识为主）的具体要求。例如，在对学生个人行规做评价时，可邀“优优”参与，以贴纸积分进行行规评价，符合小学生的身心特点和内在需求，且可作为评选“美德好少年、智慧好少年、健身好少年、美育好少年、勤劳好少年”的重要依据。又如，可结合学校各类育人活动的特点，让学生以吉祥物小“优优”们的形象出现，或做“优优”志愿者、宣传员、小记者等，充分挖掘“优优”吉祥物的内涵特征，彰显“优优”的精神风貌。此外，不少师生认为，从全程育人、协力育人的视域来看，“优优”吉祥物也可以制作成有形或无形的文化创意产品。如，在学校的网站、公微中可由“优优”作为宣传员，介绍学校的历史文化、课程活动等，也可以让“优优”吉祥物出现在手提袋、书签、日历、笔记本等物化载体上，以宣传学校品牌，增强育人合力，扩大学校文化的宣传力和辐射面。

“如何让‘优优’吉祥物伴我成长？”这一课题无疑是以“优优”吉祥物为主题曲的“第Ⅲ乐章”的立意赋能所在。为此，在学校党政的主导下，学生处、大队部组织开展了以解读吉祥物“优优”精神为主旨的“主题班会”“主题演讲”“征文比赛”等活动，更在育人实践上抓细落实，尽力使“第Ⅲ乐章”产生强基创新、优化育人的正面效应。值得一提的是，除持续抓好常态化以小学生行规教育为主抓手的社会主义核心价值观教育外，我校专挑学生成长中的“梗阻处”进行针对性教育。如“面对学习上、生活中的困难和暂时失效，你怎么办？”“喜欢听表扬，听不进批评，对吗？”“为什么要培养自信、自强精神？”等不容淡视和回避的现实问题均与当下小学生较为普遍存在的“心理脆弱”“骄娇二气”“畏难惧严”等不良思想心理有关，也与新时代好少年的应有素质与心理格格不入。上述“主题班会”“主题演讲”“征文竞赛”大多围绕这些严峻问题有序展开。贫困地区农村孩童自立自强的表现、身残志坚的强者事迹、科学家精神、工匠精神共同谱写的“历经千辛万苦的失败考验，不失百折不挠之志”的成功创新事例，成了学校宣传、教育，以及学生学习、内化的十分珍贵的精神养料，也是“优优”吉祥物所要传递的精神内涵。

在“一份创意新颖的提案”引发的大讨论和实际行动之系列活动告一段落的小结会（升旗仪式）上，学生处负责老师做了热情洋溢的发言，其中一段话使同学们深受教益。她说：“世上没有完美，但恰是有了许多不完美，才使一切有了更多的可能！就如同科学史上的每一个重要发现都经历了成千上万次实验，我们无惧失败。有效的失败，培育了成功的土壤，催生了创新的花蕾。同学们，让我们正确面对困难，坦然接受失败，知难而进，迎败前行，做学习的强者、生活的强者吧！”

历经一个学期的学校吉祥物“优优”主题曲之“三乐章”画上了休止符，但余音萦绕，回响复叠。如果说，性格内向、心思活跃的小A同学沉湎于博大奇异的海洋世界，“我画我心”地创作了一幅被同伴视为“一条失败的小丑鱼”的画，由此演绎了“优优”主题曲的“第Ⅰ乐章”，而学生处、大队部及时捕捉契机，组织设计小队的“小画家”们依据“设计三原则”，在反复尝试的失败、改进、再失败、再改进中终于成功地演奏出“优优”主题曲的“第Ⅱ乐章”，较好诠释了“失败是成功之母”的千古真谛，也或显或隐地解读了“失败与成功”“成功与创新”的递进关系，那么，“第Ⅲ乐章”则将“优优”主题曲推向了大讨论和实际行动的高潮，从改革创新的立意做了优化立德树人、优化育人的实践解读。

在以“‘优优’吉祥物伴我成长”为核心主题的大讨论和实际行动中，广大学生对注入学校精神的“优优”吉祥物组合的认识、感知不只是停留于形象生动、萌趣可爱的浅表层面，而是自然地与学校的文化建设、班级的团结进取和个人的思想修为融通关联，奏响了正视弱点、挑战困难，不惧失败、知难而进，收获成功、体验创新的乐章。当然，围绕学校吉祥物“优优”设计与应用的“三乐章”组合是前呼后应、相辅相成的有机整体。正是“第Ⅲ乐章”不失时机地借助了前两个乐章中“失败是成功之母”和“创新源于失败”的源头活水，才使凝聚学校精神的“优优”吉祥物奏响了“破字当头，立在其中”的正能乐章，收到了切中肯綮、优化育人的实效。

习近平总书记对广大青年学子提出了“有理想、敢担当、能吃苦、肯奋斗”的殷切期望，其中不乏“失败与创新”的意蕴。重视磨炼心志的挫折教育应从孩童抓起，从革新育人理念的实践做起。

参考文献

[1] 庄伟. 小学校园吉祥物的设计以及应用研究——基于广州市增城区石滩镇中心小学吉祥物设计实践[J]. 设计，2022(3): 140–143.

[2] 唐灿丹. 小多多大舞台——学校吉祥物在少先队工作中的促进作用例谈[J]. 少先队活动，2013(1): 32–33.

一年级体育学困生融入课堂的实践研究

上海市浦东新区老港小学　郑玉超

【摘　要】本文以笔者所带教的一年级体育学困生为研究对象，以（1）班的小瑜同学和（4）班的小涵同学为例，依据“五育融合”理论，采取相应“五育融合”的策略和行动，让体育学困生尽快融入体育课堂之中，从而让“五育融合”在日常教育教学中生根发芽。

【关键词】五育融合　一年级体育学困生　融入体育课堂

2019年，中共中央、国务院印发《中国教育现代化2035》，文件指出“要更加注重全面发展，更加注重融合发展”。2023年，教育部办公厅印发《基础教育课程教学改革深化行动方案》，其中强调“更新教育理念，转变育人方式，切实提高育人水平，促进学生德智体美劳全面发展”。不论是政策导向，还是现实实践，“五育融合”已经成为当前基础教育改革与发展的基本趋势和热点。

如果想让“五育融合”理论真正发挥育人之力，那么将其生活化和微观化就势在必行。只有让“五育融合”在日常的教育教学过程中落地生根，真正落实到具体的底层实践之中，才能彰显和释放其力量与能量。本文以笔者所带教的一年级体育学困生为研究对象，以（1）班的小瑜同学和（4）班的小涵同学为例，依据“五育融合”理论，采取相应“五育融合”的策略和行动，让体育学困生尽快融入体育课堂之中，从而让“五育融合”在日常教育教学中生根发芽。

一、理智分析，准确把握体育学困生身体和心理状态

笔者根据所带教的一年级体育学困生的日常行为表现，运用心理学和运动生理学知识，有逻辑地分析了他们不能融入体育课堂的原因，从而有的放矢地采取了相

应的行动去帮助他们融入体育课堂。

(一)面对新环境的焦虑和适应障碍

从幼儿园升入小学,周围的老师和同学不一样了,校园环境也变了,学习内容和要求也不一样了,同幼儿园的环境相比,小学校园的环境发生了很大的变化。面对新的社交群体和规则,再加上心理调适能力相对较弱,体育学困生在面对相对陌生的环境时会表现出不安、焦虑和无所适从。他们还在幼升小的年纪,本身社交技能就不足,缺乏与人沟通的有效方式,也就不知道如何表达自己的诉求和如何融入集体活动中。在这种情况下,对学困生来说,最简单、安全、直接、舒服的方式就是不做、不说,以躲避的方式面对新环境。从他们的同学口中得知,不仅是体育课,在其他课上,他们在面对老师时,不管是(1)班的小瑜同学,还是(4)班的小涵同学,都经常低着头,不敢看老师,呈现出不能够融入课堂的状态。

(二)身体瘦弱

参与体育运动,是需要良好的身体条件和素质做基础与保障的。在各自班级里,小瑜和小涵的身材都相对较为瘦小,力量也不足。从本能角度讲,比较弱小的身体条件会让她们的大脑在做是否参与集体运动的决策时启动保护机制,发出不敢做体育运动和减少做体育运动的指令,从而保护自己不受伤或者降低在体育运动中表现不好的概率。另外,她们对体育本来就没有很强的兴趣和热爱,参与体育活动的主动性和积极性就会进一步降低。

(三)自卑心理

笔者在带教小瑜和小涵所在班级体育课最初的一个月里,发现她们说话声音小,不敢和老师对视,笔者主动与她们沟通时,她们会低下头,默不作声,表现出不自信和胆小,呈现出自卑的心理。她们在体育课上出现不融入课堂的状况后,笔者马上就找到她们的同学和班主任了解情况。从班里之前和她们一起上过幼儿园的学生口中得知,她们在幼儿园的时候也有类似表现,老师跟她们沟通时会低着头不说话,不太愿意参加集体性活动。从(1)班班主任那里了解到,小瑜的父母是做果蔬种植的,比较辛苦,文化水平也不高,很难有意识和时间关注孩子的成长与自卑心理。小涵在一年级上学期前半段的体育课上,有时会尿裤子,这是她的运动神经对肢体的支配不足造成的,笔者能够理解她的这种情况,但她自己不清楚背后的原因,出现

这种状况时，她通常都会在同学面前很害羞地低下头，默不作声，这个情况会增加她的自卑心理。

二、德育引导，建立可信任的环境

第一，笔者利用课间进行正面反馈和鼓励。针对（1）班的小瑜同学，在上课前，笔者会提前三分钟到班级，观察她在课间做的事情，发现她有时会写字，有时会看漫画书，有时会画画，不论她在做什么，都对她进行鼓励。鼓励的方式有点头赞许、竖大拇指、口头鼓励，这三种方式会在不同的阶段使用。刚开始采取措施时，她的表情是紧绷的，不愿意跟老师有过多沟通，笔者只能在她偶尔看向老师的瞬间，立刻对她点头表示赞许。慢慢地，她开始跟笔者多了一些眼神交流，这时，笔者再使用竖大拇指的方式对她所做的事情表示称赞。持续几次之后，笔者发现她在面对老师时，神情逐渐放松，也愿意跟老师有一些简单的对话，在这个阶段，笔者对她进行言语鼓励，比如“你写字很认真”“你看的书很好”“你画的画很好看”等。在持续进行这些正面反馈和激励后，当笔者在课间提前进教室时，她会主动向笔者展示她写的字、她看的漫画书、她画的画，在老师面前表现得越来越自如，愿意跟老师有更多主动的沟通，明显让人感觉到她越来越有自信，越来越信任老师。针对（4）班的小涵同学，笔者在课前三分钟进教室，发现她一般是写作业或者呆呆地看着老师。于是，在她写作业时，笔者经常眼神关注她或对她竖大拇指，在她看着笔者时，就经常对她微笑。慢慢地，笔者发现她在面对老师时没有那么紧张了，持续了一段时间后，在面对老师时她变得越来越自如了。

第二，课上排队列队形时，笔者安排和她们要好的同学与她们紧挨。面对新的校园环境，小瑜和小涵存在焦虑与适应困难，这些影响她们融入课堂。针对这种情况，把她们和关系要好的同学放在一块儿，能有效降低环境的陌生程度，让她们在课堂上感到舒适，从而更愿意参与到体育课堂中。

第三，不允许其他同学批评她们。比如（1）班的小瑜同学，她在刚上体育课做准备活动或者分组练习时常会站在那里不动，笔者就尝试和她对话，询问她是不是身体不舒服或者有别的原因，她往往会低头不说话，不和同学一起做练习。这时，班级里就会有声音批评她，嫌弃她不和同学一起做练习。在听到这些声音后，小瑜的身体会更加紧绷，更不愿意参与到课堂中。于是，笔者在课前专门告诫其他学生：“每个人的适应能力不一样，不准批评小瑜，同学们要换位思考，如果你这样被批评，你愿不愿意呢？”在没有了其他同学批评的声音后，小瑜上课时感觉到更加自如和舒适。再如(4)班的小涵同学,一年级刚开始时,她有时会在体育课上尿裤子,部分学生就会笑话她,笔者立刻制止他们:“这是每个人都有的生理需求,很正常,小涵只是在上课时憋不住了,不准笑话她。”在没有了嘲笑的声音后,小涵明显在课上表现得越来越自如。

三、体育促进,增强运动能力

通过体育课上的学习和锻炼,体育学困生提高了身体素质,增强了运动能力,提高了参与体育运动的兴趣和意愿,从而融入了体育课堂。在一年级刚开始上课时,小瑜经常在队伍里不动,在笔者给她提供了一些帮助和支持后,她开始愿意做一些动作练习。这时,不管她的动作标不标准、到不到位,笔者都会通过竖大拇指或者语言鼓励的方式表扬她,让她有信心和乐趣参与到运动中。由于她比较瘦小,运动能力也比较差,在她参与课堂练习时,笔者会降低对她的动作标准和要求。比如30秒跳绳,笔者要求其他学生跳到15个以上,要求她只要学会跳过一个就可以了。再如立定跳远,笔者要求其他同学努力跳过一条跑道的宽度,要求她只要学会双脚起跳就可以了。只要她做了练习,笔者就会在全班同学面前表扬她。在不断的练习后,小瑜的运动能力逐渐变强,自信心也增强了,也更愿意参与到课堂练习中来。(4)班的小涵会和同学一起做练习,只是经常低着头。通过实施上述教学方式,她逐渐在运动过程中抬起头来。

四、劳动教育,培养团队精神

体育课上,在课前拿取器材和课后归还器材时,学生会非常积极地抢着去做,因为在孩子们眼里,这是在帮老师和班级做事情,是非常能够让他们有成就感的。课前和课后的这种小劳动能够有效培养孩子们的团队精神。对小瑜和小涵来说,她们也愿意参与这种在轻松的氛围中和同学一起完成的事情。因此,笔者经常安排小瑜、小涵和其他同学一起在课前拿取器材和课后归还器材。这样可以提高她们的团队精神,增强她们对班级的归属感,从而促进她们更好地融入班级和课堂。

五、美育鼓励,提高自信心

小瑜和小涵的身体瘦弱,运动能力相比其他同学更差,在体育课上跑得不快、跳得不远、投得不远。如果强行在这些方面对她们进行鼓励,效果很可能不好,因为她们知道自己在那些方面做得不好。如果不能表扬到她们的心里去,是不可能对她们起到激励作用的。体育中的美育，除了力量美、速度美、耐力美，还有动作姿势美、节奏美、韵律美。在这些方面对她们进行表扬和鼓励，是能够打动内心，起到激励作用的。比如，小瑜在进行30米跑时，跑得很慢，笔者就对她的跑步姿势和跑步节奏进行表扬，她很受用。小涵在进行立定跳远时，跳得不远，笔者就对她的跳远姿势进行表扬，她很开心。

从小瑜和小涵刚进入一年级出现不能融入体育课堂的情况时，笔者就开始采取相应的“五育融合”措施。到一年级第二学期后半段，她们已经能积极上体育课并表现从容，越来越信任老师，愿意主动与老师沟通，运动能力也逐渐提高，能自信地参与体育课堂练习，逐步融入了体育课堂。

参考文献

［1］中共中央、国务院.中共中央、国务院印发《中国教育现代化2035》［EB/OL］.［2019-02-23］. http://www.gov.cn/zhengce/2019-02/23/content_5367987.htm.

［2］教育部办公厅. 教育部办公厅关于印发《基础教育课程教学改革深化行动方案》的通知［EB/OL］.［2023-05-09］. https://www.gov.cn/zhengce/zhengceku/202306/content_6884785.htm.

民间剪纸艺术进课堂的实践探索

上海市浦东新区东方小学　吴佳莉

【摘　要】剪纸艺术是我国古老的传统民间艺术之一，具有深厚的历史底蕴和丰富的文化内涵，是中华优秀传统文化的重要组成部分。小学生是祖国的未来、民族的希望，理应从小学习、传承、弘扬中华优秀传统文化。民间剪纸艺术进课堂便是切合小学生身心特点的积极尝试。本文结合笔者的教学实践，阐述了民间剪纸艺术进课堂的基本做法和主要成效，并提出了若干思考。

【关键词】剪纸艺术　课堂教学　实践探索

剪纸艺术是我国古老的传统民间艺术之一，具有深厚的历史底蕴和丰富的文化内涵。2006年5月20日，国务院将民间剪纸艺术列入我国首批非物质文化遗产名录，开启了古为今用、传承、发展的“保护工程”。小学生是祖国的未来、民族的希望，中华优秀传统文化的传承、弘扬，当从少儿抓起。

在小学美术课程中开展剪纸艺术教学，不仅能让小学生了解民间传统剪纸艺术的发展轨迹，使他们较好地掌握相关的知识技能，还能拓展他们的学识视野，培育他们的动手能力、创新意识和审美情趣，陶冶他们的思想情操。下面以“民间剪纸艺术进课堂的实践探索”为主题，谈一谈笔者的基本实践与思考。

一、民间剪纸艺术进课堂的基本做法

（一）激发学生学习剪纸艺术的兴趣

虽然学生对出现在生活与书籍中的民间剪纸艺术作品喜爱有加，对作品中蕴含的艺术匠心叹为观止，但他们总觉得学习剪纸艺术、创作剪纸作品是能工巧匠的专利，离他们很遥远。为了激发学生对剪纸艺术学习的兴趣，笔者采取了以下措施：

1. 与民间艺人对话

黄土高原是华夏文明的发祥地，悠久的历史文化积淀孕育了丰富多彩的民间文化。在闪烁的群星中，就有一位酷爱彩色剪纸的老奶奶，她就是陕西民间艺术家——“剪花娘子”库淑兰。在课堂教学之初，笔者让学生观看库淑兰的生活视频，大家被库淑兰贫困的生活状态所震撼，又好奇在这样的生活条件下，为何她还能乐此不疲地坚持彩剪创作，且她的彩剪作品是如此五彩斑斓、绚丽夺目。带着问题和思考，笔者带领学生开启了一场与民间艺人对话的活动。笔者先介绍了库淑兰及其剪纸艺术作品的背景故事，包括她的生活经历、创作灵感来源及作品中所蕴含的文化内涵。学生听得有滋有味，知晓了剪纸艺术源于乡土生活，表现的题材也大多是北方农民的人生经历或农耕生活中的情境寄托。正是在与民间艺人的遥相对话中，学生的学习兴趣被唤醒、引发。

2. 与当代艺术家对话

从原生态艺术到当代艺术，剪纸艺术经历了传承、发展的漫长演变。当代剪纸艺术家吕胜中说：“当我看到高原环境里的远方有绑着红腰带的小人走动，会想到对方看自己也是这么小，我就知道自我是什么。”经过传承基础上的创新，吕胜中把“小红人”这个剪纸形象与当代艺术相结合，实现了民间美术的现代性转化。由此，这个从贫瘠大地上诞生的视觉符号不断扩展、渐渐清晰。在历代巧匠和艺术家的共同努力下，中国的剪纸艺术终于被带上了世界文化遗产的舞台。通过上述事例，学生初步了解了剪纸艺术的发展简史，笔者再让学生比较当代剪纸艺术和传统剪纸艺术的异同点，并做进一步思考和探索：剪纸艺术为何能从农家窗门走进艺术场馆，得到世界的认可，成为屹立于世界艺术之林的中国印记。由此，进一步激发了学生学习剪纸艺术的兴趣。

（二）找准传统剪纸艺术与当代儿童创作的联结点

在剪纸艺术进课堂的实践探索中，既要挖掘、提炼传统剪纸中精湛的技艺和深厚的文化内涵，又须切合时代发展的需求和当代学生的身心特点。这样，当学生拿起小巧的剪刀，便能复刻传统剪纸中的花鸟鱼虫、神话传说，更能融入他们对现代生活和未来世界的奇思妙想。这种联结，不仅能让传统剪纸艺术焕发新的生机与风采，也能激发学生对传统文化的兴趣与尊重，还能潜在地培养他们的创新思维和动手能力。

1. 将基本功训练融入传统剪纸艺术

通过课堂教学，学生知晓了剪纸艺术的特点和发展历史，引发了强烈的学习兴趣。此时,笔者讲解剪纸的基本技巧,包括折叠、裁剪、展开等,演示各种线条的剪法,如直线、曲线、锯齿线、月牙线等。然后,笔者引导学生欣赏各种剪纸图案,了解图案的特点和设计方法,理悟剪纸图案的设计原则,如对称、重复、均衡等,并提供一些简单的剪纸图案模板,让他们参考练习。学生根据自己的兴趣和特长,设计剪纸图案,笔者巡回指导,解答他们在剪纸过程中遇到的问题。最后,笔者总结本课所教的剪纸技巧和图案设计方法,强调基本功训练的意义,鼓励学生在日常生活中继续学习和实践剪纸技艺。

2. 将现代美术语言融入传统剪纸作品

在人类艺术发展的长河中,剪纸艺术作为中华民族的文化瑰宝,展示着龙的传人的巧心匠艺,传递着人们对美好生活的向往。随着时代的进步、科技的发展,传统剪纸艺术也面临着吐故纳新、与时俱进的挑战。由此,我们应从新的视角辩证地认识剪纸艺术:传统剪纸艺术的魅力在于其质朴、纯粹的美感,在审美意识上和纯真、稚拙的儿童画甚至现代绘画有着诸多天然融通之处。从这个角度审视,传统剪纸既是历史的、古老的,也是现代的、时新的。因此,笔者在保留传统剪纸艺术精髓的基础上,融入点、线、面等学生能够理解的美术基本语言,使传统剪纸艺术作品富有时代感、创新力。

3. 将当代儿童生活融入传统剪纸作品

传统剪纸艺术主要表现古朴、美好的农村生活,当代学生很难有认同感。因此,笔者鼓励学生从自己的生活中寻找创作灵感,将现代儿童生活的元素融入传统剪纸创作中,积极创作反映校园生活、家庭趣事、科技梦想等主题的剪纸作品。例如,在学校开展运动会之际,笔者鼓励学生用剪纸的形式表现小运动员们的运动姿态,或者表现家庭周末出游的场景、趣事等。这样的作品切实贴近学生的实际生活,更能引起他们的兴趣、引发他们共情。在学生的创作过程中,教师要切实保护好学生的原创性剪纸作品,特别是剪纸作品所具有的个性化、富有童趣的精神内核。因此,在教学过程中,教师无须给学生规定太多的条条框框,应当允许学生,尤其是低年级学生以放松的心态、独特的视角,感悟现代剪纸艺术的形式美、艺术美。长此以往,学生的作品才能呈现出不同个性,以及他们对事物的本真理解与感受。

4. 将现代美术设计融入传统剪纸作品

优秀传统剪纸作品具有强大的艺术感染力,可以与现代美术设计相互借鉴,融合创新。在课堂教学中,笔者鼓励学生将自己的剪纸作品进行再创作,设计出具有传统韵味又符合现代审美需求的文创用品,如具有年味的学习用品、书签、红封包、包书纸等。现代美术设计理念的融入使传统剪纸艺术在创新中发展，呈现出现代设计的艺术美感和文化厚重感。

二、民间剪纸艺术进课堂的主要成效

（一）开展了形象、生动的优秀传统文化教育

在剪纸教学的整个过程中，笔者通过集中讲解、有机插入等方式，持续开展形象生动的优秀传统文化教育。例如，在剪纸教学启动时，笔者通过视频播放与解读，让学生明白了“福禄寿喜”“吉祥如意”“鸳鸯戏水”“龙飞凤舞”等剪纸图案，均以“祥泰和美”为主题，抒发了芸芸百姓对美好生活的向往、祈愿之情；而“嫦娥奔月”“八仙过海”“老鼠嫁女”等剪纸图案，则与中华民族的悠久历史和民间传说不无关系，寄托了人们的美好祝福与风趣情感。视频中展示的剪纸作品所体现的不同特点和艺术风格，常与不同地域的乡风民俗息息相关，陕西剪纸的粗犷奔放、河北蔚县剪纸的细腻精美、山西剪纸的质朴大方等，均鲜明地展现了地域文化的特质，给人以“各美其美，美美与共”的艺术享受。又如，笔者结合教学实际，有机插入了剪纸纹样、技巧等内容，让学生知道了纹样是一种装饰图案，最早可追溯到新石器时代，早期的纹样多为动植物等自然生命体，随着时代的发展逐渐增加了人物、文字、几何图案等元素；而剪纸技巧主要有阳刻、阴刻、阴阳结合等，由此可演绎、创新，给人以美不胜收之感。上述种种，均体现了劳动人民的智慧和创造力，在教学中，也就让学生自然实在地接受了传统文化教育。

（二）培育了学生的学科核心素养

在剪纸艺术学习的过程中，学生不仅要构思图案、设计纹样、施展剪功、巧用技法，还要在同伴交流、教师指点下审读作品、反思改进。这对于培养学生的创新思维、动手能力和审美素养（审美品位和情趣、鉴赏能力和批判性思维等）很有裨益。而剪纸艺术学习所涉及的美术、劳技、数学、信息技术等知识、技能，也在一定程度上呼应了“双新”（新课标、新教材）背景下跨学科学习的要求。如，对于“三星堆剪纸”的创作主题，有的学生选择了传统的剪纸技法，在古朴、精细上下功夫；有的学生则在汲取传统技能精华的基础上大胆创新，在一遍遍的设计、修改中实现了由传承到突破的跨越，制作出一幅幅富有创意和个性的剪纸作品（见图1和图2），其间的学科核心素养的培育效果是显而易见的。

（三）营造了浓郁的校园艺术氛围

为激发学生的剪纸热情，提高他们的剪纸技能，以及营造浓郁的校园艺术氛围，我校在校园内特意开辟了“剪纸作品展示墙”，鼓励学生将自己满意的作品贴于其上，彰显自己的创作成果，也接受同学的鉴赏、评议。此外，我校还特别设计了“中华优秀传统文化宣传周”活动，多种优秀传统文化教育交相辉映。就剪纸艺术这一传统文化而言，学校将一个时期内的学生优秀作品集中展示，先由部分师生组成的评选小组进行初评，遴选出进入决赛的优秀作品，再由全校师生对这部分作品进行公投，根据公投票数和评选小组的审核意见，最终评选出不同等第的获奖作品。当在升旗仪式上颁发奖项时，校园内一片欢腾，获奖者的喜悦与自豪、观看者的掌声与祝贺，将传统文化教育推向高潮。方寸间的剪纸艺术作品竟有如此诱人、励人的魅力（见图3和图4）！

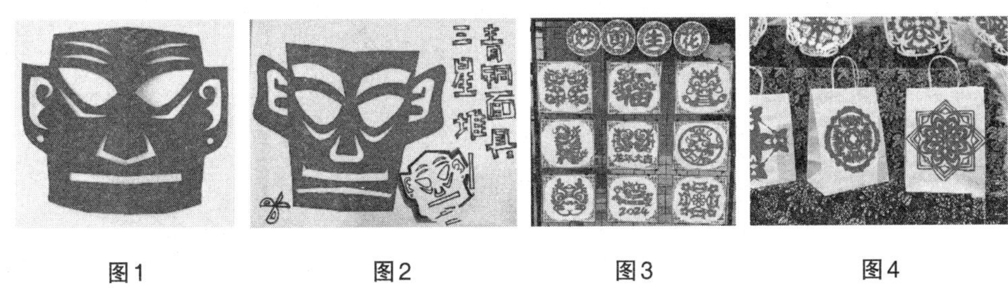

图1　图2　图3　图4

三、对民间剪纸艺术进课堂的思考

（一）重视剪纸教学本真价值的体现

民间剪纸艺术进课堂是中华优秀传统文化教育的有机组成部分，其本真价值是培育学生的学科核心素养，使他们成为中华优秀传统文化的传承者、弘扬者。因而，在日常美术教学中，既要重视学生剪纸技能的训练和他们对剪纸作品的磨砺，更要重视他们的参与态度、素养培育和审美体现，尽量规避以结果性评价（剪纸作品）削弱乃至替代过程性评价（参与态度、素养培育、审美体现）的倾向。

（二）重视剪纸教学的差异性评价

学生的剪纸学习是一种手脑并用的工艺类、创造性学习活动，有别于一般的文化类学科学习。心灵手巧、长于工艺制作的学生往往是剪纸学习的佼佼者。与文化类学科的学习相仿，在剪纸艺术教学中也会出现群体差异和同一群体的个体差异。

故而，教师应采取“抓两头、促中间”的教学策略和小组合作学习中的“兵教兵”的教学方式，尽量使不同层次的学习群体和个体在各自的“最近发展区”内得到充分、长足的发展，尽量规避统一要求、统一评价的“一刀切”做法。

参考文献

[1] 中华人民共和国教育部. 义务教育艺术课程标准[M]. 2022年版. 北京：北京师范大学出版社，2022.
[2] 刘逸荻. 民间美术的现代性转化——以吕胜中作品为例[J]. 文化创新比较研究，2024(7)：68-72.
[3] 李玥. 满族剪纸文化在小学美术教学中的应用[J]. 教学管理与教育研究，2023(9)：110-111.

基于新课标的道法教材使用策略

——以小学五年级下册为例

上海市浦东新区进才实验小学西校　唐玉芳

【摘　要】2016年，义务教育阶段的品德与生活、品德与社会、思想品德三门学科教材实现了整合，并改名为“道德与法治”。2017年，教育部推行了道德与法治统编教材，其编写依据仍是《义务教育品德与社会课程标准（2011年版）》（以下简称“老课标”）。《义务教育道德与法治课程标准（2022年版）》（以下简称“新课标”）出台后，又与2017版教材形成了“新课标老教材”的局面。老课标的核心为“三维目标”，而新课标则是“核心素养”。在强调“着力培育核心素养”为育人导向的新课标视域下，“老教材”的内容、教学实施等方面势必受到影响。在现有教材尚未改版阶段，如何发挥出其优势，成为新课标落实的有效助力，是教师需要思考的一个问题。本文以五年级下册的道德与法治教育专册为例，探索基于新课标如何用好现有教材，以落实新课标，开展有效教学。

【关键词】新课标　道法教材

一、现状与归因

（一）“老教材”的特点、优势与不足

2014年，教育部提出“中国学生发展核心素养”理念。2016年，义务教育阶段的品德与生活、品德与社会、思想品德三门学科教材整合并改名为“道德与法治”。2017年，道德与法治（以下简称“道法”）统编教材出版推行，彼时正处于“三维目标”和“核心素养”的交汇时期，新教材虽已开始注重理念和实践的转型，但其编写依据仍是老课标，虽有革新却摆脱不了“旧鞋”的限制。对于“老教材”，笔者做了辩证分析，其特点如下：

1. 从儿童视角切入，将道德规范与道德要求通过儿童生活情境构建出教材的整体结构。因此，在教学中，学生可以演绎不同的角色、身份，教学场景也随之变化。其优点是：既能弱化知识的生硬导入，也能使知识具有立体感，更便于学生习得和运用。

2. 既是“教本”也是“学本”。因教材内含教法指引，所以，教师可以运用教材内容和素材直接组织教学活动。此外，教材中绝大多数的情境和内容与学生的生活密切相关，因而，学生可以在教师的指导下直接借助教材开展自主学习。

3. 五年级学生已经具备了相应的自主学习和归纳学习成果的能力。五年级下册教材被编制成法治教育专册，比较集中地开展以宪法精神为主线的法治教育，便于学生将在一至四年级已习得的松散的、零碎的知识和技能有机整合、串珠成线。

4. 教材将知识的构建清晰地分为课题、二级标题、正文、栏目、主持人和范例等要素。不同要素间相互联系和补充，为教师提供了教学设计指导，也为学生指引了学习思路。

2022年，新课标更强调了道法学科“培根铸魂”的基本性质，明确了培养“有理想、有本领、有担当的时代新人”的具体要求。相比老课标的知、情、行的联结关系，新课标更多注重的是体验、认知和践行。法治教育专册的教学也不仅限于知法、守法、护法的层面，而是要让学生养成自觉守法、遇事找法、解决问题靠法的思维习惯和行为方式。简单地说，就是使学生拥有“依法行事”的能力，而不仅是理性的认知。

因此，在教材的使用上，教师需要了解“老教材”编写的整体设计理念、依据，对照新课标的内容和要求，根据学生培养和发展的目标，即必备品格、价值观、关键能力，有计划、有针对性、有设计地用好教材。

（二）新课标与“老教材”的匹配度

法治教育专册共五个单元，包含十二课。为了更好地理清新课标与“老教材”的匹配度，笔者整理了一张对应图（见图1）。

新课标的第三学段核心素养中关于法治观念的教学目标有五条，课程内容中关于法治教育的内容要求有八条。从图1可以看出以下三点：

第一，教材内容对应的课程内容要求有交叉也有重复。如，从课程内容来看，与第1条对标的有第一、第二、第五单元；从单元来看，与第二单元对标的有第1、第2、第5条课程内容。

第二，有些学段目标、课程内容并没有在教材中体现，如民法典、消费者权益保

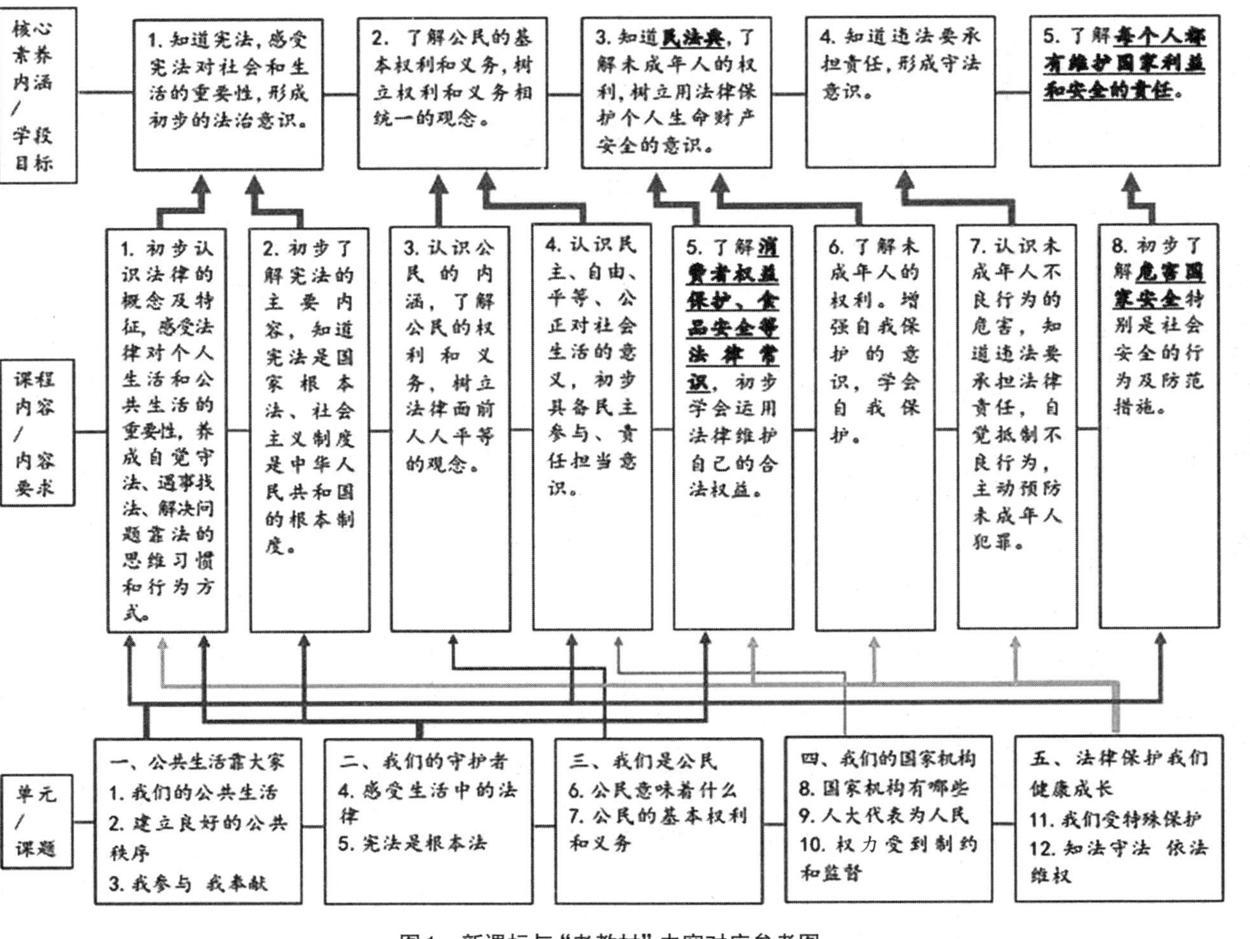

图1 新课标与“老教材”内容对应参考图

护和食品安全等法律常识、国家利益和安全。

第三，有些教材内容在课程内容要求里并没有强调，甚至超纲，如第四单元第8课“国家机构有哪些”（全篇）、第9课“人大代表为人民”（大部分）、第10课“权力受到制约和监督”（大部分）。在新课标中，与第四单元对标的其实是第四学段（七至九年级）的内容要求。

从以上三点来看，“老教材”与新课标虽未能完全匹配，但也有交叉内容。另外，“老教材”的编写是在核心素养理论提出的第二年，虽然其已经开始关注学生的自主学习与合作探究，但关注更多的还是儿童道德品质形成过程中知、情、行的关系，从明理到循情再到导行，思路依然是以知识为首位，再到发现情感经验的意义，并联系生活经验或实践，通过反思将情感经验升级到理性层面。就新课标修订的原则来看，其主张培根铸魂、启智增慧、落实核心素养培育，教师更应关注的是“全面发展的人”的培养，而非只有知识或只会做事的人。因而，依据“老教材”的内容进行教学设计时，教师需要反复钻研和遴选，乃至根据课程内容做科学替换与补充。

（三）教材使用现状

笔者从本校及周边兄弟学校了解到，很大一部分道法教师对教材的使用率是极高的，可以称之为“教教材”，其形成原因主要有以下三点：

第一，小学阶段的道法教师大多为兼职且非法律专业，对于教材和教法的研究与实践往往受到来自主教学科日常教学和研究的任务限制，在时间、精力、能力上难以保证。新课标要求教学内容要联系学生真实生活，要有针对性和现实性，这需要教师用大量的时间关注和收集时事政事、社会热议话题等素材，这些对兼科教师来说存在很大困难。

第二，《中华人民共和国宪法》是一部非常严谨的法律。虽然小学阶段以宪法的普及为主，但教师仍要根据课程内容分析并解决“学生学什么、怎么学、学到什么程度”的问题，要研究教材中适用的内容。受传统的教学方式和理念的影响，大多数教师在课堂上采取的教学方式较为单一，通常是自学、问答、辨析、讨论。

第三，依据老课标编写的教材已被使用多年，教师依然保持着以“三维目标”为导向开展教学的惯性。新课标虽已出台两年，但各种理论与教学实践还处在磨合阶段，缺乏理论与实践的培训和经验的积累，教师的教学能力得不到提升。

基于以上三点可以看出，道法兼科教师在时间和精力都受限的情况下，很难保证深入学习和钻研教材，往往在一堂课中，课本内容就是教学的核心，教材中呈现的内容和形式，无论本班学生是否适用都直接照搬。如此，教师忽略了教材是从普遍性的经验出发而设计的，不可能兼顾到每一个学生的局限性。教师不加思考地“教教材”在某种程度上加剧了教学方法单一的结果；反过来，因为疏于对更多教法的探索和实践，导致教师越发依赖教材，形成了一个死循环。所幸小部分教师在探索更多教学方法的研究中，尝试通过案例式、体验式、项目式学习，根据实际教学需求重组、补充、弱化或者调整教材内容，摆脱了教材的束缚，丰富了教材的层次，优化了教材的内容，实现了“用教材”。

二、教材使用策略

（一）教学目标设定紧扣新课标

新课标建议教师在制定教学目标时要立足核心素养，要注意“知行要求明确。要根据学生年龄特征和不同学段特点对观念认知与道德品行进行科学设计，制定具体、适切和可操作的目标，在教学中引导学生知行合一”。

当下，教师在撰写教案时，教学目标依然习惯性地采用“三维目标”模式，即知识与技能、过程与方法、情感态度与价值观。新课标出台后，这种模式应被“以课程内容要求为引领”的模式取代。在制定教学目标前，教师首先要明确每一条课程内容要求的标准是什么，即学生学什么和学到什么程度，达到价值观、必备品格、关键能力相统一的教学目的。笔者做了一个归纳（见表1）。

表1 课程内容目标达成度一览表

课程内容	必备品格关键词	价值观关键词	关键能力关键词
初步认识法律的概念及特征，感受法律对个人生活和公共生活的重要性，养成自觉守法、遇事找法、解决问题靠法的思维习惯和行为方式	初步认知	感受	养成……思维习惯（行为方式）
初步了解宪法的主要内容，知道宪法是国家根本法、社会主义制度是中华人民共和国的根本制度	初步了解 知道		
认识公民的内涵，了解公民的权利和义务，树立法律面前人人平等的观念	认识 了解	树立……观念	

续 表

课程内容	必备品格关键词	价值观关键词	关键能力关键词
认识民主、自由、平等、公正对社会生活的意义，初步具备民主参与、责任担当意识	认识		初步具备……意识
了解消费者权益保护、食品安全等法律常识，初步学会运用法律维护自己的合法权益	了解		初步学会
了解未成年人的权利。增强自我保护的意识，学会自我保护	了解	增强……意识	学会
认识未成年人不良行为的危害，知道违法要承担法律责任，自觉抵制不良行为，主动预防未成年人犯罪	认识 知道		自觉抵制 主动预防
初步了解危害国家安全特别是社会安全的行为及防范措施	初步了解		

教师可以通过表内关键词所要求的程度来判断哪些可以让学生自学，哪些需要学生在学习活动中多花些时间和精力，哪些需要学生提炼和实操。以“必备品格”为例，其以“知道”“初步认识”“认识”“初步了解”“了解”定义学生需要掌握的程度，同时也对教师需要教到什么程度规定了标准。

教学目标的制定应根据课程内容的要求，教学方式的设计也就有了对标参考。如果以一个单元来构思教学，教师就可以根据此标准决定教学及教材内容、所需课时、采用什么教学方式、组织学生参与哪些学习活动……

（二）从本班学生实际出发巧用教材

由图1可以看出，“老教材”与新课标存在知识交叉和并非完全匹配的情况。因此，教师可以根据学生的实际情况采取更多教学方法，使教材得到优化使用。

1. 大单元教学——盘活“单元结构”

高年级道法以学生学习活动所指向的问题搭建教材的基本结构。教材中的每一课都由课题、二级标题、正文、栏目、主持人和范例等要素构成。如第五单元“法律保护我们健康成长”，该单元主要以法律的应用为内容，将守法维权的价值体现出来。该单元的结构与要素如表2所示（教材栏目一列的内容仅为笔者个人观点）。

表2 第五单元“法律保护我们健康成长”的结构与要素

单元主题	课题	话题(二级标题)	主要内容(正文)	教材栏目(功能)
法律保护我们健康成长	我们受特殊保护	我们是未成年人	未成年人的特殊之处	正文P94(知识观点)、活动园P94(思辨)、正文P94(活动导入)
			年龄的法律意义	知识窗P95(范例)、活动园P96(思辨)
		专门法律来保护	义务教育法	正文P96(活动导入)、活动园P96(思辨)、正文P97(观点总结)、知识窗P97(范例)、活动园P97(练习)
			未成年人保护法	正文P98(引入情境)、知识窗P98(范例)、活动园P98(思辨)、正文P98(观点总结)
			预防未成年人犯罪法	正文P99(引入情境)、知识窗P99(范例)、活动园P99(练习)
		特殊关爱助我成长	家庭关爱	正文P100(活动导入)、阅读角P100(思辨)、正文P101(观点总结)、知识窗P101(范例)
			学校关爱	正文P102(活动导入)
			社会关爱	活动园P102(范例、思辨)、正文P103(活动导入)、阅读角P103(范例)、活动园P103(思辨)、正文P103(观点总结)
	知法守法依法维权	用好法律维护权利	法律全面保护公民权利	正文P104(活动导入)、阅读角P104(思辨)
			权利受到侵害时,要用相应的法律维权	正文P105(情境引入)、阅读角P105(范例)、正文P106(活动导入)、活动园P106(练习)
			运用合法手段,在法律范围内行使和保护权利	正文P107(活动导入)、活动园P107(思辨)
		守法不违法	法律惩处违法犯罪行为,要做守法公民	正文P108(情境引入)、活动园P108(范例)
			拒绝暴力、欺凌、性侵害等行为,懂得自我保护	正文P109(活动导入)、活动园P109(思辨)、正文P110(范例、思辨、观点总结)、正文P111(活动导入)、活动园P111(范例、思辨)、知识窗P111(观点总结)
		依法维权有途径	运用法律维护权利的途径	正文P112(情境引入)、活动园P112(思辨)
			学会预防,学会自保,学会收集证据	正文P113(情境引入)、活动园P113(范例、思辨)、正文P114(观点总结)、活动园P114(练习)

有了前几个单元的教学铺垫，教师可以打破以课文为单位设计课时的方式，将表内任意素材根据教学目标“排兵布阵”，将交叉重复的内容进行梳理，将跨课文的内容根据设计的情境和活动打乱重组甚至替换，交叉的内容可以用不同的教学方式指导学生开展学习。

另外，针对法治意识、行为观念的形成与合理应用，教师可以根据表1中各课程内容的目标达成度，设计更多适合本班学生学情的以体验、实践为主的生活情境，以丰富学生的学习经历。

2. 探究式学习——分层“活动园”

新课标提出，要积极探索更多教学方法，要引导学生参与体验实践，要促进感悟与建构。“老教材”中有一个很好的栏目——“活动园”，里面有丰富的、具有思考性和实践性的内容。在活动范围上，既包括班级内的现场活动，也包括家庭和课外社会实践活动；在活动主体上，既包括小组和全班活动，也包括个体活动；在活动形式上，既包括动手参与性活动，也包括反思交流活动；在活动内容上，既包括经验与思想的分享活动，也包括观点的质疑与辩论活动。教师可以用来指导学生做小探究，再将学生经过探究总结出的结论、得到的经验作为其他学习方式的素材和基础，让他们进行更深入的学习。

如，第一单元“活动园”的内容有23个，如果要全部在课堂中完成学习概念、合作实验、探索答案并交流，时间远远不够，往往会变为蜻蜓点水式的“假探究”。鉴于此，教师可以先将“活动园”中的内容进行难易度分层，然后由学生根据自己的实际能力自由认领并完成个人小探究，最后再以团队合作的形式整合探究结果（见表3）。

表3 “活动园”小探究参考表

<table>
<tr><th>“活动园”内容</th><th>说明与建议</th></tr>
<tr><td>P2 阅读图片，根据类别填入相应的公共场所名称（Ⅰ）</td><td rowspan="6">1. 活动内容的难易程度，从易到难为Ⅰ—Ⅱ—Ⅲ—Ⅳ
2. 学生在对自己学习能力进行评估的前提下，选择适合自己的内容开展自学、个人探究</td></tr>
<tr><td>P3 看例图，思考不同选择会带来怎样的结果（Ⅱ）</td></tr>
<tr><td>P3 私人空间、公共空间，人们言行举止的区别（Ⅱ）</td></tr>
<tr><td>P4 结合自己经历，说一说参与公共生活的发现和感受（Ⅰ）</td></tr>
<tr><td>P5 “身边的公共设施及使用现状”调查（Ⅳ）</td></tr>
<tr><td>P6 对图片行为做出评价（Ⅰ）</td></tr>
</table>

续 表

“活动园”内容	说明与建议
P7 观察、了解和交流身边的共享事例（Ⅰ）	3. 探究的形式有：阅读、观察、实验、讨论、思考、听讲、走访、请教他人等 4. 可以在阅读课文后写下自己获得的知识信息，提出自己疑惑的问题 5. Ⅳ为全班参与的内容，暂不用选择
P8 设计一份“公共生活秩序单”（Ⅳ）	
P9 做秩序小实验，并说一说感受（Ⅳ）	
P10 收集公共标志（Ⅰ）	
P11 说一说例图中的不文明行为（Ⅰ）；如果遇到类似情况，你会采取什么态度？（Ⅱ）；不同态度会带来哪些结果（Ⅲ）	
P12 说明在不同公共场所下应该怎么做（Ⅰ）	
P13 针对生活中出现的案例，调查了解国家和个人为解决问题所做的努力（Ⅱ）	
P14 对“环卫工人免费早餐”进行案例分析（Ⅱ）	
P15 某社区居委会计划开展“爱心衣物捐赠活动”，设计了两个方案，你更欣赏哪个（Ⅲ）	
P16 阅读法律规定，说一说社会中还有哪些措施体现了国家对每个社会成员的关爱（Ⅲ）	
P17 评价例图中人物的行为（Ⅰ）	
P18 反思生活中经历的类似案例的事情，从中认识到什么（Ⅲ）	
P19 你赞同《邻里公约》是“紧箍咒”的说法吗？说一说理由（Ⅲ）	
P20 分享自己参与社区建设的活动感受（Ⅱ）；说一说可以做哪些参与社区建设的事情（Ⅰ）	
P21 你如何理解“公益活动离不开热心的志愿者”这句话（Ⅲ）	
P22 分析案例并提炼出自己的观点，表达自己的感受（Ⅲ）	
P23 分析案例，说一说如何理解田家炳所说的“有‘心’的慈善”（Ⅲ）	

相比每一节课都安排探究、交流，这种分层选题探究的方式可以节约更多时间，也可以缓解不同层次学生引发的“没必要探究”和“不知怎么探究”的两极分化问题。学生就自选的内容，在自己能力范围内进行理解或深入探究，教师根据每个学生的选题从旁指导会更有针对性，课堂效率也会提高。

3. 项目式学习——把握“小主题”

新课标就“学业质量描述”和“课程内容”进行了教学提示。这两项，教师可以理解为“我要去到哪里”和“我可以怎么去到那里”，为教师发挥想象力留下了很大空间。

项目式学习源于杜威的“做中学”的经验学习，能够突破理实教学的局限，克服两者存在的割裂问题，辅助学生知行合一。教师可以在项目式学习活动中整合与现实世界相关的信息素材，引导学生从生活走进知识、从知识走向生活，在有组织、有目的的实践活动中实现理实结合、知行合一。

在表2中，教师可以把难易程度为Ⅳ的内容设计成项目式学习，需要把握好本质问题和驱动性问题的关系，并设计合适的教学内容。以第一单元为例，笔者进行了项目式学习设计（见表4）。

表4　项目式学习设计

本质问题	感受法律对个人生活和公共生活的重要性； 公共生活需要秩序并维护； 怎样参与公共生活
驱动性问题	谁来管一管小区里的健身设施
教材内容或教学素材	五年级下册，P5活动园 ——“身边的公共设施（健身设施）及使用现状”调查

表4中的本质问题源于每篇课文的“正文”，即二级标题，这些小主题通常就是教学核心问题。教师可通过生活化的情境设计，以一个驱动性问题引导学生代入角色，开展深度学习，并指导学生用已有的素材和经验，不断从问题中寻找解决方法。用好教材中的素材能使教学事半功倍。

4. 思维发散式学习——巧用“小栏目”

这里的思维发散式学习会用到一个很实用的工具——思维导图。它是从一个中心开始的发散性思维，是大脑思考和产生想法的过程。一个个想法都是关于中心点的联想，同时这些想法又会成为一个个新的中心。

对五年级学生来说，他们已经有了一定的知识和技能的积累，思维导图可以帮助他们建立起知识架构的同时，为他们提供创造性思维的可能。

对于第四单元的超纲部分，教师可以根据课程内容，选择时事政事、社会热门话题，或贴近学生生活的场景、事件、实例，指导学生通过阅读角、相关链接、知识窗和小贴士之类的资料性栏目的学习，绘制思维导图，寻找解决实际问题的方法。

三、结语

五年级法治教育专册教学的重要任务，是使学生在法治教育中形成遵法、守法的意识和懂得用法解决问题的思维方式与意识。“老教材”固然在编写过程中受到老课标的制约，但其整体设计思路是具有前瞻性的。新课标的落实需要教师注重在教学设计中体现核心素养内涵的培育，这就意味着从普遍性的经验出发而设计的教材不能“一本走天下”。

教材是服务于教学的，是教师借以指导学生学习和开展教育的工具，起主导作用的不是教材而是教师。教材的内容正确、丰富，可以成为教师教育的助力。在教育过程中，教师自身也是重要的课程资源，教师发展了，才能帮助学生发展，才能成为学生学习过程中的引路人、同行者。因此，教师在拿到教材后，一定要有转化意识，探索更多适切的、有效的教学方法，用好、用活教材，提高教学效率。

参考文献

[1] 中华人民共和国教育部. 义务教育道德与法治课程标准[M]. 2022年版. 北京：北京师范大学出版社，2022.
[2] 人民教育出版社，课程教材研究所，小学德育课程教材研究开发中心. 义务教育教科书教师教学用书道德与法治 五年级下册[M]. 北京：人民教育出版社，2019.
[3] 刘芳. 项目式学习在小学道德与法治课教学中的应用[J]. 新课程研究，2023(34)：21-23.
[4] 东尼·博赞. 思维导图[M]. 北京：化学工业出版社，2019.

基于小学自然学科观察活动的设计与思考

——以“观察昆虫”为例

上海市浦东新区航城实验小学　马毓媛

【摘　要】观察是小学自然学科中的主要教学方式之一，做好观察活动的设计工作是小学自然学科课堂教学的重中之重。经验证明：小学自然学科教学要为学生创设主动学习、合作探索的情境，而观察活动又是主要的探索形式。因此，如何增强小学自然学科观察活动设计的科学性、有效性，是摆在小学自然学科教师面前的一个重要课题。

【关键词】小学　自然学科　观察活动设计　观察昆虫　探索形式

一、小学自然学科观察活动的重要性

（一）提高学生的观察能力

近年来，随着我国对小学生全面发展工作重视程度的不断提升与推进，小学自然学科的重要性日益凸显。各级领导对小学自然学科观察活动的关注度也在不断提升。加快推动小学自然学科观察活动的组织和开展，有助于显著提高小学生的观察能力。自然学科与其他更注重书本知识的学科相比，更能够激起学生的观察欲和求知欲。小学生通过自然学科课程的学习，能对动物、植物及其他事物有一个科学的感知和探究，能够提升科学观察的能力，对其他学科的学习也能起到推波助澜的作用。此外，对他们今后不断提高创新思维能力、想象能力也有促进作用，并能对他们科学素养的培养起到显著的作用。

（二）提高自然学科课堂效率

观察活动在小学自然学科中的应用，能够显著增强小学生在课堂上的活跃度。

小学生正处于身心发展的关键时期，好奇心强，在开展一些室内和室外的观察活动时，他们的兴趣较高。通过借助仪器或凭借感官的形式，小学生可以更加直观地感知客观的观察对象，实现对客观事物的亲身观察，产生独属于自己的感悟和想法，并激发分享欲和探讨欲。这有利于提升小学生学习自然学科的积极性和主动性，能显著提高自然学科的课堂效率，为进一步增强小学自然学科的科学启蒙作用提供坚实的保障。

（三）推动学生全面发展

小学生是祖国未来发展的重要栋梁，观察活动是小学生认识各项事物的重要方式。因此，大力推动小学自然学科观察活动的组织和开展，能够让小学生积极融入科学启蒙教学中。依托最基础的观察活动，可以让小学生全面认识事物，通过开展推理、想象、实验、探究、比较、假设等思维活动，能让他们在沟通协调、理论学习、实践应用、动手能力等方面均得到一定的提升，帮助他们实现全面发展。同时，还能为小学生所有学科的学习、生活，甚至今后的社会就业等提供坚实的保障，有利于实现他们在人际交往、理论学习等方面能力的显著提升。

二、小学自然学科观察活动设计的原则

（一）以教学目标为依据

小学自然学科观察活动的设计过程中，首先要坚持以教学目标为依据的原则。教学目标是小学自然学科教学活动实施的方向和预期结果，也是我国大力推动小学自然学科教学活动的最终目的。因此，在观察活动的设计过程中，教师要将教学的整体目标作为观察活动的保障。例如，在“观察昆虫”一课中，教师必须将教学重点放在观察昆虫的种类、身体结构等方面，要将学生对昆虫各个部位的细致观察和体验作为教学的重点，而不能仅仅将昆虫的理论知识作为教学重点。这也可以理解为，在观察活动的设计过程中，教师要尽可能提升学生的观察体验和观察效果，要明确教学目标，确保在观察昆虫的活动中侧重点明确，不能出现较大的偏差，以确保自然学科观察活动有序开展。

（二）以学生探究需求为主

教师要在确保小学自然学科观察活动设计科学有序的前提下，满足学生的探究需求。小学生在学习自然学科之前，就已经对周边的世界和事物有了一定的认知与

了解。因此，如果在自然学科观察活动设计中，没有充分分析学生的探究需求，那么整个观察活动的效率将会降低。实践证明，只有将学生的生活经验和自然学科观察活动紧密融合，才能凸显出观察活动的新颖度，才能更符合学生的探究需求，才能确保观察活动取得扎扎实实的成效。例如，在“观察昆虫”一课中，学生大多能说出蜻蜓、螳螂、蟋蟀等常见的昆虫，但是对不同种类的昆虫在身体结构上的区别方面还有明显的知识盲区。同时，大多数学生仅掌握一些常见昆虫的知识，对一些珍稀的蝴蝶等昆虫知识掌握得不够扎实。在自然学科观察活动设计中，教师可以采用室内、室外相结合的方式，让学生在室外观察一些常见的昆虫并展开讨论，在室内观察一些珍稀昆虫的图片、标本，不断丰富观察活动的内容。这种活动能够激发小学生参加自然学科观察活动的兴趣。

（三）要充分贴合学生思维

小学自然学科观察活动的设计，还要充分贴合小学生的思维，要符合他们的认知特点。小学生在日常学习中，思维具有具象化的特点。因此，在设计观察活动时，教师要紧紧抓住这一点。由于小学生对直观、具体的事物比较敏感、有兴趣，对一些抽象、不清晰的事物感知力较弱，教师在设计观察活动时就应尽量将直观、清晰的观察事物和现象作为观察对象。例如，在“观察昆虫”一课中，教师在明确通过观察认识昆虫形态、辨认昆虫和认识昆虫结构的目标背景下，将室外的昆虫活体和室内的昆虫标本作为首选的观察对象。只有在标本不足的情况下，才会采用图片、视频的方式来开展观察活动。一般来说，真实的昆虫和标本比图片与视频更能激发小学生学习昆虫知识的积极性和主动性，也能让他们对昆虫的翅膀、触角、足等部位的感知更直观，并能让他们更好地对昆虫观察情况进行记录。在条件允许的情况下，教师可多组织一些室外的观察活动，让学生通过对真实昆虫的观察，找到昆虫形态及昆虫习性等方面的规律，帮助他们对昆虫获得更全面的认知，并提高发现问题和归纳问题等能力。

三、小学自然学科观察活动设计的程序

（一）明晰观察活动的思路

在小学自然学科观察活动设计的过程中，首先要明晰观察活动的思路。可以吸收借鉴以往的教学案例，也可征求其他教师的意见和建议，不断明晰思路，完善教案，以提升观察活动的时效性和吸引力。例如，在“观察昆虫”一课中，教师可以通

过线上、线下访谈等方式，征求一些经验丰富的老教师的意见和建议；可以通过开展线上、线下交流等形式，对观察活动的时间、地点、形式、经验总结、效果评估等内容进行分析，确保观察活动的各个程序规范。在昆虫标本的征集、昆虫相关视频的搜集及户外观察昆虫场地的选择方面，也要进行充分的评估。在征集活动思路的过程中，教师还可以向小学生及其家长发放调查问卷，重点对学生需要观察的昆虫种类、学生希望了解的珍稀昆虫标本等内容进行搜集。如此，可以丰富小学自然科学观察活动的方案，确保"观察昆虫"一课的有序推进。

（二）精心准备观察材料与场地

观察活动可以显著提高小学生的观察水平，对增强小学生的思维能力、创新能力也有促进作用。要想让小学自然学科观察活动取得理想成效，教师还要精心准备观察活动所需的材料与场地。在"观察昆虫"一课中，观察的材料主要包括昆虫标本和昆虫活体。在昆虫标本方面，教师可以使用学校的昆虫标本或向其他学校借用珍稀的昆虫标本。在对标本进行观察的过程中，要做到规范借用，使用后及时归还，确保标本不受到损坏。在场地的设置上，一般分为室内场地和室外场地。对于室外场地，要确保周边的安全，远离嘈杂的区域，还要选择天气适宜的时间段，避免学生出现中暑或受凉感冒的情况；对于室内场地，由于受到昆虫标本数量的限制，要更多地采用分组讨论的形式进行观察活动，可以3～5人为一小组，对昆虫标本进行观察。总之，教师需要对观察活动的场地进行布置，以确保观察活动安全有序。

（三）指导学生观察与分析

小学自然学科观察活动的重中之重在于使学生学会观察和分析，这也是小学自然学科教师在组织观察活动时需要重点把握的。在指导学生观察与分析的过程中，教师要在前期征求学生意见的基础上，引导他们提前准备观察对象——昆虫标本和昆虫活体。那么，如何开展有效的观察和分析呢？

首先，教师要将观察和分析有机地结合起来，让学生对蝴蝶、螳螂、蟋蟀等观察对象有一个明确、完整的认知。例如，教师可以提问，并让学生围绕昆虫的生活环境、运动方式、食物等内容展开讨论，引导他们对昆虫的身体结构有清晰的了解；还可以将昆虫的身体结构和习性、捕食习惯结合起来，让学生在观察中学到与昆虫相关的知识，掌握观察的正确方法。其次，教师要将观察与比较有机地结合起来，以此让学生找到不同昆虫的相同点和不同点。例如，教师可以让学生把食肉性昆虫和食草性昆虫进行区分，对这些昆虫的结构进行对比，以达到抓住昆虫特点和属性的目的。最后，教师要为培养学生的创新思维营造良好氛围，让学生边观察边研讨，不仅要让他们对观察方法及观察到的内容进行总结，还要充分发挥他们在课堂中的主体地位，在观察昆虫的过程中展开抓要点、有条理的讨论，以此不断充实学生的昆虫理论知识，提高科学认知能力。

（四）做好经验总结

在小学自然学科观察活动的设计过程中，教师应该高度重视经验的总结。在活动开展后，教师要对活动中出现的问题进行纠偏，对一些有益的做法进行巩固，从而为其他类似活动的组织提供更多的借鉴。例如，在“观察昆虫”一课中，如果出现标本不齐全的情况，很容易导致观察效率低下。因此，在面对观察材料不齐全、场地设置不科学、学生观察效率较低、学生讨论水平不高等问题时，教师要及时分析造成问题的原因，并提出解决方案，以利于进一步提升小学自然学科观察活动设计的科学性、可行性。

四、小学自然学科观察活动设计的思考

（一）要充分激发学生的探究兴趣

兴趣是小学生提高自然学科学习主动性的关键，是他们学好自然学科的内部动力。因此，在小学自然学科观察活动的设计过程中，教师必须充分激发小学生的探究兴趣，让他们围绕教学内容主动去看、去听、去感受，要为他们创造出良好的观察条件和观察环境，以不断满足他们在自然学科课程中的好奇心。此外，教师还要充分认识到小学生注意力不稳定的现状，自然学科观察活动的设计要切实符合他们的认知，牢牢抓住他们对自然学科学习内容的注意力，不断激发他们的科学探究兴趣。比如，教师可以通过下发课前的预习单、课上的活动设计和课后的反思总结等，让学生在从预习到学习，学习到巩固的过程中成为学习的主人。

（二）要重点培养学生的科学学习习惯和思维模式

小学是培养学生科学学习习惯的重要时期，小学自然学科的教学是培养学生求真务实、科学态度及创新思维的重要载体。因此，在观察活动设计的过程中，教师要将培养学生细致的观察习惯、有序的观察习惯、及时记录的习惯作为重中之重，可以

通过课堂教学、课外教学和课后作业等方式，让学生在观察中掌握正确的观察顺序和观察技能，及时记录观察中看到的现象，分析观察中遇到的问题，不断提高他们的科学学习习惯。科学的学习习惯和思维模式不仅能在自然科学的课堂中运用，也能促进小学生在其他课堂中秉持求真务实的严谨态度去学习。

（三）要提升学生的科学探究能力

小学自然学科观察活动的设计还应该注重提高小学生的科学探究能力。在观察活动中，探究习惯的养成非常重要，能够为培养小学生思考问题、解决问题的能力奠定坚实的基础。例如，善于思考的学生会对观察到的昆虫进行分类，对昆虫的食肉或食草特性和身体结构的关联度进行分析。通过这种方式，能够帮助小学生掌握观察的要素，实事求是地观察并探究每个细节，让他们在观察活动中养成亲自观察和实践的习惯，增强探索科学的热情，并将观察的结果转化为自身知识储备，从而帮助他们构建多元化的理论知识体系。

（四）要注意观察过程中的课堂氛围把控和安全把控

自然学科的教学氛围相对轻松自由，小学生对于自己行为的把控还是有欠缺的。因此，在进行观察活动时，教师要时刻注意学生的行为和动向，及时纠正他们的不当言行，维护课堂氛围，保证更多的学生能够沉浸在课堂的学习中，科学严谨地进行观察活动。观察活动不应只是让学生学个开心、学个热闹，甚至发生安全事故。所以，对观察活动整体氛围的维护和安全的把控都是对自然科学教师的考验。

五、结语

随着新课标、新教材的推行，观察活动在小学自然学科教学中的应用越来越广泛，在提高学生观察能力、提高自然学科课堂效率、推动小学生实现全面发展等方面有着积极的作用。在小学自然学科观察活动的设计中，教师要坚持以教学目标为依据、以学生探究需求为主、充分贴合学生思维的原则；要多征集活动思路，精心准备观察材料与场地，指导学生科学地观察与分析，做好经验总结；要充分激发学生的探究兴趣，培养他们的科学学习习惯，逐步提升他们的科学探究能力，进而不断增强小学自然学科观察活动的成效，并在保证课堂质量和安全的前提下，为提高小学生的观察能力、科学素养和想象力奠定坚实的基础。

参考文献

[1] 唐春燕. 小学自然学科观察活动的设计与思考[J]. 上海课程教学研究,2021(3): 57-60.

[2] 于琪,曹庆明. 科学探究教学模式在小学自然课堂中的应用与分析[J]. 上海课程教学研究,2019(5): 45-49.

[3] 刘严键. 体验式教学在小学自然学科中的应用研究[D]. 上海: 上海师范大学,2007.

“小小运动员”的心理挑战与应对：体育与心理学的碰撞

——以一个跨学科主题学习活动为例

上海市浦东新区进才实验小学　陈燕妮

【摘　要】本文围绕“小小运动员”的心理挑战与应对展开，阐述了跨学科主题学习活动的设计，包括基本要素、主题产生、学情分析、学习目标、学习过程、学习评价等方面，旨在培养学生综合运用多学科知识解决问题的能力，提升他们的心理素质和综合能力。

【关键词】小小运动员　心理挑战　应对策略　跨学科　体育学　心理学

在学生的成长过程中，体育活动不仅对身体健康至关重要，还对心理健康和全面发展起着举足轻重的作用。然而，“小小运动员”们在体育活动中常常面临各种心理挑战，如焦虑、自我怀疑、挫折感和社交压力等。为了帮助学生更好地应对这些挑战，笔者精心设计了一个跨学科主题学习活动，将体育学与心理学有机结合，旨在培养学生综合运用多个学科的知识解决真实问题的能力。

一、基本要素

学习主题：“小小运动员”的心理挑战与应对策略

面向年级：小学高年级或初中低年级

所需课时：8课时

主干学科：体育学、心理学

关联学科：教育学、社会学

二、主题产生

在体育学科的学习中，学生已逐渐意识到心理因素对运动表现和身心健康的现

实意义与深远影响。例如，在比赛中，紧张和焦虑可能会导致发挥失常；在团队合作中，社交压力和沟通问题可能会影响团队的协作效果。这些真实的问题引发了学生对心理挑战的关注，并促使教师将体育学与心理学结合起来，开展跨学科主题学习活动，以帮助学生主动地应对这些挑战，提升他们的心理素质和综合能力。

三、学情分析

（一）相关学科基础

1. 体育学。学生已经具备了一定的体育技能和运动知识，对常见的体育运动项目有一定的了解和体验。他们知道如何运用基本的运动动作，但在运动技巧的掌握和应用上还需要进一步提高。

2. 心理学。学生在日常生活中对情绪、自信等心理学概念有一定的感性认识，但缺乏系统的心理学知识。他们也许能够感受到自己的情绪变化，但不明白这些情绪产生的原因和如何有效地进行调节。

（二）解决类似问题的经验

部分学生可能在以往的体育活动或生活中遇到过一些心理挑战，如比赛紧张、失败挫折等，并尝试过一些应对方法，如深呼吸、自我鼓励等，但效果可能不尽如人意。他们可能没有深入思考这些应对方法的原理和适用场景，也没有形成实效的应对策略。

（三）问题解决面临的困难

学生对心理挑战的认识可能较为表面，难以深入理解其背后的心理机制。他们可能认为焦虑只是因为紧张，而没有意识到它可能与对自己的期望、对结果的担忧等因素有关。

四、学习目标

（一）主干学科目标

1. 体育学。学生能够掌握基本的体育技能和运动知识，提高运动表现，增强身体素质。他们能够正确地做出各种体育运动动作，了解运动的规则和策略，并且能够在实践中不断提高自己的运动水平。

2. 心理学。学生能够了解常见的心理挑战及其产生原因，掌握应对心理挑战的策略和方法，提升心理素质。他们能够识别自己和他人的情绪变化，理解这些情绪产生的原因,并且能够运用有效的方法来调节情绪,保持积极的心态。

(二)关联学科目标

1. 教育学。学生能够学会运用有效的学习方法,提高自主学习能力和问题解决能力。他们能够制订合理的学习计划,选择适合自己的学习方法,并且能够在学习过程中不断反思和调整自己的学习策略。

2. 社会学。学生能够理解团队合作的重要性,学会与他人沟通和协作,增强社会适应能力。他们能够尊重他人的观点和意见,与他人建立良好的人际关系,并且能够在团队中发挥自己的优势,为团队的成功贡献力量。

五、学习过程

(一)第一课时:主题导入与知识讲解

1. 子任务一:引入主题,激发兴趣

学习活动:通过展示一些运动员在比赛中面对心理挑战的案例或视频,引发学生对主题的兴趣和思考。例如,教师可以播放一些运动员在比赛中因为紧张而发挥失常的视频,让学生讨论他们在视频中看到了什么,以及这些运动员可能面临的心理挑战。

学科关联:体育学与心理学的结合,能让学生初步认识到心理因素在体育中的重要性。体育学提供了案例和背景,心理学则帮助学生分析了这些案例中运动员的心理状态和情绪反应。

2. 子任务二:讲解心理挑战的类型和原因

学习活动:教师讲解焦虑、自我怀疑、挫折感和社交压力等心理挑战的概念、表现和产生原因。例如,教师可以通过讲解焦虑的症状,如心跳加速、呼吸急促、手心出汗等,让学生了解焦虑的表现;通过分析运动员对比赛结果的过度关注、对自己能力的不自信等因素,让学生了解焦虑产生的原因。

学科关联:心理学知识的传授,能帮助学生了解心理挑战的本质。心理学的理论和研究成果为教师的讲解提供了支持,帮助学生深入理解了心理挑战的概念和原因。

(二)第二课时:焦虑与恐惧的应对

1. 子任务一:认识焦虑与恐惧

学习活动:组织学生讨论在体育活动中经历过的焦虑和恐惧情绪,分享感受和体验。例如，教师可以让学生回忆自己在比赛前或考试时的心情，是否感到紧张和害怕，以及这些情绪对他们的表现产生了什么影响。

学科关联：心理学与体育学的结合，能帮助学生深入分析焦虑和恐惧对运动表现的影响。心理学的知识帮助学生理解了焦虑和恐惧的心理机制，体育学则提供了具体的运动场景和案例，让学生能够将理论与实践结合起来。

2. 子任务二：学习应对焦虑与恐惧的方法

学习活动：教师介绍一些应对焦虑和恐惧的方法，如深呼吸、放松训练、积极自我暗示等，并让学生进行练习。例如，教师可以带领学生进行深呼吸练习，让他们深吸气，然后缓缓呼气，感受身体的放松；或者让学生进行积极自我暗示，如“我能行”“我很放松”等，帮助他们增强自信心。

学科关联：心理学知识的应用，能帮助学生掌握缓解焦虑和恐惧的技巧。心理学的研究成果为这些方法提供了理论支持，学生通过实践练习，将这些方法应用到了实际生活中。

（三）第三课时：自我怀疑的克服

1. 子任务一：分析自我怀疑的根源

学习活动：引导学生反思自己在体育活动中出现自我怀疑的情境，探讨其根源。例如，教师可以让学生回忆自己在学习某项新技能时，是否曾经怀疑自己的能力，以及为什么会有这样的怀疑。

学科关联：心理学与教育学的结合，能帮助学生认识到自我怀疑可能源于对自己能力的不客观评价或过高期望。心理学的知识帮助学生分析了自我怀疑的心理原因，教育学则提供了一些方法和策略，帮助学生树立了正确的自我评价和期望。

2. 子任务二：建立自信的方法

学习活动：教师介绍建立自信的方法，如设定合理目标、积累成功经验、正确对待失败等，并让学生制订个人的自信提升计划。例如，教师可以让学生制定一个短期的目标，如在一周内学会某个动作，然后通过努力实现这个目标，积累成功经验；或者让学生回顾自己的某个成功经历，从中汲取经验，增强自信心。

学科关联：心理学与体育学的结合，能鼓励学生在实践中逐渐克服自我怀疑，增强自信心。体育学提供了实践的平台，让学生在运动中不断挑战自己，提高自己的能力，从而增强了自信心。

（四）第四课时：挫折感的应对

1. 子任务一：了解挫折感的本质

学习活动：通过案例分析和讨论，让学生明白挫折是成长的一部分，每个人都会遇到挫折。例如，教师可以讲述一些运动员在面对挫折时如何坚持不懈，最终取得成功的故事，让学生从中受到启发。

学科关联：社会学与心理学的结合，能引导学生从社会和心理的角度看待挫折。社会学的知识帮助学生了解了挫折在人生中的普遍性，心理学则帮助学生分析了挫折对心理的影响，以及如何应对挫折。

2. 子任务二：学习应对挫折的策略

学习活动：教师介绍应对挫折的策略，如情绪调节、寻求支持等，并让学生分享自己应对挫折的经历和方法。例如，教师可以让学生学习一些情绪调节的方法，如倾诉、运动、听音乐等，帮助他们缓解挫折带来的负面情绪；或者让学生分享自己在面对挫折时是如何寻求支持的，如向家人、朋友或老师倾诉。

学科关联：心理学与教育学的结合，能帮助学生学会在挫折中成长，培养坚韧的意志品质。心理学的知识帮助学生掌握了应对挫折的心理策略，教育学则提供了一些教育方法和活动，帮助学生在实践中培养了坚韧的意志品质。

（五）第五课时：社交压力的缓解

1. 子任务一：认识社交压力的来源

学习活动：组织学生讨论在团队合作中感受到的社交压力，如同伴比较、团队冲突等。例如，教师可以让学生分享自己在团队中是否曾经感到压力，以及这些压力来自哪里。

学科关联：社会学与心理学的结合，能帮助学生分析社交压力对人际关系和团队合作的影响。社会学的知识帮助学生了解了社交压力的社会根源，心理学则帮助学生分析了社交压力对心理的影响，以及如何缓解社交压力。

2. 子任务二：学习缓解社交压力的方法

学习活动：教师介绍缓解社交压力的方法，如有效沟通、尊重他人、学会包容等。例如，教师可以让学生进行角色扮演，模拟团队合作中的场景，让他们练习如何有效地沟通和解决冲突；或者让学生进行小组讨论，分享自己在团队中遇到的问题，共同探讨如何解决这些问题。

学科关联：心理学与教育学的结合，能帮助学生提高社交技能，增强人际交往能力。心理学的知识帮助学生掌握了缓解社交压力的方法，教育学则提供了一些教育活动和练习，帮助学生在实践中提高了社交技能。

（六）第六课时：团队合作与支持

1. 子任务一：团队合作的重要性

学习活动：通过团队游戏或活动，让学生体验团队合作的力量。例如，教师可以组织学生进行拔河比赛或团队拓展活动，让他们在活动中感受团队合作的重要性。

学科关联：体育学与社会学的结合，能强调团队合作在体育活动中的关键作用。体育学提供了团队合作的具体场景和活动，社会学则帮助学生理解了团队合作的社会意义和价值。

2. 子任务二：建立良好的团队关系

学习活动：引导学生探讨如何建立良好的团队关系，如相互信任、尊重、支持等，并让学生制定团队合作规则。例如，教师可以让学生分组讨论，共同制定团队合作的规则和准则，然后在全班进行分享和讨论。

学科关联：社会学与心理学的结合，能帮助学生学会在团队中与他人和谐相处，增强团队凝聚力。社会学的知识帮助学生了解了团队关系的建立和维护，心理学则帮助学生了解了他人的需求和情感，从而更好地与他人相处。

（七）第七课时：综合实践与应用

1. 子任务一：实际情境模拟

学习活动：设置一些体育比赛或团队活动的情境，让学生在实际情境中运用所学的知识和技能应对心理挑战。例如，教师可以组织学生进行一场小型的体育比赛，让他们在比赛中运用应对焦虑、挫折和社交压力的方法，同时体验团队合作的重要性。

学科关联：多学科的综合应用，能检验学生对知识的掌握和运用能力。学生需要综合运用体育学、心理学、教育学和社会学的知识与技能，来应对实际情境中的各种问题。

2. 子任务二：小组讨论与反思

学习活动：组织学生进行小组讨论，分享在实践中的经验和感受，反思自己的不足之处，并提出改进方案。例如，教师可以让学生分组讨论在比赛或活动中遇到的问题，以及他们是如何解决这些问题的，然后让每个小组派代表向全班分享。

学科关联：教育学与心理学的结合，能促进学生的自我反思和成长。教育学的方法促使学生进行小组讨论和反思，心理学的知识帮助学生分析了自己的情感和行为，从而更好地调整了自己的心态和行为。

（八）第八课时：总结与评价

1. 子任务一：总结学习内容

学习活动：带领学生回顾学习过程，总结所学的知识和技能，强调心理挑战应对策略的重要性。例如，教师可以通过提问的方式，让学生回顾所学的心理挑战类型、应对方法及团队合作的重要性等。

学科关联：多学科的整合，能帮助学生形成系统的知识体系。教师将体育学、心理学、教育学和社会学的知识进行整合，能帮助学生形成一个较为系统的知识框架，以便他们更好地理解和应用所学的知识。

2. 子任务二：学习评价

学习活动：采用过程性、表现性评价方式，对学生的学习过程和成果进行评价，包括课堂参与、小组合作、实践表现等。例如，教师可以观察学生在课堂上的参与度、小组合作中的表现及在实践活动中的应对能力等，对学生进行综合评价。

学科关联：教育学与心理学的结合，能全面评价学生的学习效果和发展潜力。教育学的评价方法帮助教师了解了学生的学习成果，心理学的知识帮助教师了解了学生在学习过程中的心理状态，从而能更全面地评价学生的学习效果和发展潜力。

六、学习评价

（一）过程性评价

1. 课堂参与。观察学生在课堂讨论、活动中的参与度和表现，包括发言的积极性、观点的合理性、与他人的互动等。

2. 学习态度。关注学生的学习态度、积极性和努力程度，包括是否按时完成作业、是否认真听讲、是否积极参与课堂活动等。

（二）自我评价与互评

引导学生进行自我评价，反思自己在学习过程中的收获和不足，包括对知识的掌握程度、技能的提升情况、心理状态的变化等。

组织学生进行互评，促进学生之间的相互学习和交流，包括评价他人的学习态度、合作能力、表现等，并给予建设性的反馈。

七、结语

通过本次跨学科主题学习活动，学生对“小小运动员”在体育活动中面临的心理挑战有了真切深入的理解，较好地掌握了应对这些挑战的策略和方法。同时，通过多学科知识的综合运用，学生的信息搜集与处理能力、团队合作能力和价值观得到了培养与提升。笔者的课程研究学习活动以习近平新时代中国特色社会主义思想为指导，全面贯彻党的教育方针，落实立德树人根本任务，坚持健康第一的教育理念，以学生发展核心素养为引领，重视育体与育心、体育与健康教育相融合，充分体现健康育人的本质特征。在未来的教学中，笔者将继续以此为基，深入探索跨学科主题学习活动的设计与实施，为学生的“五育融合”全面发展提供更有效的支持和引导。

基于学生体育核心素养培育的“项目化学习”探究

——以小学五年级足球游戏活动为例

上海市浦东新区进才实验小学　丁芮俊

【摘　要】项目化学习是“双新”背景下大力倡导的一种新型教学方式和教学样态，已在本市及许多省市蓬勃开展。本文以学生体育核心素养培育为根本旨归，以小学五年级足球游戏活动为探究内容，以项目化学习为探究载体，以“如何创编兼具健身性、趣味性、创意性和实用性的足球游戏”为驱动性问题，设计了由六个探究环节（任务）串联而成的项目探究过程，并在逐步推进的实证探究中展现了本项目实施的显性成果和内隐成效，同时也对足球游戏活动和项目化学习的有效、持续开展，提出了改进设想。

【关键词】小学生　足球游戏　体育核心素养　项目化学习

一、引言

在当今教育改革的大潮中，培养学生的核心素养成了立德树人的重要目标。其中，探究与创新精神的培养尤为关键。而项目化学习正是与其相配套的新型学习方法之一。《义务教育课程方案和课程标准（2022年版）》指出，应“积极开展主题化、项目式学习等综合性教学活动”，这是深化课程改革、培育一代新人的迫切需要。

根据巴克教育研究所的界定，项目化学习（project-based learning，以下简称PBL）是指教师将学生的学习设置在真实的情境之中，通过驱动问题任务链等引导学生就某个主题进行持续探究，使得他们在做项目的过程中实现知识的积累和能力的提升。研究显示，PBL不仅能促进学生的学业表现，还对其学习态度、学习动机、合作意识及自我效能感等非智力因素有积极影响。

小学体育作为基础教育的重要组成部分，不应仅仅局限于身体锻炼和相关体育

技能的掌握，更应成为培育学生体育核心素养的重要阵地。而体育项目化学习为实现这一目标提供了新的可行性途径。体育项目化学习以其独特的魅力，激发学生的探索欲望。在项目化学习的过程中，学生不再是被动地接受知识和技能，而是主动地参与到体育活动的设计、实施和评价中。体育项目化学习还能培养学生的毅力和团队合作精神，在面对体育锻炼的困难和挑战时（特别是足球、篮球、排球等团队型项目），他们需要坚持不懈地努力，与队友共同协作，迎难而上，才能取得成功。这种经历将对他们的未来发展产生深远的影响。可见，小学体育项目化学习在培养学生体育核心素养上具有重要的价值和意义，积极开展项目化学习，能为学生的成长与发展提供更加丰富和有效的教育途径。

本文以小学五年级足球项目化学习（以下简称“足球项目化学习”）为例，以学生体育核心素养的培育为目标，以项目任务为切入点，就项目设计与实践做实证性探究。

二、足球项目化学习的设计

在足球项目化学习启动前，笔者先做了“安民告示”，让学生知晓本项目化探究的基本内容和安排，再在听取学生意见的基础上形成了以下设计框架。

（一）探究主题

在“足球游戏我创编”的系列活动中，培育学生的体育核心素养。

（二）驱动型问题

如何创编兼具健身性、趣味性、创意性和实用性的足球游戏？

（三）探究环节

学习量规—游戏体验—尝试评价—创编实践—评价改进—成果展示。

（四）评价量规

围绕足球游戏创编活动，制定一份评价量规。

（五）参与班级

五（3）班，共计36名学生。以小组合作学习形式实施。

（六）课时安排

课堂教学4课时，另用少量课余时间。

（七）成果表达

从显性成果和隐性成果两个层面予以显示。

三、足球项目化学习的实践

上述设计的探究环节已表明了各自的探究任务，也勾连成系统的探究过程。下面以每个环节所对应的任务为切入点，分述项目探究的概况。

（一）任务1：学习量规（1课时）

为使本项目化学习能紧扣探究主题和驱动性问题，有理、有利、有节地推进，笔者制定了一份较为全面、科学的评价量规（见表1）。这份评价量规具有双重作用，既能对学生完成相关任务的情况做出实时、动态的评价，以即时进行表扬和纠偏，又能为学生指明清晰的实践探究路径和要求，知晓做什么和怎么做。

在评价量规学习中，笔者先向学生分享了作为世界第一运动的足球的发展简史和贝利、马拉多纳、梅西等标志性球星的故事与荣誉，再向他们传授了足球运动的基础知识、基本技能等。重点是让他们学习了创编足球游戏的基本要求与方法，并对评价量表的理解、运用有了一个总体认知。

表1 “足球趣味游戏创编”评价量规

团队名称：

评价指标（权重）	三星级 ★★★	二星级 ★★	一星级 ★	评价结果	
方案的完整性（20分）	游戏方案要素齐全，有名称、目的、场地器材、游戏方法、游戏规则等；文字、图例表述清晰	游戏方案要素齐全，游戏方法和游戏规则表述较清晰；有游戏图例	方案设计较简单，且缺乏一些关键要素	自评	☆☆☆
				互评	☆☆☆
				师评	☆☆☆

续 表

评价指标（权重）	三星级 ★★★	二星级 ★★	一星级 ★	评价结果	
游戏的健身性（20分）	设计的游戏活动具有提升足球技能的作用且有适宜的运动强度，能很好地起到健身作用	游戏活动中能运用到足球技能，有一定的运动强度并具有一定的健身作用	游戏活动与足球技能无关，运动强度较小，健身价值较小	自评	☆☆☆
				互评	☆☆☆
				师评	☆☆☆
活动的趣味性（20分）	游戏活动设计新颖有趣、难度适宜，具有很高的可玩性	游戏活动具有一定的趣味性，可玩性一般	游戏活动缺乏趣味性，不好玩	自评	☆☆☆
				互评	☆☆☆
				师评	☆☆☆
规则的明确性（20分）	规则完善，违规评判、计分统计均包含	规则较完善，能设计出针对违规的评判规则	规则简单，缺乏对违规的评判和计分	自评	☆☆☆
				互评	☆☆☆
				师评	☆☆☆
组织的合理性（20分）	人员安排合理，参与活动的学生人人有角色	人员安排较完善，但还会有人没事做	人员安排不合理，任务集中在几名学生身上	自评	☆☆☆
				互评	☆☆☆
				师评	☆☆☆
总体评价（100分）附：创意性加分					

（二）任务2：游戏体验（1课时）

当下的小学生对足球运动的兴趣、喜爱是不言而喻的。有不少学生已在耳闻目见与课余运动中多少习得了足球知识和技能，倘能融入游戏元素，则更能激发他们的内驱力、参与欲。从小学生的身心特点出发，笔者组织了形式多样的足球游戏活动，在笔者的示范、讲解下，引导学生在游戏中做出带球、传球、过人、射门等基本动作和移动接球、传球等简单的组合动作，且在游戏活动中展示友谊、团结、顽强、规则、灵敏、速度、协调等体育素养。丰富多彩的足球游戏活动，使绝大多数学生获得了沉浸式的愉悦体验，且在“玩中学”的氛围中自然地学会了足球运动的基础性技能。令人欣慰的是，那些平时文静少动的学生和体弱寡言的学生也能参与其中，乐此不疲。在体验足球游戏的过程中，笔者与助手们（几位对足球兴趣浓厚和技能出众的学生）加强了巡视指导和安全管理，确保足球游戏活动富有趣味、生动地开展。

（三）尝试评价（少量课余）

在足球游戏活动结束后、全班整队集合时，笔者布置了一份简易的课外作业：① 写一份参与足球体育游戏活动的日志（200字左右）；② 在组内交流参与足球游戏活动的感受，并对比评价量表中的相关要求做自评与互评。两天后，各组都完成了作业。从撰写体验日志的情况看，人人都能如期完成，且能结合自我体验与同伴表现做相关评价。日志内容涉及体育意义与足球健身、足球知识拓展和足球技能长进、规则意识与公平竞争、意志品质与团队精神培养、实践能力与创新能力锻炼等，可谓感受丰沛、体验良多。在以小组为单位的“尝试评价”中，笔者引导学生对照评价量表中的评价指标，紧扣参与态度、知识学习、技能运用、规则意识、团队合作、意志品质、进步状况等具体内容，进行自评和组内互评。从各组进行评价时的热烈气氛和争议态势看，学生参与评价的兴致颇高，表现出了依规评议、各抒己见的可喜场景。学生从参与评价的过程中，较好地学到了“为什么评价、评价什么、怎样评价”的价值认知、基本思路和操作要点。至于各组成员在足球游戏活动中的综合表现，则由笔者与助手们根据对活动的实时观察和各组在评价中的表现，做出兼具合理性、激励性的评价，并及时反馈，由此引发了各组间的良性竞争。

（四）任务4：创编实践（1课时，以及一定课余时间）

创编足球游戏的实践探究是本项目化学习的主要环节和核心任务。前设的“学习量规”“体验游戏”“尝试评价”环节与任务，为“创编实践”环节的任务完成打下了必要的基础。正是“学习量规”的启动，使学生知晓了在探究主题和驱动性问题的引导下，怎样围绕“如何创编兼具健身性、趣味性、创意性和实用性的足球游戏”这一探究主题，设置相关的探究任务和配套的评价量规，进而有理、有利、有节地推进项目探究。正是在“体验游戏”的趣味性、技能性足球活动中，学生体悟到了足球游戏活动的魅力及其要领、特点与设计构思；也正是在“尝试评价”中，学生拓展了体育知识，培养了体育技能、规则意识、团队精神、意志品质等体育核心素养。这些足球游戏活动不仅体现了健身性、趣味性、创意性、实用性等特点，还渗透了立德树

人的要素和学生体育核心素养的培育。

在较好地完成了前三个环节任务的基础上，笔者带领学生重温了探究主题、驱动性问题和评价量表中的足球游戏创编要求（以“五性”为基准，从游戏的名称、目的、器材、方法、规则等基本元素切入，见表2），并做了以下任务布置：以小组为单位，借鉴已有的足球游戏经验，通过科学想象和可行性探究，创编1～2种兼具健身性、趣味性、创意性和实用性的足球游戏。

表2　足球游戏创编基本元素

游戏名称	
游戏目的	
游戏器材	
游戏方法	
游戏规则	

各小组纷纷行动，利用一周中的部分课余时间，开展了上网查询、案例分析、心得交流、创意想象等活动。一周后，各组均自信满满地亮出了创编足球游戏的初稿，并借助视频展示介绍了本组创编足球游戏的构思、特点与新意（见图1）。有的小组从足球游戏的角色命名上切入，以梅西、C罗、内马尔、齐达内、姆巴佩等在世的世界级球星的名字作为队员名称，并穿上他们的战袍闪亮登场。群星灿烂的世界联队不啻为校园内一道亮丽的风景；或组建以孙悟空为队长的中华联队，学生从悠远的中华历史上挑选出若干公认的名将猛士（如关羽、武松等）的名字作为队员的名称，当贴上这些名字的队员们上场比赛时，仿佛有穿越时空的战鼓在不时回响。有的小组从足球技能的演练上构思、创编，如运球绕杆（设置五杆）接力游戏、点球射门游戏（含花球，进花球得2分，不进则扣1分）等。这些将个人表现与团队成绩直接挂钩的趣味性足球游戏，常使学生处于欣喜与失落交织的情绪跌宕之中。有的小组创编了男女混合足球游戏（规定女生担任各自一方的门将），这种男女生优势互补、通力合作的足球游戏别开生面、令人捧腹大笑，充满乐趣。有的小组别出心裁，将小学数学中的四则混合运算迁移至足球游戏，依据足球技能的难易度赋予分值，并根据完成情况进行评分（难度越高、完成度越高，得分越多，若无法完成则会减分）。这个活动需要学生拥有直面挑战的自信、勇气，以及客观、公正的评价态度。其他小组的方案不做一一介绍。

图1

当趣味、生动、创新同时不失健身性、实用性的创编方案一一展示在全班学生面前时，专注、好奇、惊讶的神情写满了大家的脸庞，仿佛在集体观看一部心仪的大片。此时，拓宽视野、互鉴经验、传递智慧、携手并进，成了创编足球游戏的主旋律。

（五）任务5：评价改进（与方案展示在同一课时，以及适量课余）

随之跟进的“评价改进”主要聚焦于对各组足球游戏创编方案的评价与改进上。在各组的方案展示交流结束后，笔者引导学生重温评价量规中关于游戏创编的评价内容和相关标准，提醒学生抓住“五性”（方案的完整性、游戏的健身性、活动的趣味性、规则的明确性、组织的合理性）进行评价，对在内容、形式上具有创意的足球游戏做加分鼓励。经过小组充分讨论后的全班辩论和公投，男女生混合编队进行对抗性足球游戏方案荣获“最佳创意奖”。理由是在包括足球在内的三大球职业比赛中从未出现过男女混合编队的形式（因为男女的身心、体能状况差异明显，不适合大运动量的团队竞技项目），而小学男女生的身心、体能状况差异不大，可适当采用混合编队的形式，以激发全班学生的参与欲，增添足球游戏的趣味性。从足球游戏的角色命名上切入的“世界球星联队”和“中华武林高手联队”的创编方案同获“最佳趣味奖”，融入数学知识的创编方案荣获“最佳智慧奖”。其他创编方案也受到了肯定和表彰。

在给予表彰和激励的同时，笔者不失时机地抛出了一个问题：为优化、完善各组的创编方案，请你提出改进建议。两天后，数十条建议经组长分收、体育委员整理后交予笔者。主要的建议有：不管哪种游戏方案，都要从小学生的身心特点、兴趣保持出发，因而在实施时，要视实际效果做动态应变；足球游戏活动应以足球技能的训练、运用为要素，不能因重视趣味性、创意性而淡化技能性、健身性。

（六）成果展示

本项目的成果展示分物化的显性成果和内化的隐性成果。物化的显性成果主要由评价量规的制定与运用及各组的创编方案体现，内化的隐性成果由学生体育核心素养的培育反映（见下文的“主要成效”）。

四、足球项目化学习的小结

回顾、反思足球项目化学习的整个过程，笔者获益匪浅，感触颇多。下面从“主要成效”和“改进设想”两个维度做小结。

（一）主要成效

1. 项目化学习促进了学生体育核心素养的培育

《义务教育体育与健康课程标准（2022年版）》明确指出，促进学生核心素养的形成是修订2022年版课标的根本精神和关键要求，有助于落实立德树人根本任务和“健康第一”的教育理念。而体育核心素养又由“三要点六要素”组成，三要点为体育精神、运动实践、健康促进，六要素由每一个要点的主要内容体现，即体育精神所包含的体育情感和体育品格，运动实践所包含的运动能力和运动习惯，健康促进所包含的健康知识和健康行为。

综观以体育核心素养培育为旨要，以探究主题、驱动性问题为导引，以六个探究环节所赋予的六项任务为载体的足球项目化学习，直接或间接、外显或内隐地渗透着体育核心素养培育的因素。例如，趣味足球游戏的爱学、乐学体验，激发了全班学生（包括原先不爱对抗性运动的男女生）对足球运动的热爱与兴趣，操场上常见他们自发组织的兼具健身性、趣味性、创意性的足球游戏活动。不少学生还将足球游戏的创编心得迁移至篮球、排球运动和枯燥的体能训练，在家校联动中也出现了“我要健身锻炼”的良好势头。足球游戏活动不仅要求基础性的足球技能，还要求团队合作、规则意识、意志品质、尊重对手、安全卫生等体现体育精神和健康促进的综合素养。总体而言，学生在理性认知和实践行为上均获得了潜移默化的濡染与陶冶。此外，本项目化学习设置的六个实践环节中，有两个是与评价相关的环节，即“尝试评价”与“评价改进”环节，且每一个评价环节又赋予了不同评价内容、评价要求的评价任务。这种过程性评价与结果性评价有机结合的综合性评价，能有效培养学生的自我检评、自我改进、自我管理意识和能力，也直接为足球项目化学习的目标达成度服务。

2. 项目化学习增强了教师专业发展的力度

教师专业发展是一个常议常新，永无止境的话题。在学习、弘扬“教育家精神”和“双新”（新课程、新教材）背景下的教师专业发展更具时代性、挑战性。正在积极推进的项目化学习在较大程度上增强了教师专业发展的力度。就笔者主持的足球项目化学习而言，至少在以下两个方面有所收获、长进。其一，与时俱进地更新育人理念与教学方式。借助本项目化学习探究，笔者学习了相关参考文献和成功经验，在结合自我教学的审视、反思中建立了“素养导向，以体育人”的教育理念，并在传承已有体育教学精华（精讲多练、分层教学、夯实“双基”、以体育德等）的基础上积极尝试新课标提出的“主题或项目化学习方式”，努力以新型的教学方式、教学样态改进、优化体育课堂教学，兼具健身性、趣味性、创意性和实用性的足球游戏活动便是初尝甜头的课改举措。其二，领悟了“在游泳中学会游泳”的深刻哲理。体育教师因专业特长、课时负担等原因，在教育科研、撰文论理等方面往往处于相对劣势的地位。但只要有自信、肯学习、能钻研，照样能坦然面对基于教师专业发展的种种挑战。尽管以足球游戏为内容的本项目化学习探究尚嫌粗浅，但笔者还是在持续学习、实践研究、反思改进的投入中较好地完成了探究任务，较好地实现了预期的探究目标。经书面调研与座谈访谈，学生与家长的满意度均在90%以上。本项目化学习探究给笔者最深的体会是：在教师专业发展的进程中，应求真务实、少说多做，只要有“在游泳中学会游泳”的自信与勇气，我们体育教师照样能在专业发展的进程中扬长避短、健硕成长。

（二）改进设想

1. 尽力在“双基”上多下功夫

足球游戏是围绕足球这个“活宝”而开展的趣味性游戏活动。足球游戏的健身性、趣味性、体验性、观赏性与学生对足球“双基”（基础知识、基本技能）的掌握程度休戚相关。虽然在开展足球游戏活动的过程中，笔者通过借助“学习量规”“游戏体验”环节，在“双基”上让学生做了一定的强化学习与训练，他们也在课外进行了巩固性练习，但他们在传接球、过人、射门等关键技术上仍与预期的教学目标有较大差距。诚然，这些关键技术的掌握和自如运用需要一个长期积累、熟能生巧的过程，但重视起步阶段“双基”的学习与训练，能让学生在一定程度上做到“有模有样”。唯

有如此，才能在增强足球游戏体验性的同时，提高趣味性和观赏性。

2. 充分发挥学生在项目化学习探究中的主体作用

虽然在本项目化学习设计与实施的诸多环节均闪现着学生自主探究、合作创编、勇于创新的亮点，但从总体上审视，学生在项目化学习中的主体作用尚有发挥的空间。如，教师可组织学生组成设计团队，在教师的指导下自主设计、不断优化足球游戏活动方案。又如，教师可以在学生完成"学习量规""体验游戏"环节的任务后，汇总学生的意见做针对性修订。再如，"创编游戏"是本项目化学习的关键任务，教师可以鼓励学生秉持"我的设计我做主"的自信与胆略，凝聚智慧，放飞思维，大胆想象，在"头脑风暴"中创编充满趣味性、创意性且不乏健身性、可行性的足球游戏活动方案。

3. 灵活运用项目化学习教学方式

项目化学习作为一种新型的教学方式和教学样态，已在本市乃至许多省市蓬勃开展，颇有星火燎原、风生水起之势。对于主题式、学科类项目化学习，其核心价值是训练学生学以致用的能力和高阶思维（演绎推理思维、批判性思维、辩证思维、创新思维等），培育学生的学科核心素养。因此，多课时、长作业式的项目化学习并非多多益善（事实上也难以操作），而应对标学生的核心素养，灵活、适时地予以运用。从现实情况看，教师应结合传统且优质的教学方式，开展单课时或半课时式的微项目化学习。如，可围绕某一体育知识点以逐步递进的问题链训练学生的高阶思维，也可紧扣某一体育技能，引导学生做学以致用、手脑并用的探究。据此，笔者将在今后的体育教学中，本着"求真务实，研以致用"的态度，适时、灵活地运用项目化学习这一教学方式，使其切实发挥"素养导向，以体育人"的功效。

参考文献

[1] 中华人民共和国教育部. 义务教育体育与健康课程标准[M]. 2022年版. 北京：北京师范大学出版社，2022.

[2] Capraro R M,Capraro M M,Morgan J R. STEM Project-Based Learning:An Integrated Science, Technology,Engineering,and Mathematics (STEM) Approach[M]. The Netherlands:Springer Science & Business Media,2013.

[3] 夏雪梅，崔春华，吴宇玉. 上海市义务教育项目化学习三年行动计划优秀案例集[M]. 上海：华东师范大学出版社，2022.

[4] 陆志英. 游戏有其道：小学体育游戏教学[M]. 上海：少年儿童出版社，2022.

透过个案看家庭，医教结合共帮扶

上海市浦东新区进才实验小学　张爱菊

【摘　要】“透过个案看家庭，医教结合共帮扶”这一理念，强调了在处理涉及家庭与教育、学生身心健康与教育问题的复杂个案时，拟采取综合性、跨学科齐抓共育的策略。这种策略不仅关注学生的身心健康，还与家庭教育紧密结合，通过医疗与教育资源的有机结合，为家庭提供全面、持续的支持与帮助。本文从心理教师的角度思考，就如何从自身工作出发，建立学生、学生家庭、学校和医院多方融合的心理教育策略与途径，做了粗浅的探讨。

【关键词】家庭教育　个案分析　医教结合

一、家庭教育与学校心理工作中的常见问题

一个孩子的降生就意味着家庭教育的开启，舆论普遍认为家庭是教育的第一场所，学校是教育的第二场所，社会是教育的第三场所。由于孩子的行为问题大多出现在校外个体互动和校内集体活动中，因此，纠正其行为应以家庭和学校为主。

在小学阶段，学校心理工作中的常见问题有：① 孩子问题。注意缺陷与多动障碍（ADHD）的孩子越来越多，情况严重（具有暴力倾向）的学生会影响班级教学，与老师和同学产生强烈对抗。② 家庭问题。许多父母能意识到他们的孩子存在某些问题，因为幼儿园老师会反馈孩子在幼儿园的常规行为（这一点家长都知道，但并未深入关注）；然而，也有少数父母由于认知上的局限性，他们可能会强烈抵制、不赞同或者不配合，以为只要孩子成年了就没什么事情了；还有部分家长在教育孩子时会站在学校的对立面，致使孩子无所适从，很难融入班集体。不论哪种情况，当心理教师介入时，都需要得到监护人的知晓与认同。因此，会出现以下三种情况：认同、

中立、不认同。认同的家校关系能使合作愉快，有利于解决孩子的问题；中立的家校关系会拖延问题的解决；不认同甚至对立的家校关系对于孩子的教育有百害而无一利。

由于每个家庭都有其独特的背景、结构和问题，因此，个案分析就十分重要。通过深入分析具体个案，教师可以更加精准地识别家庭成员的需求、面临的挑战和潜在的资源。因此，做好个案分析有助于教师制订更具针对性的干预计划，确保帮扶措施的针对性、有效性和可持续性。但在学校心理工作的个案分析与超前干预上，也存在这样或那样的不足，如时间、精力的限制，以及较难多样本地、持续地做好个案与跟踪等。

对心理教师而言，要应对好以上家庭教育的状态，是需要练就一身过硬本领的。回想起笔者参加培训的第一节课，李正云老师用风趣、聪明和热情的方式，通过他自身的经验案例向我们展示了危机干预的具体实践技能。这使我们对如何有效地预防并解决学生突然出现的心理问题有了底气。同时，我们也学会了如何在校园环境中恰当地应用危机干预策略，以便遇到紧急情况时能够迅速做出反应。参加培训时学到的知识、技能和宝贵的经验对笔者产生了深远的影响。

二、从医院角度看待家庭教育问题

1. 通过参与门诊和病房的见习活动，笔者目睹了家长都是带着谦卑、信任的心理求医的，有些家长甚至不远千里，克服种种困难而来。对于家庭教育问题，医院的诊断也是三种状态：认同、中立、不认同。回想起笔者在精神疾病诊所听的由江庆文教授主讲的一堂课——“青年人常见的心理学挑战与对策”，她的沉稳风度和平易近人的谈吐，给笔者留下了深刻的印象。她主讲的话题不仅使笔者想起了年轻人普遍存在的诸如忧虑障碍、沮丧症状、强制观念等问题的一些相关信息，还引发了笔者对许多新颖且深入的研究成果的思考。例如，江教授提到了案例中父母的教育态度和如何塑造他们孩子的生活经历：无论是爸爸还是妈妈都不应该忽视他们在儿童发展过程中的重要作用，他们需要给予自己的儿女无条件的关爱并保持密切联系，以建立强大的情感支撑体系，从而减少可能出现的压力反应（比如担忧）或情绪困扰（比如悲伤、愤怒）。这种积极的环境氛围可以有效预防年轻人在面对困难时产生的消极思想甚至极端行为倾向等。

2. 身为一名心理学教育者，应特别注重对儿童的初始关怀。每个人在人生的不同阶段都有特定的责任或受保护的权利。人类生命的初期是依赖期，家长应该给予孩子关心、支持与保护，为他们搭建精神庇护所，让他们拥有足够的信心和精力去面对未来的挑战。只有这样，孩子们才能够真正地自我独立并保持身心健康成长的态势。反之，如果他们在一生中始终无法找到内心的安定感，那么他们的生活将会充满不安和恐惧。父爱的缺乏或母爱的过度等都会导致孩子的行为失去控制，这也就是所谓的“中国式焦虑”现象。因此，无论是家长还是教师，都应理解儿童心灵发展的一般法则，用心观察，耐心引导，静待花朵绽放。

三、充分认识：家庭是一个复杂的系统

1. 家庭系统的复杂性体现在多个维度和层面上。具体而言，主要表现在：① 成员关系的多样性。家庭成员之间的关系可能包括父母、子女、配偶、兄弟姐妹、祖父母、孙子女及其他亲属关系，如叔侄、舅甥等。这些成员之间不仅存在血缘关系，还有通过婚姻建立的法律和社会关系。不同成员之间的性格、价值观、生活习惯、年龄差异等都会直接或间接地影响到彼此间的互动和关系。② 情感交流的复杂性。家庭是情感交流的重要场所，但情感交流往往并非总是顺畅无阻的。爱、恨、嫉妒、支持、冲突等情感在家庭内部交织，且会因成员间不同的沟通方式、期望值和边界设定而复杂化。家庭成员需要学会有效沟通、表达感受、理解对方，以营造和谐的家庭氛围。③ 角色与责任的动态性。在家庭系统中，每个成员都扮演着特定的角色，并承担着相应的责任。这些角色和责任会随着家庭生命周期的变化而改变，例如，教育政策的变化可能影响家庭对子女教育的期望和投入，社会文化的变迁可能改变家庭成员的价值观和行为方式。因此，家庭系统需要具备一定的适应性和韧性，以应对外部环境的挑战。

2. 在家庭这个复杂的系统中，家庭成员之间的互动、沟通方式及家庭氛围，都会对孩子的成长产生深远的影响。因此，在帮扶过程中，教师必须采用“家庭系统”的视角，关注家庭成员之间的关系、角色分配及家庭的整体功能。这有助于教师识别家庭内部的问题根源，从而采取更有效的干预措施。孩子的问题与家庭中每个成员所扮演的特定角色有关，他们之间的互动和关系构成了家庭系统的整体功能。当孩子面临学习或行为问题时，这往往不仅仅是孩子个人的问题，而是家庭系统内部动态作用的结果。因此，解决这些问题需要采取医教结合的方法，即医疗和教育领域的专业人员共同合作，不仅关注孩子的个体需求，还要考虑家庭环境、亲子关系等因素。通过综合评估和干预，改善家庭系统的运行功能，从而为孩子创造一个宽松民主、正能量洋溢的成长环境，支持和促进孩子的健康成长。

四、医教结合共帮扶的共赢优势

医疗机构和教育机构共同协作，以支持学校的心理教育工作，是一种有益的尝试。身为专职的心理教师，笔者的目标在于寻找适切的方法，协助学生克服学业压力、成长困惑等难题，构建和谐且有秩序的教学氛围，并挖掘学生的潜在能力。通过参与门诊医师的工作，笔者掌握了许多利用外在激励提升内在动力的方法，这引发了笔者在学校心理咨询中关于"应该采取什么行动?"的思考。现将这些经验归纳成以下四个方面：

1. 学校不仅要关注常规意义上的心理健康教育，还要注意师生的身心健康，以确保创造一个健康且积极的教学氛围。这包括定期开展心理健康教育和心理辅导、帮助师生识别和应对心理压力，以及提供必要的理论支持和活动资源等。

2. 将心理学的有关策略和方法运用于课堂教学中，建立一个有序、高效的课堂管理系统。教师可以通过了解学生的学习特点和需求，采用积极的教学策略，如合作学习、情境教学、人际交往等，来激发学生的学习兴趣和积极性。同时，教师也要掌握有效的课堂管理技巧，以营造良好的教学秩序和氛围。

3. 让学生亲身感受到成功，增强他们的自信心。学校可以通过组织各种活动、竞赛和展示机会，让学生有机会展示自己的才能和成果，从而获得成就感和自信心。同时，教师也需要在日常教学中注重鼓励和肯定学生的努力与进步，帮助他们建立积极向上的自我形象和"天生我材必有用"的信念。

4. 学校可以特邀医院精神科专家来校做公益讲座，开展心理疾病科普活动，提供心理热线、书籍等资源，举办交流会和工作坊，以促进学生的经验分享与心灵成长，提升家长的自我辨别能力和对孩子的科学判断。此外，学校可以建立从学校到医院的转诊绿色通道，确保危机个案能够及时转介至专业机构接受诊断和治疗。

医教结合能够打破传统界限，整合双方的资源和技术优势，为家庭教育提供全面、专业的服务。心理教师与心理医生组成的联合团队，能对偏差学生进行针对性的个案研讨，制订个性化帮扶方案，确保科学规范地开展心理治疗。如，针对孩子的健康问题（如生理疾病、心理障碍等），医疗团队可以提供专业的诊断和治疗，而学校教育团队则能在学习、行为和社会技能方面给予支持。两者结合，形成综合干预方案，有利于消解疑难，促进孩子的全面发展。医教结合模式强调对个案的持续跟踪和评估，通过定期回访、监测进展和调整方案，确保帮扶措施的有效性和针对性。医疗教育的融合加强了学校与学生家长的交流和协作，共同关注学生的心理健康状况,创造出家庭和学校协力教育培养孩子的积极环境。

五、医教结合的具体实施途径

1. 现阶段,只有少部分学校及医疗机构采取了融合教育的策略,为残疾儿童提供早期的识别、确诊和治疗服务,业已产生了显著且积极的影响。在这个科技迅猛发展的多元化社会里,通过分享资源、优势互补,可以提前发现孩子的心理状态和特殊需求,使父母深入地了解自己孩子的问题及产生的原因,从而以积极的心态参与到早期干预活动中去,并且愿意与多个专业团队密切合作,共同发挥教育和医疗的力量,让更多身体或智力有缺陷的孩子获得成功康复的机会,最终实现让孩子和他们的家人都能从中获益的目标,更让有心理问题的学生尽快摆脱阴影,成为新时代的阳光少年。

2. 学校与医院的合作具体可以参考以下八条实施途径。① 健康教育普及实施途径。通过开设专门的心理健康教育课程,或利用班会、晨会等时间,定期向学生传授基础医学知识、疾病预防知识、急救技能等内容。同时,可组织健康讲座、知识竞赛等活动,激发学生的学习兴趣和参与度。② 课程融入教学实施途径。在各学科教学中灵活融入健康教育元素。例如,在健康教育课上讲解人体结构与功能,在体育课上教授运动伤害的预防与处理,在语文课上通过文学作品引导学生思考生命的价值与健康生活的意义。③ 新媒体传播实施途径。利用学校网站、微信公众号、短视频平台等新媒体工具,发布健康知识、医疗资讯、康复案例等内容,吸引学生的关注和参与。同时,可以通过线上互动问答、直播课程等形式,增强互动性。④ 医患沟通强化实施途径。组织学生参观医院,与医护人员交流互动,了解医疗工作流程,体验患者就医过程。同时,开展角色扮演、模拟诊疗等活动,培养学生的同理心和沟通技巧。⑤ 融入康复训练实施途径。针对有特殊需求(如身体残障、心理疾病等)的学生,将康复训练计划融入学校日常教学和管理中。通过专业康复师的指导,结合学校的教育资源,制订个性化的康复方案。⑥ 执行心理健康教育实施途径。开设心理健康课程,配置专业的心理咨询师,为学生提供心理咨询、情绪调节等服务。同时,开展心理健康主题班会、团体辅导等活动,营造积极向上的校园氛围。⑦ 艺术康复结合实施途径。利用音乐、绘画、舞蹈等艺术形式,为有特殊需求的学生提供康复训练。通过艺术表达,帮助学生释放情绪、增强自信、提升认知能力。⑧ 教师专业培训实施途径。组织教师参加医教结合的相关培训,提升其健康教育知识、康复技能及心理辅导能力。同时,建立教师交流平台,分享教学经验和方法。

六、结语

“透过个案看家庭，医教结合共帮扶”是一种“以人为本、齐抓共育”的帮扶理念。它强调了个案分析的重要性，梳理了家庭系统的育人视角及医教结合的优势，为有效推动医教结合工作的深入开展、有效实施家庭教育、促进学生的健康成长和全面发展，提供了可资鉴照的策略与方法。在未来的实践中，我们应继续丰富和完善这一基本理念与经验，也希望能为更多需要帮助的家庭带来福音。

参考文献

[1] 张伟锋. 医教结合：特殊教育改革的可行途径——理论依据、相关概念的探析[J]. 中国特殊教育，2014(9): 5-11.

[2] 陈光华，郭黎岩. 解析上海特殊教育“医教结合”综合服务模式[J]. 贵州工程应用技术学院学报，2017(2): 83-99.

项目化学习融入二年级足球大单元的实践与思考

上海市浦东新区进才实验小学　李嘉伟

【摘　要】项目化学习是一种“双新”(新课标、新教材)背景下应运而生的新型教育方式,强调学生通过在真实世界的情境中进行自主探究、合作学习,发展高阶思维,培育核心素养。大单元融合是指将某一学科或领域的知识内容进行整合,通过设计具有连贯性的教学单元,使学生能够系统地学习该领域的核心知识与技能。本文阐述了以足球运动为切入点,将项目化学习融入大单元教学的设计和实施过程,并做了一定的总结和反思,旨在为促进项目化学习与大单元融合在小学体育教学中的广泛应用,以及学生核心素养的培育与全面发展提供一定的思路和参考。

【关键词】项目化学习　大单元融合　足球教学　核心素养

一、项目化学习的定义与意义

项目化学习是一种“双新”(新课标、新教材)背景下应运而生的新型教育方式,强调学生通过在真实世界的情境中进行自主探究、合作学习,发展高阶思维,培育核心素养。在当今社会,创新意识与能力已成为国家、社会组织和个人核心竞争力的重要组成部分,而项目化学习正是培养这一能力的有效手段之一。

二、大单元融合概念及基于足球教学的设计

(一)大单元融合概念的浅析

大单元融合是指将某一学科或领域的知识内容进行整合,通过设计具有连贯性的教学单元,使学生能够系统地学习该领域的核心知识与技能。大单元教学不局限于单个知识点的教学,而是强调知识间的内在联系,使学生能够在解决复杂问题的

过程中，综合运用所学的知识。在小学体育教学中，特别是足球教学中，大单元融合的应用具有重要意义。通过对足球运动技能的系统化教学，不仅能让学生掌握足球的基本技术，还能通过对足球文化、比赛规则的学习，加深学生对足球运动全面而深入的理解，从而激发他们对足球的兴趣，培养他们的终身体育意识。

（二）基于足球教学的设计

在本次体育教学中，笔者以足球运动为切入点，设计了为期18课时的二年级足球大单元教学。教学内容涵盖了从基础的球性练习到射门、守门等高级技术，每一个环节都结合了游戏化的设计，旨在通过游戏提升学生的兴趣和参与度。例如，在球性练习中，通过“踩球换位”“看信号拉球”等游戏让学生在玩乐中掌握控球技巧；在守门与射门的教学中，通过“我是大马丁”“疯狂守门员”等比赛游戏来提升学生的守门技巧和射门能力。通过这样的设计，学生不仅能够在享受足球的乐趣的同时学习足球技能，还能在实践中学会团队合作和解决实际问题的方法。

此外，笔者还特别注意对个性化教学策略的应用，针对不同学生的技能水平和兴趣差异，设计了相应的挑战内容。比如，在“传球接力赛”游戏中，笔者鼓励学生根据自身能力选择不同的传球路线，这样既保证了游戏的公平性，也尊重了学生的个体差异，避免了因难度过高导致的挫败感和因难度过低导致的无趣，促进了全体学生的积极参与。这样的教学设计不仅提升了学生的足球技能，更培养了学生的体育核心素养，包括团队合作精神和问题解决能力。

三、项目化实践案例分析

我校是浦东新区特大型小学，每个年级有17个教学班，二年级足球大单元教学均采用了项目化学习的方式，通过一系列递进式的足球技能训练和游戏化活动，激发了学生的学习兴趣，提升了他们的参与度和技术水平。以下是具体的实践案例分析。

（一）案例描述

笔者在二年级足球课程中安排了18个课时的大单元教学计划，涵盖了从球性练习到射门、守门等足球技能的各个方面。在第1—5课时中，学生通过接触球、踩球、揉球等活动熟悉了足球的基本特性，为后续的技术训练打下了坚实的基础。在第6—10课时中，学生学习了脚内侧传球及多种方式的接球技巧，这不仅增强了他们的控球能力，也为更高阶的技术学习做好了准备。在第11—14课时中，学生开始尝试射门和守门，通过模仿和实践掌握了如何有效地将球送进球门及如何作为一个守门员进行防守。在第15—18课时中，学生学习了脚背正面运球，并将传球或射门技巧结合起来，形成了较为完整的足球技术训练体系。

（二）成功要素

1. 兴趣驱动。笔者通过游戏化的设计，如“看信号拉球”“多种球性接力赛”等活动，让学生在游戏活动中有意无意地学习和掌握了足球技巧，激发了他们对足球运动的兴趣。

2. 分层教学。考虑到学生的个体差异，笔者设计了不同难度级别的活动，如“模仿不走样”“听信号改变触球动作练习”等，确保每个学生都能找到适合自己的挑战，避免了因难度过高导致的挫败感和因难度过低导致的无趣。

3. 团队合作。在诸如“运球+传接球小比赛”“模拟点球大战”等活动中，笔者鼓励学生之间的合作与竞争，活动中的友谊与对抗培养了学生的团队精神和意识品质。

4. 技能递进。整个大单元教学从简单的球性练习逐渐过渡到较难的射门、守门，再到综合运球、传球技巧的运用，体现了技能的递进性，帮助学生逐步建立起对足球运动的全面和科学理解。

（三）挑战分析

尽管项目化学习带来了诸多积极效果，但也面临着一些挑战。例如，在实施过程中，教师需要具备较强的教学设计能力和课堂管理技巧，以确保活动既能吸引学生的注意力，又能实现教学目标。此外，项目化学习要求学生具备一定的自主学习能力，这对一些习惯于传统教学方式的学生来说是个挑战。因此，教师需要在前期做好充分的准备，并在实施过程中给予适当的指导和支持。

四、教学策略与方法

（一）课程设计

课程设计上，笔者遵循《义务教育体育与健康课程标准（2022年版）》的要求，将足球大单元教学划分为几个阶段，每个阶段都有明确的学习目标和相应的活动内容。例如，最初阶段的目标是让学生熟悉足球的基本属性，通过各种触球活动让学

生感受到足球的魅力；而在后期，则侧重于技术的打磨与综合运用，通过设计贴近实际比赛场景的游戏，让学生在实践中提升技能。

（二）兴趣激发

兴趣激发是整个教学过程中至关重要的一环。通过设计富有创意的游戏，如“踩球换位小游戏”“看信号拉球”等，让学生在轻松愉快的氛围中学习足球技能。同时，教师还可以根据学生的兴趣点，适当调整教学内容，比如，在学生表现出对某一项技术特别感兴趣的时候，适当加深对该技术的讲解并增加相关练习。

（三）学习成果评估

学习成果评估不仅要考查学生的技术掌握情况，还要关注他们在合作、创新等方面的表现。为此，教师可以组织小型比赛、技能展示等活动，并对学生的学习成果进行全面评价（见表1和表2）。此外，教师还可以鼓励学生进行自我评估，让他们反思自己在整个学习过程中的进步与不足，以此促进足球素养的提升。

表1　足球大单元项目化学习评价量表

评价内容	核心要素	观测点	评价标准	自评	他评
运动能力	技能	守门技巧	守门时能判断球的路线，对应做出接高球、接地滚球的动作。在“各种方式的射门+守门”“我是大马丁”等活动中，能奋力扑救，有抬头观察，有防守意识	☆☆☆☆	☆☆☆☆
	专项体能	走跑交替+并步移动	能在4分钟“走跑交替+并步移动”练习中坚持到底，并保持良好的节奏	☆☆☆☆	☆☆☆☆
健康行为	社会适应	沟通、交流	能与同伴一起参与“足球互抛接”“各种方式的射门+守门”“弹起-守门练习”等活动，在活动中能主动与同伴交流互助，分享足球运动的乐趣	☆☆☆☆	☆☆☆☆
	课堂表现	积极参与	在“足球互抛接”活动中，能积极思考“如何把球接稳”，能主动回答教师提出的问题。能积极参与“各种方式的射门+守门”“我是大马丁”等活动，并能与同伴相互鼓励，勇于表现自己	☆☆☆☆	☆☆☆☆

续　表

评价内容	核心要素	观测点	评 价 标 准	自评	他评
体育品德	体育道德	按照规则	能按照规则参与“各种方式的射门+守门”等足球活动，能表现出诚实守信的行为	☆☆☆☆	☆☆☆☆
	体育精神	勇敢顽强	在“时光隧道跑跑跑”“我是大马丁”等活动中，能坚持完成学练任务，表现出勇敢顽强的拼搏精神	☆☆☆☆	☆☆☆☆

表2　足球大单元项目化学习评价量表的评价内容描述

评价内容	描　　述
运动能力	考察学生是否掌握了传球、停球、带球、射门等基本动作及简单的组合动作，并能够灵活运用这些技术参与对抗性足球活动
专项体能	通过特定的身体素质练习（如“走跑交替+并步移动”），评估学生在灵敏性、速度及反应等方面的水平和进步情况
健康行为	观察学生是否能在活动中积极主动地与同伴交流互动、分享乐趣，并表现出良好的团队合作精神和社会适应能力
课堂表现	记录学生上课时的态度，包括积极性、专注度及面对挑战时所展现出来的解决问题的能力
体育品德	衡量学生在遵守规则、尊重对手等方面的表现，强调诚实守信的重要性；评估学生是否能勇于尝试、坚持不懈，并形成正面的价值观

五、技术在教学中的应用

（一）技术支持

现代教育技术如多媒体设备、在线平台等，在项目化学习中发挥着重要作用。例如，教师可以利用视频演示足球技术动作，帮助学生更直观地理解技术要领；通过在线平台分享教学资源，让学生在课后也能继续学习；利用智能穿戴设备监测学生在活动中的心率、运动负荷等数据，确保训练的安全性和有效性。

（二）效率提升

现代教育技术的应用不仅提高了教学效率，也改善了学生的学习体验。通过数字化工具，学生能够随时随地访问学习材料，进行自我练习；教师则能借助技术手段更好地监控学生的学习进展，及时调整教学策略，使得每一名学生都能得到个性化的指导和支持。此外，技术还使得远程教学成为可能，即便不在校园内，也能保障教学活动正常进行。

六、未来展望

（一）发展趋势

随着教育理念的不断更新，项目化学习和大单元融合将成为小学体育教学的重要趋势。未来的体育课堂将更加注重学生的主体地位。通过设计多样化的项目，能激发学生的学习兴趣，促进他们在实践中学习，在实践中成长。随着技术的进步，虚拟现实、增强现实等新技术也将被广泛应用于体育教学中，为学生提供更加丰富和真实的学习体验。

（二）潜在影响

长远来看，项目化学习和大单元融合将会对学生的终身体育意识产生深远的影响。通过项目化学习的方式，学生不仅能够掌握体育技能，更重要的是，能够培养良好的体育习惯，形成积极的体育态度。这种影响将伴随学生一生，对他们未来的身体健康和社会适应能力都将起到积极的作用。

七、结论与建议

（一）总结观点

通过对项目化学习与大单元融合在二年级足球大单元教学中的实践分析，可以得出以下五点结论：

1. 兴趣激发。通过游戏化的设计、个性化的教学策略和递进式的技能训练，极大地激发了学生对足球运动的兴趣。学生不仅在技术上有了显著提升，还在团队合作、规则意识等方面得到了全面发展。

2. 综合能力培养。项目化学习和大单元融合不仅注重学生足球技能的提升，还重视学生体育核心素养的培养，如团队合作精神、意志品质的磨炼、问题解决能力、体育道德等。这种教学模式有助于学生在多方面实现全面发展。

3. 教学效果显著。通过对学生心率和运动负荷的科学测试,证实了项目化学习和大单元融合的教学设计能够有效提升学生的运动参与度和运动效果,学生表现出强烈的活动意愿,群体运动密度达到了90%,平均强度也符合预期目标。

4. 教师角色转变。在项目化学习和大单元融合的背景下,教师的角色发生了转变,从传统的知识传递者转变为学生学习的支持者、引导者。教师通过创设情境、设计任务、提供反馈等多种方式,激发了学生的学习兴趣,帮助学生实现了自主学习。

5. 跨学科整合的初步尝试。虽然本案例主要集中在体育学科内部的整合,但在实际教学过程中,也涉及了足球文化、比赛规则等跨学科知识的传授。这为笔者将来进一步探索跨学科整合提供了宝贵的经验。

（二）具体建议

针对教育工作者、学校管理层和政策制定者,笔者提出以下具体建议:

1. 教育工作者

（1）持续关注学生的兴趣点和发展需求。教师应密切关注学生的学习兴趣和个体差异,灵活调整教学内容和方法,确保教学活动既能激发学生的兴趣,又能满足不同学生的学习需求。

（2）注重个性化教学策略的应用。教师应针对不同学生的技能水平和兴趣差异,设计相应的挑战内容,避免因难度过高导致的挫败感和因难度过低导致的无趣,促进全体学生的积极参与。

（3）强化团队合作与问题解决能力的培养。教师可以通过设计合作性活动,如小组比赛、团队项目等,培养学生的团队合作意识和解决实际问题的能力。

（4）利用现代教育技术辅助教学。教师可以借助多媒体设备、在线平台等技术手段,帮助学生更直观地理解技术要领,提高教学效率和学生的学习体验。

2. 学校管理层

（1）支持教师进行跨学科资源整合。学校应为教师提供必要的技术支持和物资支持,创造良好的合作环境,鼓励教师之间进行资源共享和经验交流。

（2）优化资源配置。学校应合理安排教学时间和空间,确保跨学科整合项目得以顺利实施,同时不影响原有学科的教学进度。

（3）建立全面的评价体系。学校应建立一个能够全面反映学生在跨学科整合项目中综合能力的评价体系,确保评价的公平性和有效性。

3. 政策制定者

（1）出台相关政策。政策制定者应出台相关政策，以鼓励和支持项目化学习与大单元融合的推广及应用，为教师提供更多的培训机会，促进教学模式的创新发展。

（2）推动跨学科整合项目的实施。政策制定者应制订具体的指导方案和实施细则，以推动跨学科整合项目的实施，为学生提供更丰富、更全面的学习体验。

（3）加强教师培训与支持。政策制定者应加强对教师的培训和支持，提升教师的项目化学习设计能力，帮助教师更好地适应新的教学模式，提高教学质量。

通过上述具体建议，笔者希望能够为教育工作者、学校管理层和政策制定者提供一定的参考，以促进项目化学习与大单元融合在小学体育教学中的广泛应用，为学生的核心素养培育与全面发展奠定坚实的基础。

参考文献

[1] 王佳才. 基于大单元教学的初中道德与法治课教学实践探索[J]. 中学政治教学参考，2024（16）: 103.

[2] 潘建芬. 大单元教学设计初探——以体育课程为例[J]. 基础教育课程，2018（19）: 40-44.